《城市学论丛》编辑委员会（以姓氏笔画为序）

丁　峻　石向实　张卫良　秦均平　黄宛峰

城市生活品质与文化：
以杭州为例

QUALITY OF URBAN LIFE AND CULTURE:
A CASE STUDY OF HANGZHOU

张卫良　石向实／主编

社会科学文献出版社
SOCIAL SCIENCES ACADEMIC PRESS (CHINA)

城市学论丛　第二辑

总　序

　　城市是人类文明的结晶，也是人类对于自身栖居地选择和构建的结果。

　　自从工业革命以来，伴随着生产方式的巨大变革，城市以一种前所未有的力量在全球各地生根开花，并改变着一切原有的自然形态与秩序，造就着一幅幅崭新的景象。目前，全球化加快了城市化的速度，"城市社会"在全球呈现出来。根据联合国专家的预测，2030年世界城市化率将达60%，2050年这一比例将上升到70%，城市化进程已经无法逆转。随着中国经济的高速发展和迅速融入世界，中国城市化获得了飞速增长的动力。1978年中国城市化率仅为17.9%，2000年约36.2%，至2011年已达50%，实现了里程碑式的突破，用30年时间走完了西方发达国家上百年的城市化发展进程。难怪诺贝尔经济学奖得主、美国经济学家斯蒂格利茨断言21世纪有两件大事影响世界：一是美国的高科技产业，二是中国的城市化。

　　城市化是一个人口转移的过程，也即由农民而市民、由乡村而城市的过程。在人类栖居地的转变历程中，环境、住房、交通、能源、健康、生产与生活等一系列社会问题应运而生，无数哲人思考过城市现象，或贬或褒，见仁见智。杭州师范大学提出了创建"省内乃至国内一流综合性大学"的发展目标，启动了"人文社会科学振兴计划"，城市学作为一个新兴学科和交叉学科，是我校学科发展的一个增长点，也是我校"十二五"发展规划中的重点。我们衷心希望城市学能够成为杭州师范大学"争创一流"的亮点。

"城市学研究系列"将是杭州师范大学营造城市学研究学术环境的一项重要举措。在城市学的研究方面，我们虽然仍处于起步阶段，存在着种种不足，然而，对于与城市相关的问题，我们已有多年的摸索和积累，现在确立以城市学理论、城市公共政策和城市历史及文化为主要研究方向，力图形成相关的特色成果，期望这些成果能够致力于理论与现实、学术与政策、经验与借鉴，突出跨学科和交叉学科的方法，相互融通，以深入探究城市的发展路径及其规律，为中国现代城市的建设做出我们的贡献。我们本着勤慎诚恕、博雅精进的校训精神，立足杭州、放眼世界、注重现实、服务社会。城市学研究系列将以"城市学研究丛刊"、"城市学编译丛刊"和"城市学论丛"为形式陆续推出，真诚欢迎各界同仁支持、帮助和指正。

杭州师范大学校长、教授 叶高翔
2011年12月6日

目 录

前 言 ………………………………………………………………… 1

第一部分 城市生活品质

杭州社区老年人生存质量现况及健康老龄化对策研究

…………………………………………………… 叶群华 / 3

构建社会主义和谐社会进程中社区群体满意度的差异性

——以杭州市拱墅区农转居居民为例 ………… 孔令乾 / 40

论杭州市农村生态文明建设 …………………… 彭 丽 / 81

第二部分 城市教育

杭州社区教育运作模式：以杭州市下城区为例

…………………………………………………… 程 骁 / 119

杭州市外来务工人员子女相关教育政策的回顾与反思

…………………………………………………… 田 莉 / 160

来杭留学生的异文化适应探析 ………………… 李 智 / 195

— 1 —

第三部分　城市历史文化

试论南宋临安城格局 …………………………… 毛姝菁 / 243
杭州城建碑刻及其文化价值 …………………… 项　漪 / 274
关于杭州江南丝竹的若干问题 ………………… 段冰熠 / 307

Abstracts ………………………………………………… / 335

CONTENTS

Foreword / 1

Part One: Quality of Urban Life

A Study on the Aged's Quality of Life and Strategies for Healthy

Ageing in Communities of Hangzhou　　　YE Qunhua / 3

On the Group's Satisfaction of Residents in the Process of

Constructing Socialist Harmonious Society: A Case Study of

Urban Immigrants in Gongshu District of Hangzhou

KONG Lingqian / 40

A Study on the Mode of Rural Ecological Civilization in Hangzhou

PENG Li / 81

Part Two: Urban Education

The Operational Mode of Community Education: A Case

Study of Xiacheng District in Hangzhou　　　CHENG Xiao / 119

Retrospect and Prospect of the Educational Policies for the

Migrant Workers' Children in Hangzhou　　　　*TIAN Li* / 160

A Study on Cross-Cultural Adaptation of Foreign

Students in Hangzhou　　　　　　　　　　　　*LI Zhi* / 195

Part Three: Urban History and Culture

On Lin'an City Pattern in the Southern Song Dynasty

MAO Shujing / 243

A Study on the Inscriptions of Urban Construction and

Their Cultural Values in Hangzhou　　　　*XIANG Yi* / 274

Research on Jiangnan Sizhu Music in Hangzhou　*DUAN Bingyi* / 307

Abstract　　　　　　　　　　　　　　　　　　　　　　/ 335

前　言

城市是人类栖居的家园，幸福美满是城市居民的永恒追求。在中国城市化快速发展的今天，城市生活品质已经成为时代的共识，而城市文化是其中重要的内容。杭州自2007年开展共建共享"生活品质之城"活动以来，城市建设上了一个新台阶。在中国国家统计局与中央电视台联合主办的《经济生活大调查》以及由新华社《瞭望东方周刊》主办的《中国最具幸福感城市大调查》中，杭州多次名列第一，"天堂"美誉名至实归，引起了国内外媒介的广泛关注。在中外学术领域，城市生活品质量问题一直受到高度关注，每一个时代都能引起共鸣，今天亦然。

本辑《城市学论丛》主要围绕"城市生活品质与文化"这个主题，以杭州为例展开讨论，全书分三大部分：第一部分关于城市生活品质。20世纪90年代开始，作为浙江省省会城市，杭州人口进入老年型时期，2010年杭州社区老年人比例已达16.9%，老龄化趋势明显。叶群华的《杭州社区老年人生存质量现况及健康老龄化对策研究》一文针对杭州社区老年人生存质量状况展开调查，在掌握当前杭州社区老年人生存质量状况的基础上分析了其中的影响因素，最后结合杭州有关老年人的政策探讨健康老龄化的策略及措施。社区作为城市构成的基本元素，随着城市化水平的迅速提高，许多相关的问题也开始凸显出来，部分农转居社区、城乡结合部社区由于管理手段过于单一，忽视对社区群体的关注，经常导致社区认同差异和冲突。孔令乾的《构建社会主义和谐社会进程中社区群体满意度的差异性——以杭州市拱墅区农转居居民为例》以杭州市拱墅区为例，回顾和谐社区建设的背景和进程，采用问卷法考察了拱墅区农转居社区中不同群体对社区各个方面的主观评价，进而分析归纳出不同群体社区满意度差异的特点及成因，最后从国家、社区、群体三个层面探讨了协调群体差异，提出建设和谐社区的方法与对策。生态文明是当代社会的重要议题，事关人类社会的前途和命运，作为生态文明建设的样本城市，杭州正处于全面建设生态城市的进程之中，彭丽的《论杭州市农村生态文明建设》在分析杭州市农村生态文明建设的背景和有利条件的基础上，结合韩国与我国甘肃省临泽县农村生态文明建设模式的经验与启示，针对目前杭州市农村生态文明的建设存在的问题，提出了若干建议与对策。

第二部分关于城市教育。目前，社区教育、外来务工人员子女教育和留学生教育是现代城市教育的新形式。社区教育是终身教育的主要载体，也是实践学习型城市的重要环节。杭州下城区的社区教育是杭州教育的缩影，其特色社区教育运作模式曾多次在全国获得殊荣。程骁的《杭州社区教育运作模式：以杭州市下城区为例》全面回顾了杭州下城区社区教育运作模式的形成过程，采用问卷法和访谈法，以该区8个街道、71个社区的居民为调查对象，考察了社区教育的认知情况和学习方式等，分析该区社区教育运作模式存在的问题，提出了相应的改进措施。浙江地处沿海经济发达地区，杭州的外来务工人员集聚程度极高，其子女受教育的问题也十分尖锐。田莉的《杭州市外来务工人员子女相关教育政策的回顾与反思》一文首先回顾了关于外来务工人员子女教育政策的历史沿革，进而以杭州为例，系统分析了在杭外来务工人员子女教育政策，并采用问卷法和访谈法具体考察了在杭外来务工人员子女的就学状况及问题，最后针对杭州市外来务工人员子女教育政策提出一些建议和展望。中国社会经济的快速发展吸引了越来越多的外国学生来华深造，然而，由于原文化与中国文化间的差异，留学生群体极易产生异文化的适应问题。李智的《来杭留学生的异文化适应探析》一文通过修订版的留学生异文化压力问卷、心理弹性量表和医用焦虑与抑郁量表，对留学杭州的480名学生进行了问卷调查，并从国（洲）籍、学历、专业、来华时间等方面对这些留学生的心理弹性、心理健康水平、异文化压力及变量间的相互关系进行了考察，最后提出了增进来杭留学生异文化适应、心理弹性与心理健康的建议和对策。

第三部分关于城市历史文化，主要关注杭州的传统城市格局、城建碑刻以及传统音乐。对于现代城市建设来说，传统城市格局通常是一种历史文脉，是城市生命的延续。毛姝菁的《试论南宋临安城格局》一文在前人研究成果的基础上，以考古发掘材料和相关史料为依据，以现代城市空间结构理论为借鉴，采用动态的视角对临安城市格局进行了全面、系统和比较深入的研究，不但有助于促进我们对中国城市史的探讨，而且有助于我们对杭州历史与文化的系统化研究，还有助于为杭州城市与建筑文化未来的发展提供可贵的借鉴。城市碑刻是一种符号形态，其记载的内容延续着城市的记忆，有益于对城市的理解。项漪的《杭州城建碑刻及其文化价值》一文正是基于这种认识，对杭州城建碑刻的演进脉络进行了梳理，划分了杭州城建碑刻的三大内容，阐述了杭州城建碑文所蕴涵的情感意蕴及其创作手法，揭示了杭州城建碑刻的学术与艺术价值，最后指出收集、保存与传承地方石刻文化的重要性、必要性与艰巨性。"江南丝竹"是中国传统民族器乐合奏音乐丝竹乐中的一种，流行于长江三角洲一带，以上海、江苏、浙江为中心，尤以沪、苏、杭及周边地区最盛。杭州地区演奏丝竹音乐有着悠久的历史，而今杭州的江南丝竹却趋于衰落，乐队仅剩一支。段冰熠的《关于杭州江南丝竹的若干问题》一文对杭州江南丝竹形成的文化背景和历史发展进行了分析和梳理，从内容、结构、旋法、织体四个方面分析了杭州江南丝竹的三首代表性曲目以及杭州江南丝竹在乐器编配和演奏方面的特点，针对杭州江南丝竹的现状及其存在的问题，提出了发展、保护和传承非物质文化遗产的建议。

　　本辑论文以杭州师范大学多个学科的研究生毕业论文为基础，在充分尊重作者的前提下做了比较大的改动，以使论文简洁明了，符合学术规范，这样做的目的是着力培养青年才俊的志趣，使更多的人参与城市学的研究，同时，营造城市学研究的氛围，倡导关注城市的历史、现实和未来。虽然这些研究比较浅显，表述也显得稚嫩，但我们相信这些成果会产生积极作用，其中建设性的意见或许能够为我们的城市建设做出一份贡献。在此，非常感谢这些研究生的大力支持，感谢学校相关部门的全力配合。当然，其中一定存在不少舛误，期待学界同仁的批评指正。

第一部分
城市生活品质

杭州社区老年人生存质量现况及健康老龄化对策研究

⊙ 叶群华*

【内容摘要】 随着社会的发展和人口生活质量的提高，人口老龄化问题日益凸显。本文以杭州社区老年人生存质量为考察对象，采用随机和系统抽样相结合的方法，通过基本情况调查表、社会支持情况调查表和SF-36量表进行问卷调查。经分析显示，年龄、婚姻、经济、运动和慢性病种数、社区参与积极程度、平常的孤独感、健康体检次数、健康教育次数、定期探访次数、家庭康复次数、医疗机构方便性对老年人生存质量有影响。本文认为改善社区老年人生存质量应推进居家养老模式的发展，充分发挥社区卫生服务作用；充分利用老年活动中心，促进老年人学习和娱乐；提倡部分有需求老年人再婚，适量饮酒，加强日常体育锻炼；重视对老年人的生活照顾和情感慰藉。

【关键词】 杭州社区　人口老龄化　健康老龄化　生存质量

一　引言

随着社会的发展和人口生命质量的提高，世界上许多地区老年

---

* 叶群华，杭州师范大学社会医学与卫生事业管理方向研究生，指导老师马海燕（杭州师范大学医药卫生管理学院副教授）。

人群体占总人口的比例不断加大,人口老龄化趋势日益凸显。人口老龄化将给地区和社会带来许多影响,其中的负面影响对地区和社会的发展存在诸多不利。针对当前人口老龄化的现状,对老年人生存质量进行评价,综合衡量老年人目前所处的状态,积极引导老年人走向健康老龄化道路,有助于真正实现"老有所养、老有所医、老有所乐、老有所为、老有所学"。

(一) 基本概念

人口老龄化是指总人口中老年人的比例增加。根据联合国有关组织的统计,当一个国家或地区60岁以上老龄人口数超过人口总数的10%,或65岁以上老龄人口数超过人口总数7%,就称这个国家或地区为老龄化国家或老龄化地区。[①]

1987年5月世界卫生大会首次提出了"健康老龄化(Healthy Aging)"的概念,1990年世界卫生组织(WHO)在哥本哈根世界老龄大会上把"健康老龄化"作为对付人口老龄化的一项发展战略。健康老龄化不仅要延长人类的生物学年龄,还要延长人类的心理和社会年龄,使老年人在延长生命的同时,保证高水平的生存质量。

生存质量(quality of life,简称QOL),又称为生活质量或者生命质量。生活质量是对个人或群体感受到的躯体、心理和社会各方面良好状态的一种综合测量指标,包括躯体领域、心理领域、社会领域、环境领域四个方面的内容。1993年WHO将QOL定义为:"个体根据所取得的文化背景、价值系统决定对自身生活的主观感受,它受个体目标、期望值、标准和个体的关注点等因素的影响。"[②] 生存质量是在客观健康水平提高和主观健康观念更新的背景下应运而生的一套评价健康水平的指标体系。

---

① 朱步楼:《人口老龄化问题及其对策研究》,《唯实》2007年第10期,第15~55页。
② 李文琴:《健康老龄化:解决中国老龄问题的根本出路》,《汉中师范学院学报》1999年第1期,第78~79页。

从某种角度来讲，健康老龄化就是指老年人拥有良好的生存质量，两者的目标一致，提高老年人的生存质量保障健康老龄化的实现。

（二）国外研究现状

世界人口老龄化现象最先始于欧洲，1866年法国65岁以上老年人口比重为7.2%，成为全世界第一个老年型国家，到19世纪末，挪威、瑞典也相继跨入老年型国家行列。法国是世界上第一个进入老年型的国家，它的老龄人口数从7%增长到14%经过了115年，瑞典85年，美国66年，英国45年，日本从成年型国家转入老年型国家也用了24年，而我国预计只需用18年。随着人口老龄化的趋势加重，健康老龄化的研究也随之兴起。广为人知的是，罗伊和卡恩在1987年对常态老龄和健康老龄进行了区别，自此出现了许多关注健康老龄化和常态老龄化的研究。在这些研究中，健康老龄化被定义为生活在社区的人群，在日常生活功能上没有限制，身体活动没有困难，在认知筛查测验中取得高分，自我健康评价好或非常好。安德鲁等人在2002年把老龄人群分为高功能、中功能、功能受损三个功能组，随之有学者将老龄分为病态老龄、常态老龄和健康老龄，这是基于前面的三个功能组而分类的。有学者也提出从六个方面对老年人的健康状况进行判断：第一，由医生评估的客观身体健康和精神疾患；第二，主观身体健康；第三，有效寿命长度；第四，客观评价的心理健康；第五，主观生活满意度；第六，社会支持。个人到80岁还被评为好的，则为健康，那些有心理不愉快和身体上有残疾的被称为病态的，介于两者之间的则为常态。然而，健康老龄化的立足点之一就是生存质量，即健康的老年人拥有较高的生存质量。

国外关于生存质量的研究已相对成熟。在欧美，与健康有关的生存质量概念早已用于临床科研、卫生法制法规和卫生资源效益的评价。而关于生存质量的评价工具也相对较多，其中由美国医学结局研究组（Medical Outcome Study，MOS）开发的SF-36量表应用比较广泛，并具有良好的信度和效度。MOS的研制工作开始于80

年代初期，形成了不同条目、不同语言背景等各种版本。1990年到1992年，含有36个条目的健康调查问卷简化版SF-36的各种语言版本相继问世。中文版SF-36量表也相应产生，并逐渐应用于国内各相关人群生存质量的测量中。

（三）国内研究现状

现代社会人口逐步走向老龄化。据统计，全球老年人口约有6亿人，中国老年人口占全国人口总数的10%以上，并以年均3.2%的速度增长。我国老龄工作起步较晚，1983年全国老龄委成立后，创造性地提出了"老有所养、老有所医、老有所为、老有所学、老有所乐"的工作目标。这五个"老有"是我国实现健康老龄化必须解决的主要问题。老有所养、老有所医是健康老龄化的基础和条件；老有所为可以为老有所养提供物质条件，为老有所医减轻压力，为老有所学增加动力，为老有所乐添加砖瓦；老有所学是实现健康老龄化的重要途径；老有所乐是实现健康老龄化的重要条件，又是健康老龄化的显著标志之一。20世纪80年代中期，我国老年人生存质量的研究开始起步，中心及沿海发达城市比较多。随着社会和经济的发展，针对部分农村地区及少数民族区的老龄化研究也开始逐渐增多。其中，冯小黎等指出，影响老年人生活质量的主要因素有年龄、文化程度和婚姻状况。吴玲等研究得出的结论是：慢性病、体育锻炼、年龄、子女的生活状况是影响老年人生活质量的主要因素。郑玉仁等指出，不同地区、性别、年龄、学历、职业、婚姻状况和健康状况对老年人的生活质量均有影响。王憶、陈坤等指出，性别、年龄和体育锻炼与杭州社区老年人生存质量关系密切，男性、低年龄、高文化程度、高收入、有饮酒史、无吸烟史、经常参加体育锻炼的老年人，生存质量较高。黄俭强等指出，生活质量各维度与社会支持总分评分呈正相关，其中在七个维度上与社会支持总分相关明显。社会支持[①]对

[①] 社会支持是指可以为个体所利用的重要外部资源，它是近年来老年医学的研究热点。

生存质量存在重要影响,关心老年人的心理需要,完善社会支持网络对提高老年人生存质量具有重要意义。

从已有文献来看,老年人生存质量的影响因素主要从人口学特征方面进行研究。随着社会和经济的发展,从社会学的角度出发,老年人生存质量研究得到了进一步的发展,对老年人生活质量影响因素的考察也变得更全面和广泛。其中,社会支持与生存质量的相关研究逐渐成为一个热点。社会支持属于外部支持,包括居住环境、社区活动、情感慰藉、生活照顾、医疗保健及需求等,它与老年人生存质量关联密切,对养老和助老起着重要的作用。因此,从社会支持出发,探索改善老年人生存质量的策略和措施具有重要意义。

浙江是全国最早进入老龄化的省份之一。90年代开始,省会城市杭州进入老年型时期且老龄化发展迅速。2010年,杭州社区老年人比例已达16.9%,老龄化趋势已经比较严重。杭州人口老龄化带来的问题,一是杭州市离退休退职费用逐年增加,二是老年生活服务设施亟待加强,三是老年人家庭赡养负担加重,四是人口老龄化导致劳动力人口相对老化。2008年,杭州市出台《关于推进居家养老服务工作的若干意见》,居家养老服务以特殊困难老人为重点服务对象,兼顾有普通服务需求的其他老人。内容涵盖生活照料、医疗保健、法律维权、文化娱乐和体育健身。陈雪萍、倪荣等经调查指出,杭州市老年人生存现状尚好,生活满意度较高,与此同时,老年人患病率、空巢比例也相对较高。面对当前杭州人口老龄化趋势不断增强,老年人精神文化生活、日常生活照料及社区卫生服务亟待加强和完善的形势,对当前杭州社区老年人生存质量进行考察,探讨如何积极应对人口老龄化,走向健康老龄化道路具有重要的现实意义。

二 研究目标与内容

(一) 研究目标

通过文献综述,了解当前人口老龄化的背景、老年人生存质量的研究现状。开展杭州社区老年人生存质量状况调查，掌握杭州社区老年人生存质量现状，并分析其影响因素。进一步探讨健康老龄化的策略及措施，为政府部门、卫生行政部门及相关老龄机构制定政策提供参考依据。

（二）研究内容

1. 本研究以杭州市社区60岁以上常住老年人为研究对象，根据杭州的具体情况，结合已有量表自行设计问卷。应用SF–36量表测量老年人的生存质量状况，分别从生理机能（PF）、生理职能（RP）、躯体疼痛（BP）、一般健康状况（GH）、精力（VT）、社会功能（SF）、情感职能（RE）和精神健康（MH）几方面对杭州社区老年人生存质量进行评价。

2. 根据调查结果，分析杭州社区老年人的生存质量状况，主要侧重于从社会支持的角度，具体考察经济状况、居住环境、社区活动、情感慰藉、生活照顾、医疗保健及需求几个方面对杭州社区老年人生存质量的影响。

3. 以健康老龄化为视角，以生存质量为立足点，提出对杭州老年人针对性强且可靠有效的健康老龄化的策略和措施。

三　研究方法

（一）问卷设计

从有关研究机构获得相关量表，并设计调查问卷，选取杭州各社区老年人50~100名进行预调查。根据预调查结果对问卷社会支持部分进行修正。

（二）调查对象

根据杭州经济状况及地理位置分布，以杭州市上城区、下城区及江干区3个城区60岁以上常住老年人为研究对象。先每个城区抽取两个社区,然后根据每个社区老年人总数,按照1∶3的比例随机抽取调查对象。整个调查共发放问卷1200份,其中,有效问卷1080份,有效回收率90.0%。

(三) 调查工具

以《杭州社区老年人生存质量调查问卷》为调查工具,对60岁以上杭州市社区老年人进行调查。调查问卷分为三个部分:第一部分是基本情况,包括一般人口学特征、经济状况、医疗费用支付方式、行为方式和慢性病状况等;第二部分是社会支持情况,包括居住状况、社区活动、情感慰藉、生活照顾、医疗保健及需求;第三部分是SF-36量表部分,包括生理机能、生理职能、躯体疼痛、一般健康状况、精力、社会功能、情感职能和精神健康。生理机能测量健康状况是否妨碍了正常的生理活动;生理职能测量由于生理健康问题所造成的职能限制;躯体疼痛测量疼痛程度以及疼痛对日常活动的影响;一般健康状况测量个体对自身健康状况及其发展趋势的评价;精力测量个体对自身精力和疲劳程度的主观感受;社会功能测量生理和心理问题对社会活动的数量和质量所造成的影响,用于评价健康对社会活动的效应;情感职能测量由于情感问题所造成的职能限制;精神健康测量四类精神健康项目,包括激励、压抑、行为或情感失控、心理主观感受;健康变化用于评价过去一年内健康状况的总体变化情况。

(四) 数理统计方法

1. 采用SPSS13.0进行数据录入。

2. 根据SF-36量表评分标准将各条目转换为0~100的分值,然后计算各维度的得分,分值越高,说明该条目功能状况越好,生存质量越高。根据已有的研究,有学者以中国老年人生活质量调查表的评分分级为金标准,通过约登指数计算,以量表得分117分作为

SF-36 量表综合评分良好与中等的最佳截断点，即生存质量综合评分大于或等于 117 分为良好，生存质量综合评分小于 117 分为非良好。

3. 采用 SPSS13.0 对数据进行描述性统计分析、卡方分析、秩和检验和 logistic 回归分析。

（五）质量控制方法

1. 根据目前杭州老年人的情况，对调查问卷进行合理设计，并通过预调查、对老年人实际生存状况进行现场访谈等修改部分不能适用的、老年人无法听懂或专业性较强的问题。

2. 选取具有医学背景的专业人员作为调查人员，并对其进行培训。调查实施过程中，针对部分老年人无法回答的情况，调查人员根据老年人相关亲属的介绍对调查对象的生存质量进行客观评定以保证调查质量。

3. 对于问卷相关缺失数据以均值处理。

四 研究结果与分析

（一）杭州社区老年人基本情况分析

1. 杭州社区老年人人口学特征分析

表 4-1 是被调查的杭州社区老年人在性别、年龄、婚姻和文化程度等方面的分布状况。婚姻状况中，在婚及丧偶居多，其中在婚占 43.7%，丧偶占 18.5%。年龄 60-、70- 的老年人所占比重达 83.6%。文化程度小学、初中偏多，所占比重为 58.5%。

经济来源中，有经济来源的 1062 人，没有的 18 人；其中 980 人有退休金，有子女供养的 77 人，有劳动收入的 17 人，有政府救济的 7 人，有社会养老保险金的 75 人。杭州社区老年人经济收入大部分在 1000~2500 元范围内，所占比重为 80.4%。自评经济收入为充裕和较充裕的老年人比率为 33.6%，具体见表 4-2。

表 4-1 杭州社区老年人人口学特征

基本情况	人数（N）	百分比（%）
性别		
男	473	43.8
女	607	56.2
年龄		
60 -	472	43.7
70 -	431	39.9
80 -	177	16.4
婚姻		
在婚	872	81.4
未婚	3	0.18
离婚	5	0.55
丧偶	200	17.9
享有医疗保险的情况		
城镇职工基本医疗保险	681	63.1
城镇居民医疗保险	323	29.9
贫困救助	9	0.8
商业医疗保险	5	0.4
全公费	16	1.4
全自费	17	1.6
其他	29	2.7
文化程度		
文盲	165	15.3
小学	267	24.7
初中	365	33.8
中专或高中	177	16.4
大专、本科及以上学历	106	9.8
经济收入		
1000 元及以下	52	5.9
1001～1500 元	227	21.7
1501～2000 元	385	36.3
2001～2500 元	236	22.4
2501～3000 元	51	4.8
3001 元以上	92	8.9

续表

基本情况	人数(N)	百分比(%)
目前多少家人一起居住		
1个人居住	94	8.7
2个人居住	609	56.4
3个人居住	133	12.3
4个及4个以上人居住	244	22.6
合计	1080	100

表4-2 杭州社区老年人经济状况

自我评价收入	人数(N)	百分比(%)
充裕	114	10.6
较充裕	249	23.0
一般	517	47.9
较不充裕	126	11.7
不充裕	74	6.8
合计	1080	100

被调查的老年人中,享受有城镇职工基本医疗保险的681人,享受有城镇居民医疗保险的323人,贫困救助的9人,有商业医疗保险的5人,全公费的16人,全自费的17人,其他29人。可以看出,城镇职工基本医疗保险及城镇居民医疗保险涵盖了93.0%的被调查对象。此外,被调查老年人中,986人与家人居住在一起,独居老人94人,孤寡老人比例是8.7%。

2. 杭州社区老年人吸烟、饮酒行为分析

表4-3显示,被调查的杭州社区老年人中大部分从不吸烟,吸过烟的(包括已戒掉的)占18.1%,吸烟以男性为主。饮酒的占25.6%,饮酒也以男性为主,女性饮酒比例较低,从不饮酒的占74.4%。

表4-3 杭州社区老年人吸烟、饮酒情况

	性 别		人数(N)	百分比(%)
	男	女		
吸烟情况				
吸　　烟	117	14	131	12.1
已 戒 烟	59	6	65	6.0
从不吸烟	297	587	884	79.9
合　　计			1080	100
饮酒情况				
每　　天	67	25	92	8.5
经　　常	18	9	27	2.5
偶　　尔	111	47	158	14.6
从　　不	277	526	803	74.4
合　　计			1080	100

3. 杭州社区老年人运动情况

从运动情况分析，被调查的杭州社区老年人中，平常坚持运动的人数比重占85.2%，但坚持运动的老年人随着年龄的增大而减少，60-、70-和80-老人在被调查人数中运动的比例分别为45.2%、40.9%和13.9%；其中，散步形式的运动居多，占85.0%。运动强度激烈的仅为0.8%，一般和不激烈的占99.2%。关于每周的运动频次，运动的老年人中每周运动6次及6次以上的占79.0%。见表4-4。

表4-4 杭州社区老年人运动情况

	人数(N)	百分比(%)
平常是否运动		
是	920	85.2
其中　60-	416	45.2
70-	376	40.9
80-	128	13.9
否	160	14.8
合　　计	1080	100

续表

	人数（N）	百分比（%）
平常所做运动		
跑步	60	6.5
游泳	9	1.0
跳舞	46	5.0
打太极拳	88	9.6
散步	782	85.0
其他	113	12.3
合　计	920	
运动强度		
激烈	7	0.8
一般	219	23.8
不激烈	694	75.4
合　计	920	100
每周运动次数		
1~2次	61	6.6
3~5次	132	14.4
6次及6次以上	727	79.0
合　计	920	100

4. 杭州社区老年人慢性病状况

被调查老年人中，841名老年人患有慢性病，239名老年人没有慢性病，慢性病所占比重为77.87%。从表4-5可以看出，患有慢性病的841人，占总人数的77.9%。其中患有1种慢性病的比重最大，超过了50%，患有1种或2种慢性病的比重占83.0%。同一年龄组中，慢性病人数随着慢性病种数的增加而减少；不同年龄组中，80岁以上的老年人患有1种慢性病的占16.1%，患有2种慢性病的占14.7%，患有3种慢性病的占21.5%，患有4种或4种以上慢性病的占26.0%，总体趋势高年龄组中慢性病种数比重逐渐加大（见表4-5）。

表4-5 杭州社区老年人慢性病状况

慢性病状况	年龄 60-	年龄 70-	年龄 80-	合计	患慢病种数比例(%)
患有1种慢性病	213	173	74	460	54.7
患有2种慢性病	96	107	35	238	28.3
患有3种慢性病	33	40	20	93	11.1
患有4种或4种以上慢性病	15	22	13	50	5.9
合计	357	342	142	841	100

（二）杭州社区老年人人口学特征与生存质量状况单因素分析

1. 杭州社区老年人性别与生存质量关系

表4-6显示，杭州社区不同性别老年人在生理职能、躯体疼痛、一般健康状况、精力、情感职能和精神健康六个维度上存在显著差异，在生理机能和社会功能方面差异不显著。

表4-6 杭州社区老年人生存质量各维度性别比较

维度	男性	女性	合计	t值	P值
PF	81.7±21.9	79.4±23.2	80.4±22.6	1.690	0.091
RP	84.5±34.5	75.8±41.3	79.6±38.7	3.781***	0.000
BP	49.1±7.1	47.7±8.2	48.3±7.7	3.013**	0.003
GH	58.3±18.3	55.9.0±18.6	57.0±18.5	2.177*	0.030
VT	79.0±15.3	77.0±16.7	77.9±16.1	2.034*	0.042
SF	82.7±26.3	79.7±24.0	81.0±25.0	0.684	0.057
RE	90.1±28.7	83.6±37.1	86.5±33.8	3.207**	0.001
MH	84.8±12.9	82.5±14.9	83.5±14.1	0.079**	0.006

注：*表示p<0.05，**表示p<0.01，***表示p<0.001。

2. 杭州社区老年人年龄与生存质量关系

由表4-7可知，年龄和老年人生存质量状况存在关系。60-、

70-、80-人数构成比重下降,生存质量状况差或中的比例逐渐升高,生存质量状态良好的老年人比例下降。其中,80-的老年人生存质量状况差或中的已经超过了50%。杭州60-、70-、80-的社区老年人在生理机能、生理职能、一般健康状况、精力、社会功能、情感职能及精神健康七个维度上存在显著差异。随着年龄的增加,该七个维度均值呈现不同程度的下降,即随着年龄的增加,杭州社区老年人总体生存质量呈明显下降的趋势。其中,不同年龄组在躯体疼痛上差异不显著。见表4-8。

表4-7 杭州社区老年人生存质量分级年龄比较

年龄	差或中	良好	合计
60-	110(23.3)	362(76.7)	472
70-	133(30.9)	298(69.1)	431
80-	91(51.4)	86(48.6)	177
合 计	334(30.9)	746(69.1)	1080

注:$\chi^2=47.609$,$P<0.05$,()内数字为相对数%。

表4-8 杭州社区老年人生存质量各维度年龄比较

维度/年龄	60-	70-	80-	χ^2值	P值
PF	87.1±15.4	79.4±22.3	65.1±30.6	103.275**	P<0.001
RP	86.8±31.6	77.4±39.9	65.8±47.9	30.764**	P<0.001
BP	48.5±7.7	48.1±7.6	48.4±8.3	1.010	0.604
GH	58.6±17.8	56.6±18.8	53.3±19.2	9.985**	0.007
VT	79.4±14.2	77.9±16.6	73.8±19.0	9.463**	0.009
SF	83.8±22.4	80.7±25.1	74.4±30.0	19.457***	P<0.001
RE	91.3±27.1	85.8±34.8	75.1±43.8	25.106***	P<0.001
MH	84.7±13.2	83.6±13.5	79.9±17.2	8.352*	0.016

注:*表示秩和检验 p<0.05,**表示 p<0.01,***表示 p<0.001。

3. 杭州社区老年人婚姻与生存质量关系

由表4-9可知,婚姻状态与杭州社区老年人生存质量状态有关联。在婚老年人比例高于丧偶老年人,但是丧偶老年人生存质量状况为差或中的比例明显高于在婚的老年人,已接近于50%。由表4-10也能看出,除躯体疼痛外,杭州社区在婚老年人的生存质量在各维度上的得分均明显高于丧偶老年人,表明婚姻对老年人良好的生存质量具有积极意义。

表4-9 杭州社区老年人生存质量分级婚姻比较

婚姻状态/生存质量状态	差或中	良好	合计
在 婚	239(27.4)	633(72.6)	872
丧 偶	91(45.5)	109(54.5)	200
合 计	330	742	1072

注:$\chi^2=24.991$,$P<0.001$,()数字为相对数%。

表4-10 杭州社区老年人生存质量各维度婚姻比较

维度/婚姻	在婚	丧偶	t值	P值
PF	82.2±20.8	72.5±28.3	5.508**	P<0.01
RP	82.2±36.5	67.9±45.6	4.769**	P<0.01
BP	48.4±7.5	48.3±8.9	0.175	0.861
GH	57.5±18.5	54.3±18.4	2.247*	0.025
VT	79.0±15.6	73.5±17.6	4.398**	P<0.01
SF	82.0±24.4	77.0±27.6	2.353*	0.019
RE	88.7±31.2	76.5±42.2	4.649**	P<0.01
MH	84.4±13.8	80.1±14.4	3.804**	P<0.01

注:*表示 p<0.05,**表示 p<0.01,***表示 p<0.001。

4. 杭州社区老年人吸烟饮酒与生存质量关系

由表4-11可知,吸烟和不吸烟的老年人在SF量表中的一般健康状况上存在显著差异,饮酒和不饮酒的老年人在SF量表中的一般健康状况、社会功能上差异显著。

表 4-11　杭州社区老年人生存质量各维度吸烟、饮酒比较

维度/行为	吸烟	不吸烟	t 值	P 值	饮酒	不饮酒	t 值	P 值
PF	81.4±22.2	80.2±22.8	0.661	0.509	82.6±21.2	79.7±23.1	1.899	0.058
RP	81.4±37.2	79.2±39.1	0.730	0.466	82.7±36.8	78.5±39.4	1.528	0.127
BP	48.5±7.1	48.3±7.9	0.287	0.774	48.5±7.3	48.3±7.9	0.550	0.583
GH	59.5±19.9	56.4±18.2	2.015*	0.045	60.7±18.3	55.7±18.4	3.940**	P<0.01
VT	78.9±16.3	77.6±16.1	1.012	0.312	78.6±15.0	77.6±16.5	0.887	0.376
SF	81.1±20.3	81.0±26.0	0.029	0.977	83.8±26.4	80.1±24.5	2.070*	0.039
RE	89.1±29.1	85.9±34.8	1.219	0.223	88.2±31.8	85.8±34.5	1.042	0.298
MH	84.8±13.4	83.2±14.3	1.537	0.125	83.7±14.1	83.4±14.1	0.299	0.765

注：* 表示 p<0.05，** 表示 p<0.01，*** 表示 p<0.001。

5. 杭州社区老年人运动与生存质量关系

由表 4-12 可知，SF 量表各维度评分中，坚持运动的杭州社区老年人在生理机能、生理职能、一般健康状况、精力、社会功能、情感职能、精神健康得分上都高于不运动的老年人，可见运动对于老年人保持较高的生存质量非常重要。

表 4-12　杭州社区老年人生存质量各维度运动比较

维度/运动	是	否	t 值	P 值
PF	83.0±19.1	65.4±33.3	9.432**	P<0.01
RP	82.2±36.4	64.8±47.6	5.288**	P<0.01
BP	48.5±7.7	47.3±7.8	1.792*	0.073
GH	58.1±17.5	50.1±22.5	5.105**	P<0.01
VT	79.1±14.7	70.8±21.3	6.117**	P<0.01
SF	82.4±22.6	73.1±34.9	4.355**	P<0.01
RE	88.2±31.3	76.5±44.6	4.075**	P<0.01
MH	84.0±13.7	80.5±15.8	2.966**	0.003

注：* 表示 p<0.05，** 表示 p<0.01，*** 表示 p<0.001。

6. 杭州社区老年人慢性病与生存质量关系

由表 4-13 可知，慢性病与社区老年人生存质量有关联。由表

4-14可知,患有不同慢性病种数的被调查对象在SF-36量表各维度上存在显著差异。随着患慢性病种数的增多,老年人在生理机能、生理职能、躯体疼痛、一般健康状况、精力、社会功能、情感职能、精神健康上的得分逐渐下降,这表明慢性病种数与老年人生存质量间存在负相关。

表4-13 杭州社区老年人生存质量分级慢性病种数比较

慢性病种数/生存质量状态	差或中	良好
患有1种慢性病	105(22.8)	355(77.2)
患有2种慢性病	98(40.8)	142(59.2)
患有3种慢性病	53(57.0)	40(43.0)
患有4种或4种以上慢性病	32(64.0)	18(36.0)

注:χ^2 =72.367,P<0.001,( )内数字为相对数%。

表4-14 杭州社区老年人生存质量各维度慢性病种数比较

维度/慢性病状况	患有1种慢性病	患有2种慢性病	患有3种慢性病	患有4种或4种以上慢性病	χ^2值	P值
PF	82.7±21.2	79.9±20.6	70.5±26.7	57.3±32.0	67.997***	P<0.001
RP	84.0±35.5	74.6±41.0	61.3±46.3	55.0±49.5	45.354***	P<0.001
BP	48.7±8.1	47.7±7.4	46.4±8.7	47.6±9.0	10.958*	0.012
GH	58.5±16.6	52.1±18.1	47.9±17.1	42.1±24.0	54.474***	P<0.001
VT	80.0±14.2	75.5±18.3	71.7±17.6	67.7±21.8	33.139***	P<0.001
SF	84.2±24.7	77.6±24.7	72.2±24.0	65.0±30.5	34.522***	P<0.001
RE	89.9±29.9	84.0±35.0	78.1±44.4	60.7±47.5	40.369***	P<0.001
MH	85.0±11.2	82.7±14.5	80.2±14.5	75.3±22.5	9.650*	0.022

注:* 表示p<0.05,** 表示p<0.01,*** 表示p<0.001。

(三)社会支持对杭州社区老年人生存质量的影响

1. 居住环境

采用李克特五级评分法,从差到好分别赋值1、2、3、4和5。以社区周围环境清洁程度、社区环境安静程度、居住房屋宽敞程度、周围空气清新程度、交通方便性、超市等生活场所齐全性、社区总体评价为自变量,老年人生存质量状态(0=良好,1=非良好)为因变量,进行 logistic 回归分析,采用前进法,选入标准 α=0.05。结果显示,交通方便性与老年人生存质量有关。见表 4-15。

表 4-15 居住环境与老年人生存质量 logistic 回归分析

因素	B值	标准误	Wald值	P值	OR值	95.0% C. I. OR值 上限	下限
常数项	-1.956	0.352	30.901	P<0.001	0.141		
交通方便性	0.267	0.079	11.345	0.001	1.307	1.118	1.527

表 4-16 杭州社区老年人居住环境状况

因子	评分($\bar{x}\pm S$)	评价好的百分比(%)
社区周围环境清洁程度	3.70±0.852	61.0
社区环境安静程度	3.53±0.897	53.1
居住房屋宽敞程度	3.51±0.907	48.8
周围空气清新程度	3.59±0.987	57.4
交通方便性	4.27±0.886	79.3
超市等生活场所齐全性	3.95±0.997	68.8
社区总体评价	3.75±0.785	60.3

注:评价好的比率=(好的人数+较好人数)/总人数×100%。

2. 社区活动

根据表 4-17,杭州社区老年人闲暇活动中,在家看电视的比例最高,占 63.1%,其次为看书、看报,占 45.6%,排在第三位的是做家务。被调查的社区老年人,闲暇最喜欢做的事情是在家看电视,占 29.1%;其次是看书、看报等,占 22.8%;排在后面的是去老年活动中心活动和其他,所占比重分别为 11.3% 和 11.2%,具体见表 4-18。从表 4-19 可知,最喜欢做的事情的原因分析中,将近 60% 老年人喜欢某项活动的原因是"可以丰富自己的生活"。

表4-17 杭州社区老年人闲暇活动情况

闲暇时所做事情	人数	百分比(%)	排序
在家看电视	681	63.1	1
看书、看报等	493	45.6	2
做家务	430	39.8	3
聊天	297	27.5	4
逛公园	222	20.6	5
去老年活动中心活动	188	17.4	6
其他	122	11.3	7
带小孩	121	11.2	8
走亲访友	69	6.4	9
去老年大学	44	4.1	10

表4-18 杭州社区老年人闲暇最喜欢做的活动

最喜欢做的事情	人数	百分比(%)	排序
在家看电视	314	29.1	1
看书、看报等	246	22.8	2
去老年活动中心活动	122	11.3	3
其他	121	11.2	4
做家务	87	8.1	5
聊天	66	6.1	6
逛公园	55	5.1	7
带小孩	47	4.3	8
去老年大学	16	1.5	9
走亲访友	6	0.5	10
总人数	1080	100	—

表4-19 杭州社区老年人最喜欢做的活动的原因分析

您最喜欢的原因是	人数	百分比(%)
可以丰富自己的生活	640	59.3
与人接触,扩大自己的交际面	80	7.4
学习知识,跟上时代步伐	119	11.0
参与社会,排除孤独感	52	4.8
其他	189	17.5
合计	1080	100

以带小孩、聊天、在家看电视、去老年人活动中心活动、去老年大学、走亲访友、看书看报等、逛公园、做家务及其他为自变量，生存质量状态（0＝良好，1＝非良好）为因变量，进行 logistic 回归分析，采用前进法，选入标准 α＝0.05。结果显示，老年人闲暇活动中，聊天、去老年活动中心活动、走亲访友和做家务对老年人生存质量存在影响（$P<0.05$）。其中，影响最大的是做家务（见表4－21）。

表4－20 纳入回归方程的变量赋值方法

因　子	变　量	变量赋值
带小孩	X1	0＝否,1是
聊天	X2	0＝否,1是
在家看电视	X3	0＝否,1是
去老年活动中心活动	X4	0＝否,1是
去老年大学	X5	0＝否,1是
走亲访友	X6	0＝否,1是
看书、看报等	X7	0＝否,1是
逛公园	X8	0＝否,1是
做家务	X9	0＝否,1是
其他	X10	0＝否,1是

表4－21 杭州社区老年人生存质量分级与闲暇活动的 logistic 回归分析

活动项目	B 值	标准误	Wald 值	P 值	OR 值
常数项	－1.010	0.099	104.881	$P<0.05$	0.364
聊天	0.447	0.152	8.670	0.003	1.564
去老年活动中心活动	－0.484	0.191	6.426	0.011	0.616
走亲访友	－1.034	0.329	9.872	0.002	0.355
做家务	0.504	0.138	13.332	$P<0.05$	1.656

健康老龄化的目标之一就是老有所学，表4－22反映的是杭州社区老年人的学习情况。根据该表，被调查社区老年人有意识地进行学习的占47.1%，学习积极程度较积极和积极的占32%。学习意识不同的杭州社区老年人在生理机能、一般健康状况、精力和精神健康四个维度上存在显著差异（见表4－23）。

表4-22 杭州社区老年人学习情况

	人数(N)	百分比(%)
是否有意识进行学习		
是	509	47.1
否	571	52.9
合　计	1080	100
学习积极程度		
积极	155	14.3
较积极	191	17.7
一般	233	21.6
较不积极	37	3.4
不积极	464	43.0
合　计	1080	100

表4-23 杭州社区老年人生存质量维度是否有意识学习比较

维度/有意识进行学习	是	否	t值	P值
PF	82.1±21.1	78.9±23.9	2.268*	0.024
RP	81.7±36.7	77.7±40.4	1.204	0.229
BP	48.1±7.3	48.5±8.1	-1.194	0.233
GH	59.7±18.5	54.5±18.2	5.221***	P<0.001
VT	79.5±15.4	76.4±16.7	3.127**	0.002
SF	81.8±19.7	80.3±29.0	0.975	0.330
RE	86.5±33.2	86.4±34.4	0.140	0.889
MH	84.8±12.9	82.4±15.0	2.803**	0.005

注：*表示$p<0.05$，**表示$p<0.01$，***表示$p<0.001$。

3. 情感慰藉

孤独感、与亲戚的关系、与朋友的关系、与邻居的关系、夫妻关系和与子女关系采用五级评分法。

情感慰藉主要考虑社区老年人与周围人的关系状况。调查显示，绝大部分杭州社区老年人都能与周围人和睦相处，其中与亲戚、朋友、邻居、夫妻、子女的和睦率均在90%以上（见表4-24）。

表4-24 杭州社区老年人与周围人关系状况

因子	评分分值($\bar{\chi} \pm S$)	和睦率(%)
与亲戚的关系	4.66±0.710	91.8
与朋友的关系	4.71±0.595	93.1
与邻居的关系	4.67±0.671	91.3
夫妻关系	4.55±1.259	90.6
与子女关系	4.79±0.659	95.7

注：和睦率＝（和睦人数＋较和睦人数）/总人数。

就孤独感来说，从不感觉孤独的老年人占57.8%；每天或者经常感觉孤独的占5.5%；有时或者偶尔感觉孤独的占36.7%（见表4-25）。每天或者经常孤独的，有时或者偶尔感觉孤独的，从不感觉孤独这三组之间在生理机能、一般健康状况、精力、社会功能、情感职能和精神健康方面均存在显著差异（见表4-26），在生理职能和躯体疼痛方面不存在显著差异。孤独感轻的老年人比孤独感强的老年人生存质量状况好。

表4-25 杭州社区老年人孤独感状况

孤独感	人数(N)	百分比(%)
每　天	37	3.4
经　常	23	2.1
有　时	140	13.0
偶　尔	256	23.7
从　不	624	57.8
合　计	1080	100

以生存质量状态（0＝良好，1＝非良好）为因变量，以社区老年人的孤独感、与亲戚的关系、与朋友的关系、与邻居的关系、夫妻关系、与子女关系为自变量，进行logistic回归分析，采用前进法，选入标准α＝0.05。结果显示，平常的孤独感、夫妻关系、与子女关系与杭州社区老年人生存质量状态存在相关关系，并且这三个因子均属于保护因子（见表4-28）。

表4-26 杭州社区老年人生存质量各维度不同孤独感程度比较

维度	每天或经常	有时或偶尔	从不	χ^2值	P值
PF	66.0±32.9	81.3±22.7	81.3±20.9	14.307**	0.001
RP	75.0±41.7	79.2±38.8	80.3±38.4	1.251	0.535
BP	49.0±8.0	48.6±7.3	48.1±8.0	2.039	0.361
GH	55.2±23.8	52.2±16.9	60.1±18.3	55.882***	P<0.001
VT	70.9±23.3	75.2±15.1	80.3±15.5	36.393***	P<0.001
SF	70.6±28.6	75.7±21.8	85.4±25.7	72.462***	P<0.001
RE	75.0±40.5	81.4±37.8	90.8±30.0	26.758***	P<0.001
MH	78.7±18.0	79.1±13.0	86.8±13.5	116.632***	P<0.001

注：*表示p<0.05，**表示p<0.01，***表示p<0.001。

表4-27 纳入回归方程的变量赋值方法

因素	变量	变量赋值
平常的孤独感	X1	1=每天,2=经常,3=有时,4=偶尔,5=从不
与亲戚的关系	X2	1=不和睦,2=较不和睦,3=一般,4=较和睦,5=和睦
与朋友的关系	X3	1=不和睦,2=较不和睦,3=一般,4=较和睦,5=和睦
与邻居的关系	X4	1=不和睦,2=较不和睦,3=一般,4=较和睦,5=和睦
夫妻关系	X5	1=不和睦,2=较不和睦,3=一般,4=较和睦,5=和睦
与子女关系	X6	1=不和睦,2=较不和睦,3=一般,4=较和睦,5=和睦

表4-28 杭州社区老年人生存质量与情感状况的 logistic 回归分析

因子	B值	标准误	Wald值	P值	OR值	95.0% C.I. OR值 上限	下限
常数项	2.244	0.536	17.512	P<0.001	9.427	0.691	0.890
平常的孤独感	-0.243	0.065	14.156	P<0.001	0.784		
夫妻关系	-0.191	0.053	13.025	P<0.001	0.826	0.744	0.916
与子女关系	-0.242	0.102	5.591	0.018	0.785	0.643	0.959

4. 生活照顾

由表4-29可知，杭州社区老年人自主料理个人生活的占74.2%，不是自己料理的占25.8%，完全不能料理的有4人。当杭州社区老年人生病或行动不便时，有人帮助的共有1025人，占

94.9%；短期内可以照顾老年人的大多是配偶或者子女，其他亲戚、朋友、邻居、被雇佣人员的照护所占比例均不超过5%（见表4-30）。

表4-29　杭州社区老年人生活料理状况

生活料理	人数	百分比(%)
自己料理	801	74.2
家人料理	238	22.0
雇佣人员料理	37	3.4
完全由他人料理	4	0.4
合　计	1080	100

表4-30　杭州社区老年人生活照顾情况

	人数(N)	百分比(%)
是否有人在您生病时或行动不便时帮助您		
是	1025	94.9
没有人愿意也无能力帮助	27	2.5
未回答	28	2.6
合　计	1080	100
谁可以短期照护您		
配偶	716	69.9
子女	537	49.7
父母	8	0.8
亲戚	5	0.5
朋友	2	0.2
邻居	7	0.7
被雇佣人员	33	3.2
其他人	25	2.4
合　计	1025	—

5. 医疗保健及需求

由表4-31可知，杭州社区老年人到社区卫生服务中心就诊的人数最多，其比例远远高于省级和市级医院；其次是市级医院，然后是省级医院，最后是其他。这说明社区卫生服务中心的便利性及基本医疗服务已经慢慢被普及与接受。

表4-31 杭州社区老年人医疗机构就诊状况

医疗机构	人数	百分比(%)
省级医院	207	19.2
市级医院	270	25
社区卫生服务中心	765	70.8
其他	24	2.2
合 计	1080	—

社区老年人接受社区医疗服务情况见表4-32。在被调查老年人中，接受过社区医疗服务的老年人数是982人，占90.9%。其中大部分社区老年人都接受过健康体检服务，排在第二位的是健康

表4-32 杭州社区老年人接受社区及相关部门提供的服务情况

	人数(N)	百分比(%)
接受服务		
是	982	90.9
否	98	9.1
合 计	1080	100
接受服务项目		
健康体检	979	90.6
健康教育	179	16.6
家庭护理	51	4.7
家庭康复	47	4.4
心理指导	55	5.1
定期探访	115	10.6
其他	20	1.9
总人数	1080	—
是否需要该服务		
健康体检	586	54.3
健康教育	103	9.5
家庭护理	76	7.0
家庭康复	76	7.0
心理指导	75	6.9
定期探访	98	9.1
总人数	1080	—

教育服务，第三位的是定期探访服务。而家庭护理、家庭康复、心理指导医疗服务相对而言，社区老年人享受的比较少，被调查的社区老年人只有5%左右接受过上述三种服务中的一种。社区老年人健康体检大都是两年一次，这与相关社区的政策和规定是一致的。其他几项医疗服务，健康教育、家庭护理、家庭康复、心理指导和定期探访则根据个人的情况不同而各异（见表4-33）。

表4-33 杭州社区老年人接受社区医疗服务的频次

服务项目/频次	两周一次	一个月一次	三个月一次	半年一次	一年一次	两年一次
健康体检	13	5	6	14	131	795
健康教育	13	31	27	39	29	11
家庭护理	6	8	6	10	7	4
家庭康复	4	9	2	6	5	6
心理指导	8	5	7	7	9	4
定期探访	20	19	21	8	12	4

接受社区医疗服务情况不同的老年人在SF量表的生理机能、精力、社会功能和精神健康四个维度上存在显著差异，其中，接受过社区医疗服务的老年人在这四个维度上的得分均高于未接受过社区医疗服务的老年人（见表4-34）。

表4-34 杭州社区老年人是否接受社区医疗服务生存质量各维度比较

维度/是否接受社区医疗服务	是	否	t值	P值
PF	81.1±21.9	73.6±28.4	3.155**	0.002
RP	79.9±38.5	76.8±40.8	0.721	0.472
BP	48.2±7.6	49.2±8.7	-1.095	0.276
GH	57.0±18.5	56.7±18.8	0.120	0.904
VT	78.5±15.8	71.5±17.8	4.105**	P<0.01
SF	81.8±24.9	73.3±25.2	3.196**	0.001
RE	86.7±33.1	84.4±40.4	0.643	0.520
MH	83.9±13.7	79.5±17.6	2.971**	0.003

注：*表示$p<0.05$，**表示$p<0.01$，***表示$p<0.001$。

根据表4-35、表4-36可知，杭州社区老年人到就近医疗机构的方便性都比较好，满意率为83.0%，对医疗服务机构服务质量的好评率为71.4%。

表4-35 杭州社区医疗机构方便性

就近医疗机构方便性	人数（N）	百分比（%）
方 便	524	48.5
较方便	373	34.5
一 般	163	15.1
较不方便	16	1.5
不方便	4	0.4
合 计	1080	100

注：方便率=（较方便人数+方便人数）/总人数。

表4-36 杭州社区老年人医疗服务机构质量评价

就近医疗服务机构质量	人数（N）	百分比（%）
好	397	36.8
较好	374	34.6
一般	291	26.9
较差	17	1.6
差	1	0.1
合 计	1080	100

注：评价好率=（评价好人数+评价较好人数）/总人数。

（四）影响杭州社区老年人生存质量的多因素分析

以人口学特征和社会支持因素为自变量，生存质量状态（0=良好，1=非良好）为因变量，进行logistic回归分析。自变量分别为性别、年龄、文化程度、婚姻、经济收入、孤寡老人、吸烟、饮酒、运动强度、运动次数、慢性病种数；社区总体评价、社区活动项目齐全性、社区活动设施齐全性、是否有意识学习、参加社区活动积极程度、平常的孤独感、是否接受社区医疗服务、健康体检频次、健康教育频次、家庭护理频次、家庭康复频次、心理指导频次、定期探访频次、医疗机构方便性、医疗机构服务质量。由多因素分析结果可知,年龄、婚姻、饮酒、运动强度、运动次数、慢性病种数、参加社区活动积极程度、平常的孤独感、健康体检频次、健康教育频次、定期探访频次、家庭康复频次、医疗机构方便性这些因子对老年人生存质量存在影响(见表4-38)。

表4-37 纳入回归方程的变量赋值情况

因素	变量	变量赋值
性别	X1	0=女,1=男
年龄	X2	1=60-,2=70-,3=80-
文化程度	X3	1=文盲,2=小学,3=初中,4=中专或高中,5=大专及以上学历
婚姻	X4	0=不在婚(包括未婚、离婚和丧偶),1=在婚
经济收入	X5	0=无,1=1000元及以下,2=1001~1500元,3=1501~2000元,4=2001~2500元,5=2501~3000元,6=3001元及以上
孤寡老人	X6	0=否,1=是
吸烟	X7	0=不吸烟,1=吸烟(包括已戒烟的)
饮酒	X8	1=每天,2=经常,3=偶尔,4=从不
运动强度	X9	0=不运动,1=不激烈,2=一般,3=激烈
运动次数	X10	0=不运动,1=1~2次,2=3~5次,3=6次及6次以上
慢性病种数	X11	0=没有慢性病,1=患有1种慢性病,2=患有2种慢性病3=患有3种慢性病,4=患有4种或4种以上慢性病
社区总体评价	X12	1=差,2=较差,3=一般,4=较好,5=好
社区活动项目齐全性	X13	1=不齐全,2=较不齐全,3=一般,4=较齐全,5=齐全
社区活动设施齐全性	X14	1=不齐全,2=较不齐全,3=一般,4=较齐全,5=齐全
是否有意识学习	X15	0=否,1=是
参加社区活动积极程度	X16	1=不积极,2=较不积极,3=一般,4=较积极,5=积极

续表

因素	变量	变量赋值
平常的孤独感	X17	1=每天,2=经常,3=有时,4=偶尔,5=从不
是否接受社区医疗服务	X18	0=否,1=是
健康体检频次	X19	1=2周1次,2=1个月1次,3=3个月1次,4=6个月1次,5=1年1次,6=2年1次
健康教育频次	X20	同上
家庭护理频次	X21	同上
家庭康复频次	X22	同上
心理指导频次	X23	同上
定期探访频次	X24	同上
医疗机构方便性	X25	1=不方便,2=较不方便,3=一般,4=较方便,5=方便
医疗机构服务质量	X26	1=差,2=较差,3=一般,4=较好,5=好

表4-38 影响老年人生存质量的多因素分析

因子	B值	标准误	Wald值	*P值	OR值	95.0% C. I. OR值 下限	上限
常数项	1.821	0.531	11.766	0.001	6.176		
年龄	0.385	0.103	13.997	P<0.01	1.470	1.201	1.799
婚姻	-0.430	0.183	5.501	0.019	0.650	0.454	0.932
饮酒	-0.254	0.088	8.372	0.004	0.775	0.653	0.921
运动强度	0.266	0.121	4.857	0.028	1.304	1.030	1.652
运动次数	-0.514	0.116	19.645	P<0.01	0.598	0.477	0.751
慢性病种数	0.842	0.193	19.117	P<0.01	2.321	1.591	3.385
参加社区活动积极程度	-1.181	0.054	11.058	0.001	0.834	0.750	0.928
平常的孤独感	-0.242	0.071	11.509	0.001	0.785	0.683	0.903
健康体检频次	-0.197	0.036	29.396	P<0.01	0.821	0.765	0.882
健康教育频次	0.166	0.061	7.383	0.007	1.181	1.047	1.332
定期探访频次	0.378	0.105	12.979	P<0.01	1.460	1.188	1.793
家庭康复频次	-0.372	0.142	6.843	0.009	0.690	0.522	0.911
医疗机构方便性	-0.213	0.095	5.045	0.025	0.808	0.671	0.973

五 讨论

(一) 性别、年龄是不可逆的因素

年龄、性别因素是既定因素,是不可改变的。研究结果表明:SF量表中,杭州社区男性老年人在生理职能、躯体疼痛、一般健康状况、精力、情感职能和精神健康六个维度上得分高于女性。表明女性在疼痛方面的耐受性差,情感更为脆弱,这与贾守梅等人关于上海社区老年人生存质量及影响因素的调查结果一致。生理方面,男性由于健康问题所造成的职能限制影响较小;一般健康状况方面,男性较女性好;精神健康状态方面,男性的主观感受也较女性佳,说明男性更为乐观。年龄是影响老年人健康的最直接因素,不同年龄段的老年人存在不同的问题。

研究表明,60 - 、70 - 、80 - 的杭州社区老年人在躯体疼痛方面不存在显著差异,而在SF量表的其他七个维度都存在着显著差异。随着年龄的增长,老年人的生理机能、生理职能、一般健康状况、精力、社会功能、情感职能、精神健康逐渐下降,而70 - 到80 - 的老年人,在这七个维度上的下降更为明显。

(二) 在婚及饮酒的老年人生存质量高

单因素与多因素分析中,婚姻和饮酒是影响老年人生存质量状况的因素。SF量表评分中,除躯体疼痛外,其他各维度评分,在婚老年人的生存质量明显高于丧偶老年人的平均得分。婚姻是老年人生存质量的一个保护因子。饮酒的老年人在一般健康状况和社会功能两个维度评分高于不饮酒的老年人。

(三) 运动有利于保持和改善生存质量

运动对于每个人来说都是必不可少的,老年人运动能够增强体质,提高免疫力,进而有效应对外界环境刺激。研究结果表明,运动与社区老年人生存质量状况存在着紧密的关联。除生理职能外,运动情况不同的老年人在 SF 量表各维度上差异显著。运动的老年人比不运动的老年人生存质量要高。Logistic 回归分析显示,每周运动次数是老年人生存质量的保护因子,即老年人每周运动次数越多生存质量越好,但是运动频率和运动强度都不宜过高。从老年人运动的情况来看,老年人主要以散步为主,其他运动方式较少,运动形式相对单一。

(四) 慢性病是影响老年人生存质量的重要因素之一

慢性病是老年人生存质量的危险因素,患有 1 种慢性病、患有 2 种慢性病、患有 3 种慢性病、患有 4 种或 4 种以上慢性病的社区老年人人数比重呈不断下降趋势。一般而言,患慢性病种数越多,死亡的危险性也就越大。从患有 1 种慢性病、患有 2 种慢性病、患有 3 种慢性病和患有 4 种或 4 种以上慢性病的社区老年人生存质量状况的分级来看,随着患慢性病种数的增多,生存质量为差或中的老年人比例不断加大,生存质量良好的比例则不断下降,可见慢性病严重影响社区老年人的生存质量。

(五) 社会支持对杭州社区老年人生存质量的影响

1. 参加社区活动,提高社会参与能力

社区活动对于老年人非常重要,老年人相对青壮年而言闲暇时间较多,因此,是否能够有效利用闲暇时间进行活动对于老年人来说有着非常重要的意义。研究结果显示,社区老年人闲暇时间看电视、看书、看报的较多。而聊天、去老年活动中心活动、走亲访友和做家务几项闲暇活动则对老年人生存质量具有重要影响。老年人在闲暇之余参加社会活动,能够有效增强自身的社会参与能力,适当做些力所能及的体力活动对于维持老年人自身生存质量具有积极作用。

2. 情感慰藉减少老年人孤独感

从情感方面来说，大部分老年人不从事社会工作，接触社会的机会、与人交流的机会相对较少，因而容易出现心理和情感上的问题，其中独居老人和空巢老人更易于出现这类问题。陈琪尔、黄俭强等学者在研究中曾指出，女性的孤独感一般高于男性，丧偶老人孤独感高于有配偶者，且年龄越大，孤独感越强，文化程度越低，孤独感越强。本研究结果显示，老年人自身平常的孤独感、夫妻关系、与子女的关系是影响老年人生存质量的重要因素，夫妻关系融洽、亲子互动良好能显著减少老年人的孤独感。对于子女长期在外工作的社区老年人来说，邻居、朋友的陪伴作用较为凸显，建议这类老年人在日常生活中注重维持良好的邻里关系，积极参与社区互动，努力营建自己的社交圈，从而丰富自身生活，减少空虚感和寂寞感。

3. 社区卫生服务影响老年人生存质量

社区卫生服务中心是基本的医疗保健场所，融医疗、预防、保健、康复、健康教育和计划生育技术为一体。研究结果显示，社区卫生服务中心是社区老年人就诊最频繁的场所。接受过社区医疗服务的社区老年人在生理机能、生理职能、一般健康状况、社会功能、情感职能及精神健康上得分均高于没有接受过医疗服务的社区老年人。多因素分析中，健康体检频次、健康教育频次、定期探访频次和家庭康复频次对社区老年人生存质量存在影响。接受健康体检、家庭康复服务频次越多，医疗机构越方便，老年人生存质量越好。而健康教育、定期探访属于危险因素，合理的解释是老年人生存质量越差，接受健康教育和定期探访的频次越多。可见，社区老年人在维持较好的生存质量时需充分利用社区卫生服务中心这个平台。

（六）策略和建议

根据杭州社区老年人生存质量调查结果，结合杭州市关于老年人的相关文件，本文就如何进一步提高社区老年人生存质量、走健康老龄化道路归纳出以下几条策略和建议。

1. 推进居家养老模式的发展，充分发挥社区卫生服务中心作用

随着社会的发展，养老模式也发生了很多变化。目前主要的养老模式包括家庭养老、机构养老和居家养老。家庭养老是主要依托于子女、配偶及相关亲人的养老；机构养老则依托于社会上的养老机构；国内外推荐的是居家养老模式。居家养老强调在老人原住地进行养老，养老的承担者和资源的提供者可以由家庭转变为社会、机构及个人三者的结合。鉴于目前家庭养老及机构养老的不足，城市老人实现居家养老的关键是建构一种适应居家养老的社会支持体系。

由于社区老年人大多居住在家里，社区提供养老服务更契合于居家养老的模式。社区可以针对老年人情感、医疗和日常生活方面的需求提供相关养老服务。例如，在情感上提供专人照顾，专人的构成可以包括老年人、社区工作人员及社区卫生服务中心人员。对于需要日常生活照顾的老人，社区管理委员会可以提供日托、购物、配餐送餐、精神慰藉、家政服务等一般照料和特殊照料（如陪护）。此外，社区还可以组织社区卫生服务中心人员对社区老年人定期探访，并根据探访观察到的结果和老年人自身的需求，提供相应的服务，使老年人老有所养、老有所医。

2. 充分利用老年活动中心，促进老年人学习和娱乐

参加社区活动、去老年活动中心活动、走亲访友越积极，孤独感越少，老年人的生存质量越高。鉴于此，政府相关部门应注重加强社区老年人活动中心的建设，着实提高"老年之家"的覆盖率。社区和社区老年活动中心应充分利用现有场所开展形式多样、自娱自乐、健康向上的老年娱乐服务项目和谈心聊天、心理咨询、精神慰藉等活动。老年人自身在维持和保护生存质量时，老年活动中心或"老年之家"是交流、娱乐和学习的良好平台，老年人应充分利用该服务平台。

3. 提倡部分有需求老年人再婚，适量饮酒及加强运动

众多研究指出，婚姻、经济收入、运动是老年人生存质量的保护因素。婚姻方面，社区和家庭应给予老年人充分的理解和支持，打破陈旧的传统观念，鼓励部分已丧偶的老年人再婚或者寻找伴侣，以进一步提高丧偶老年人的生存质量。运动方面，社区应在老年人中广泛宣传运动的重要性，并积极组织老年人开展内容丰富的运动，例如游泳、跳舞、打太极拳等。老年人自身也应充分重视加强体育锻炼，在散步之外努力寻求其他形式的运动项目。

4. 维持良好的生存质量应注重生活照顾和情感慰藉

政府方面应努力为老年人创设适宜的生活环境，不遗余力地举办养老机构和养老公寓。具体来说，政府可以根据行政区老年人的比例及实际情况，设置相应数量的医疗保健院、福利院、老年人福利中心等养老场所，力争使所有老年人特别是那些缺乏配偶、子女照顾的老年人实现"老有所养"。

家庭方面，子女对于无法维持正常生活的老年人应给予经济上的支持，保障老年人正常的生活。在情感慰藉上，子女应充分理解和尊重老年人的选择，在生活上给予老年人充分的爱与关怀，鼓励、支持丧偶老年人再婚和寻找伴侣。

六 结语

（一）杭州社区老年人生存质量现状

以 SF 量表总分 117 分为良好和中等的截断点，被调查杭州社区老年人生存质量良好以上的 746 人，非良好（包括差或中）的 334 人。杭州社区老年人在 SF 量表各维度上的得分如下：PF（80.4 ± 22.6）、RP（79.6 ± 38.7）、BP（48.3 ± 7.7）、GH（57.0 ± 18.5）、VT（77.9 ± 16.1）、SF（81.0 ± 25.0）、RE（86.5 ± 33.8）、MH（83.5 + 14.1）。

（二）影响杭州社区老年人生存质量的因素

影响老年人生存质量的人口学特征因素是年龄、婚姻、饮酒、运动次数和患有慢性病的种数。年龄和患有慢性病种数是老年人生存质量的危险因素，婚姻、饮酒、运动次数是老年人生存质量的保护因素。在婚、饮酒、运动次数对老年人生存质量具有积极作用。影响老年人生存质量的社会支持因素是参加社区活动积极程度、平常的孤独感、健康体检频次、健康教育频次、定期探访频次、家庭康复频次及医疗机构方便性。参加社区活动越多，平常的孤独感越少，接受健康体检和家庭康复服务次数越多，医疗机构越方便，老年人生存质量越好。

（三）政策建议

推进居家养老模式的发展，充分发挥社区卫生服务作用；充分利用老年活动中心，促进老年人学习和娱乐；提倡部分有需求老年人再婚，适量饮酒，注重平时体育锻炼；维持良好的生存质量，应注重对老年人的生活照顾和情感慰藉。

参考文献

[1] F. Godemann etc, "Determinants of the quality of life (QoL) in patients with animplantable cardioverter/defibrillator (ICD)", *Quality of Life Research*, No. 13, 2004, pp. 411 – 416.

[2] George E. Vaillant, Kenneth Mukamal, M. D., "Reviews and Overviews Successful Aging", *American Journal of Psychiatry*, No. 158, 2001, pp. 839 – 847.

[3] JO. Hornquist, "Quality of life: concept and assessment", *Scandinavian Journal of Social Medicine*, No. 1, 1990, pp. 69 – 79.

[4] Peng Du., "Successful Ageing of the Oldest-Old in China", Chapter 17, pp. 293 – 303.

[5] Peter C. Trask etc, "Minimal Contact Intervention with autologous BMP patient: impact on QOL and emotional distress", *Journal of Clinical Psychology in Medical Settings*, No. 2, 2003, pp. 109 – 117.

[6] Tracey C. Lintern etc, "Qulaity of Life (QOL) in severely disabled multiple sclerosis patients: Comparison of three QOL measures using multidimensional scaling", *Quality of Life Research*, No. 10, 2001, pp. 371 – 378.

[7] J. E. Ware, C. D. Shehourne, "The MOS 36 – item short form health survey (SF – 36): 1, Conceptual framework and item selection," *Medical Care*, No. 6, 1992, pp. 473 – 483.

[8] 陈琪尔、黄俭强:《社区老年人孤独感状况与生存质量的相关性研究》,《中国康复医学杂志》2005年第5期,第363~364页。

[9] 陈雪萍、倪荣等:《杭州市老年人生存现状与社区服务需求调查》,《中华健康管理学杂志》2009年第2期,第78~80页。

[10] 邓建森、周淑娥:《人口老龄化问题与卫生事业对策》,《工作探讨》2008年第5期,第112页。

[11] 冯晓黎等:《长春市农村老年人生活质量及其影响因素分析》,《中国老年学杂志》2005年第25期,第1333~1334页。

[12] 顾劲扬、励建安:《人口老龄化问题分析与对策》,《南京医科大学学报》(社会科学版)2004年第2期,第136~139页。

[13] 郭竞成:《中国居家养老模式的选择》,《宁波大学学报》2010年第1期,第106~111页。

[14] 黄俭强等:《社区老年人生存质量与社会支持的相关性研究》,《中国行为医学科学》2005年第8期,第725~726页。

[15] 贾守梅、冯正仪等:《上海市社区老年人生活质量及影响因素调查》,《护士进修杂志》2004年第5期,第420~423页。

[16] 李文琴:《健康老龄化:解决中国老龄问题的根本出路》,《汉中师范学院学报》1999年第17期,第78~79页。

[17] 彭英:《"健康老龄化"视角下的农村老年医疗保障的政策思考》,《内蒙古农业大学学报》(社会科学版)2008年第3期,第85~87页。

[18] 任树生、金国健:《防治老年慢性病,促进健康老龄化》,《中国慢性病预防与控制》2002年第3期,第97~99页。

[19] 童宁辅:《杭州市人口年龄结构现状及老龄化趋势分析》,《中共杭州市委党校学报》2002年第2期,第24~26页。

[20] 王金元:《城市老人居家养老的社会支持》,《社会科学家》2008年第4期,第110~113页。

[21] 王憶、陈坤等：《杭州市社区老年人生存质量现状及其影响因素研究》，《中华预防医学杂志》2009年第8期，第739~742页。
[22] 吴玲等：《海口市老年人生存质量及其影响因素研究》，《中国实用医药》2009年第10期，第238~239页。
[23] 徐刚等：《中国老年人生存质量现状及展望》，《中国老年学杂志》2006年第11期，第1592~1594页。
[24] 严建雯、陈传锋：《我国老年人的社会支持与服务》，《心理科学》2005年第6期，第1497~1499页。
[25] 颜江瑛等：《生命质量——健康评价的方向》，《国外医学社会医学分册》1999年第1期，第7~10页。
[26] 印石：《实现健康老龄化的意义》，《中国卫生经济》1999年第10期，第52~53页。
[27] 张磊、徐德忠等：《SF-36量表中文版的应用及分级截断点选择的研究》，《中华流行病学杂志》2004年第1期，第69~73页。
[28] 赵征、温盛霖：《中、老年生活质量及其影响因素的研究》，《广东水利水电》2008年第8期，第125~128页。
[29] 郑玉仁等：《老年人生活质量及影响因素分析》，《中国公共卫生》2006年第6期，第746~747页。
[30] 朱步楼：《人口老龄化问题及其对策研究》，《唯实》2007年第10期，第15~55页。

构建社会主义和谐社会进程中社区群体满意度的差异性
——以杭州市拱墅区农转居居民为例

⊙孔令乾*

【内容摘要】 本文全面梳理马克思主义阶级分析理论、社会利益群体理论与和谐社会理论思想，并以杭州市拱墅区12个农转居社区为案例，运用社会利益群体分析方法将农转居社区分为不同的社会群体，把社区满意度作为分析不同群体差异的一个研究视角，并进行数据分析，努力探求社区不同群体之间的利益关系及差异问题。合理的群体差异对社区发展与和谐社会的建设具有积极的促进作用，不合理的群体差异在一定程度上会导致群体矛盾和群体冲突，影响和谐社会的建设。因此，正确处理和协调农转居社区不同群体之间的差异问题是建设和谐社会的应有之义。希冀本研究能为政府有关部门建设和谐社区提供有益参考。

【关键词】 和谐社会　农转居社区　群体差异　杭州拱墅区

一　引言

随着改革开放和现代化建设的深入发展，中国在经济、社会等

---

* 孔令乾，杭州师范大学马克思主义基本原理方向研究生，指导老师秦均平（杭州师范大学政治经济学院教授）。

各个方面取得了举世瞩目的成就,越来越多的人民群众成为受益者。改革是对社会利益格局的大调整,也是一场极其深刻的社会变革,在如此广泛的社会变迁中,中国社会正经历着严峻而又重大的挑战。与此同时,中国的社会结构发生着巨大的变化,正由总体型社会向分化型社会转变。这也是社会矛盾冲突的凸显期,不同社会群体、组织间的冲突日渐显现,加剧了社会的动荡与不稳定。各种社会经济成分、组织形式、就业形式、分配方式日益趋向复杂化和多元化,产生了不同的利益群体,并且不同群体之间的差异愈加明显,由这种差异所导致的群体矛盾和群体冲突日益加剧。由不同群体差异导致的社区"不和谐因素"与日俱增。党的十七大提出"把城乡社区建设成为管理有序、服务完善、文明祥和的社会生活共同体"。① 为实现这一目标,在社区建设中应该正确对待和处理不同群体之间的关系,将不同群体之间的差异减小到可接受的范围,这也是维护社区稳定,推动和谐社会健康发展的关键所在。

二 研究背景与意义

(一) 研究背景

马克思、恩格斯认为,自原始土地公有制解体以来,人类的全部历史都是阶级对立和阶级斗争的历史,不同阶级之间存在着强烈的冲突性和对抗性。但是在现阶段,广大人民群众当家做主,实行人民民主专政,各个阶级甚至不同的阶层之间已经不存在马克思所谓的阶级冲突和阶段斗争。不同阶级、阶层之间的对抗性随着社会的发展已经渐渐地演变为不同群体之间的显著差异。需要指出的是,不同群体之间的明显差异不代表没有阶级对抗和阶段冲突,冲突和斗争在一定范围内仍然存在,如果不能合理处理不同群体之间

---

① 《中国共产党第十七次全国代表大会文件汇编》,人民出版社,2007,第29页。

的差异问题，有可能在一定程度上出现群体冲突。在这个理论研究背景下，汲取马克思主义阶级分析理论，与中国实际相结合，运用马克思主义中国化理论分析和研究现实问题，对于进一步丰富和完善马克思主义阶级分析理论具有重要意义。

党的十六届四中全会提出了构建社会主义和谐社会的思想理念，反映了广大人民的一致愿望和要求。社会和谐需要从最基本之处抓起，而社区作为社会的细胞和基本组成部分，是构建和谐社会的基本起点。正如胡锦涛总书记强调的，建设社会主义和谐社会，"要加强城市基层自治组织建设，从建设和谐社区入手，使社区在提高居民生活水平和质量上发挥服务作用，在密切党和群众的关系上发挥桥梁作用，在维护社会稳定、为群众创造安居乐业的良好环境上发挥促进作用"。[①] 因此，构建和谐社会应该从建设和谐社区做起。随着社会的发展以及城市化进程的加快，一方面社区的作用和功能日益凸显和加强，另一方面和谐社区内部的不和谐因素逐渐增多，而这些不和谐的因素，与社区不同群体间的相互差异密切相关。如果不能合理地协调这些差异，在一定程度上有可能阻碍和谐社会的顺利进行。因此，研究农转居社区不同群体之间的差异性问题有利于维护社会稳定，促进和谐社会的健康发展。

（二）研究意义

社区是指聚居在一定地域范围内的人们所组成的社会生活共同体。其核心是指具有高度认同感、相互依存和自发性的地域共同体。其主要特征有：民间性、普遍参与、自治、高度认同、情感依赖等。作为一个由多元成分组成的社区，其内部有不同的利益群体。不同利益群体之间既存在着共同点，又具有差异性；既存在着

---

① 胡锦涛：《在省部级主要领导干部提高构建社会主义和谐社会能力专题研讨班上的讲话》，2005 年 2 月 19 日。

共同利益，又具有各自的特殊利益。尤其是随着城市化进程的加快，出现了一些农转居社区，这类社区人员构成复杂，年龄、收入、职业等情况各异，因此，在社区满意度方面，不同群体间存在着显著的差异。有的群体对社区总体的满意度较好，有些群体由于一些原因对社区感到不满意，甚至对社区感到厌恶，这在一定程度上容易激发群体矛盾和冲突。如何缩小不同群体之间的这种差异，解决群体矛盾和冲突，提高社区居民的满意度，实现社区群体相互融合，最终达到共同和谐是本研究的重点，同时在理论和实践上也具有重要意义。

　　首先，正确认识和处理不同群体间的差异问题能够丰富马克思主义阶级分析理论，对于进一步推动马克思主义中国化进程具有积极作用。其次，正确认识和处理不同群体间的差异问题是构建社会主义和谐社会、建设中国特色社会主义的根本要求。不同群体之间的关系如何、彼此之间存在着怎样的差异，直接关系和谐社会能否健康、有序地发展。中国特色社会主义事业取得了巨大的成就，但在现实生活中，在社会的最底层还存在着大量不容忽视的矛盾和问题。尽管这些矛盾是在人民群众根本利益一致的基础之上产生的，不具有对抗的性质，但是如果得不到合理的解决，就会严重影响人民群众根本利益的实现、阻碍和谐社会的顺利进行。再次，能否正确处理好新时期的群体差异性问题，解决好涉及群众切身利益的问题，是对我党执政能力的一个重大考验。形成全体人民各尽所能、各得其所的和谐社会，是巩固我党执政的社会基础。因此，我党要正确认识和处理好人民内部不同群体之间的关系和差异性问题，以便把全社会广大人民群众的利益和意志整合起来，形成社会发展所需要的稳定居民和广泛的社会基础，进一步提高我党的执政能力。

　　随着城市化水平的提高，一些地区的政府和部门虽然加快了和谐社区建设的步伐，但对和谐社区的建设主要集中在社区管理体制和社区服务方面，没有把注意力放在社区群体差异问题的解决上，对一些农转居社区、城乡结合部社区的管理太过单一，忽视了对社区群体的关注。有些农转居社区的外来居民由于受到当地居民的歧视和排挤，对社区感到不满意，直接导致群体矛盾和群体冲突的产生。因此，在建设和谐社区的过程中，还应该把注意力放在社区不同群体差异问题的层面上，研究和分析不同群体之间的差异问题。这有利于为有关部门制定相关政策提供参考意见，从而进一步推动和谐社区乃至和谐社会的健康发展。

三 社区群体差异性问题的理论

"社会分层现象本质上反映的是社会群体之间的不平等关系，该关系往往深藏在社会结构内部。社会分层的理论研究，试图对垂直的社会分化、组合和社会流动进行理论分析，从而揭示出这种深层的社会关系。"[①] 一般来说，不同群体的差异性与阶级、阶层是密切联系的。国内对社会分层以及社会群体的研究大体上都没有超出马克思主义阶级分析的框架结构，马克思把群体之间的矛盾和冲突看做阶级斗争，而阶级和阶级斗争的客观存在是马克思主义阶级分析理论的基础。

（一）马克思主义阶级阶层分析理论

1. 马克思、恩格斯的阶级划分标准

探讨马克思主义阶级分析理论，首要问题是弄清楚什么是阶级，以及怎样划分阶级。对于这一问题，马克思和恩格斯没有进行过系统的论述。马克思在1863~1867年完成初稿，恩格斯将其编辑整理出版的《资本论》第3卷第52章的标题即为"阶级"，马克思原本打算对阶级单独作为一章进行详细论述，但是，这一章马克思只写了800多字就突然中断了，成为了未完成的绝笔。恩格斯

---

① 李强：《转型时期中国社会分层》，辽宁教育出版社，2004，第365页。

在整理马克思的《资本论》手稿时也没能够继续完成马克思未完成的工作。虽然马克思和恩格斯没有明确给阶级下过定义,也没有系统阐述过他们的阶级分析思想,但是从他们残存的手稿中我们可以清晰地看出其关于阶级分析的大致观点。

马克思在《资本论》第3卷第52章开宗明义地指出:"单纯劳动力的所有者、资本的所有者和土地的所有者,——他们各自的收入源泉是工资、利润和地租,——也就是说,雇佣工人、资本家、土地所有者,形成了建立在资本主义生产方式基础上的现代社会的三大阶级。"① 马克思紧接着提出一个重要问题:是什么形成了阶级?"什么事情使雇佣工人、资本家、土地所有者成为社会三大阶级?"② 在他看来,这三大社会集团的成员好像分别是靠工资、利润和地租来生活,而实际上他们"是分别靠他们的劳动力、他们的资本和他们的土地所有权来生活"。③ 也就是说,不能把"收入"和"收入源泉"混为一谈,应该把两者区分开来,即应当把"收入源泉"而不是"收入"作为划分不同阶级的标准。恩格斯在《共产主义原理》中也是按上述标准给资产阶级和无产阶级下定义的。"一、大资本家阶级,他们在所有文明国家里几乎独占一切生活资料和生产这些生活资料所必需的原料和工具(机器、工厂)。这就是资产者阶级或资产阶级。二、完全没有财产的阶级,他们为了换得维护生存所必需的生活资料,不得不把自己的劳动出卖给资产者。这个阶级叫做无产者阶级或无产阶级。"④ 由此看出,恩格斯也是以对生产资料的占有情况为标准,将社会划分为资产阶级和无产阶级两大基本阶级。

从马克思和恩格斯的诸多著作中可以看出,对于什么是阶级以及怎样划分阶级的问题,马克思和恩格斯给出的答案是:阶级是与

---

① 《马克思恩格斯选集》第2卷,人民出版社,1995,第587页。
② 《马克思恩格斯选集》第2卷,第588页。
③ 《马克思恩格斯选集》第2卷,第587页。
④ 《马克思恩格斯选集》第2卷,第587页。

所有制关系联系在一起的,阶级的划分不应该简单地依据社会成员的多寡,而是主要以他们对生产资料的占有情况为依据,划分为资产阶级和无产阶级。工人、资本家、土地所有者之所以成为三大阶级,也主要是依据其对生产资料的占有情况来界定的。因此,研究社会的阶级状况,应该从研究社会的经济结构入手,这就是马克思、恩格斯在阶级分析上所持的基本观点。

在阶级分析的基础上,马克思、恩格斯在《共产党宣言》中又明确提出了阶级斗争的科学命题。"贯穿《宣言》的基本思想:每一历史时代的经济生产以及必然由此产生的社会结构,是该时代政治的和精神的历史的基础;因此(从原始土地公有制解体以来)全部历史都是阶级斗争的历史,即社会发展各个阶段上被剥削阶级和剥削阶级之间、被统治阶级和统治阶级之间斗争的历史;而这个斗争现在已经达到这样一个阶段,即被剥削被压迫的阶级(无产阶级),如果不同时使整个社会永远摆脱剥削、压迫和阶级斗争,就不再能使自己从剥削它压迫它的那个阶级(资产阶级)下解放出来。"[①] 此后,他们又著书立说,反复说明自原始氏族社会解体以来,人类的全部历史都是阶级对立和阶级斗争的历史。在这个历史过程中,压迫者和被压迫者、剥削者和被剥削者自始至终针锋相对,处于相互对立的地位,并且始终进行着不间断的、时隐蔽时公开的斗争,而每一次斗争的结果不是一个阶级战胜其他阶级,就是斗争的各个阶级同归于尽,整个社会受到巨大的革命改造。阶级斗争也因此推动了社会的发展,形成了一系列社会发展阶段,从而打开了迄今为止人类文明史的大门。

2. 列宁的四个"不同"

1919年6月,列宁在《伟大的创举》中给阶级下了这样一个定义:"所谓阶级,就是这样一些大的集团,这些集团在历史上一定社会生产体系中所处的地位不同,对生产资料的关系(这种关

[①] 《马克思恩格斯选集》第1卷,人民出版社,1995,第252页。

系大部分是在法律上明文规定了的）不同，在社会劳动组织中所起的作用不同，因而领得自己所支配的那份社会财富的方式和多寡也不同。所谓阶级，就是这样一些集团，由于它们在一定社会经济结构中所处的地位不同，其中一个集团能够占有另一个集团的劳动。"①

从列宁的阶级定义中不难看出，列宁所说的四个"不同"实际上是划分阶级的具体标准，第一个"不同"即社会生产地位不同，后面的三个"不同"是第一个不同的具体体现。第一个"不同"是从总体上提出划分阶级的标准，并且他认为生产资料关系的不同是最重要的，正因为生产资料关系的不同，才使得人们在社会财富的分配上不同。因此，列宁得出结论："区别各阶级的基本标志，是它们在社会生产中所处的地位，也就是它们对生产资料的关系。"②列宁的阶级分析理论进一步完善了马克思、恩格斯的阶级分析理论，具有强烈的革命性和批判性，打上了时代的烙印。这一划分标准适应了当时苏联社会主义革命、建设的需要，也为当时的中国革命及新中国成立初期的国家建设提供了重要的理论指导。

3. 毛泽东的正确处理人民内部矛盾

通过考察当时的中国国情和实际情况，毛泽东将马克思主义阶级理论与中国实际充分结合起来，把马克思主义阶级分析理论灵活应用到中国革命的实践过程中，提出了正确处理人民内部矛盾的理论观点。

新中国成立后，经过社会主义改造，我国的资产阶级和其他剥削阶级基本上被消灭，当时处在社会主义社会的中国，只剩下工人阶级和农民阶级这两大阶级，阶级关系和阶级力量对比发生了根本性的变动。在这种条件下，毛泽东根据中国当时的实际情况，一切从实际出发，把马克思主义的阶级分析理论运用于对中国社会阶级状况的分析当中，他指出，社会主义改造基本完成之后，革命时期

---

① 《列宁选集》第4卷，人民出版社，1960，第10页。
② 《列宁全集》第7卷，人民出版社，1986，第30页。

大规模的群众斗争基本结束了，阶级斗争虽然在一定范围存在，但是已经不明显了，突出的主要是人民内部矛盾。

毛泽东认为，人民内部矛盾与敌我矛盾是两类性质不同的矛盾，存在着根本性区别，必须将两类矛盾严格区分开来。为了正确认识人民内部矛盾和敌我矛盾，首先要弄清楚"人民"和"敌人"的含义。毛泽东认为，"人民"和"敌人"是一对历史范畴，在不同国家和不同历史时期有着不同的历史内容。在现阶段建设社会主义时期，毛泽东针对客观实际情况得出结论："一切赞成、拥护和参加社会主义建设事业的阶级、阶层和社会集团都属于人民范围；一切反抗社会主义革命和敌视、破坏社会主义事业的社会势力和社会集团，都是人民的敌人。"[1]

对于人民内部矛盾的内涵，毛泽东分析指出："在我国现在的条件下，所谓人民内部矛盾是人民范围内的各阶级、阶层、社会集团内部以及它们相互间的矛盾，包括工人阶级内部的矛盾，农民阶级内部的矛盾，知识分子内部的矛盾，工农两个阶级之间的矛盾，工人、农民同知识分子间的矛盾，工人阶级和其他劳动人民同资产阶级之间的矛盾，民族资产阶级内部的矛盾，等等。"[2] 他强调指出，人民内部矛盾是建立在人民根本利益一致基础上的非对抗性的矛盾。

毛泽东认为，虽然人民内部矛盾上升为主要矛盾，但是社会主义社会的阶级斗争仍然存在，并且其存在是必然的，长久的，有的甚至是激烈的，因此要做好打持久战的准备。他认为在社会主义国家里，社会主义和资本主义的斗争问题，需要经历一个很长的历史时期才能逐步解决，并且贯穿着整个历史时期的这种斗争是波浪式的，时起时伏，斗争形式是多种多样的。毛泽东进一步分析指出，在社会主义社会，虽然剥削阶级和敌对分子赖以存在的经济基础已

---

[1] 《毛泽东选集》第5卷，人民出版社，1977，第365页。
[2] 《毛泽东选集》第5卷，第364页。

经被消灭，经济领域的阶级斗争在一定范围还存在，但是已经让位于意识形态领域的阶级斗争，要特别警惕意识形态领域里的阶级斗争。在意识形态方面的无产阶级和资产阶级的阶级斗争，是长期而又曲折的，在这一方面，社会主义和资本主义之间并没有决出胜负。

虽然人民内部矛盾在一般情况下不是对抗性的，"但是如果处理得不适当，或者失去警觉，麻痹大意，也可能发生对抗"。[1] 因此，对于人民内部矛盾的问题要正确处理。在处理方法上，毛泽东重点指出："用民主的方法，就是说必须让他们参与政治活动，不是强迫他们做这样做那样，而是用民主的方法向他们进行教育和说服的工作。这种教育工作是人民内部的自我教育工作，批评和自我批评的方法就是自我教育的基本方法。"[2]

毛泽东的阶级分析理论具有时代性特征，并没有照搬照抄马克思主义的阶级分析理论，而是创造性地将马克思主义阶级分析理论与中国的具体国情相结合，形成了中国化的马克思主义阶级分析理论。虽然在1957年以后，毛泽东由于对国内形势产生了错误的判断和估计，从而逐渐偏离了阶级分析的正确轨道，导致在阶级斗争的问题上出现了扩大化、绝对化的错误倾向，使我国社会主义建设遭受了严重挫折。但是，他的一些关于阶级分析和阶级斗争的观点，至今仍然有重要的现实意义。

4. 马克思主义阶级阶层分析理论小结

马克思主义的阶级理论与分析方法在我国产生了极为广泛的影响。今天，面对新时代、新形势、新变化、新情况，阶级分析的方法仍然没有过时。江泽民同志在2000年6月对于思想政治工作面临的新形势新情况指出："我们纠正过去一度发生的'以阶级斗争为纲'的错误是完全正确的。但是这不等于阶级斗争不存在了，

---

[1] 《毛泽东选集》第5卷，第370页。
[2] 《毛泽东选集》第5卷，第370页。

只要阶级斗争还在一定范围内存在，我们就不能丢弃马克思主义的阶级和阶级分析的观点与方法。"[1] 当前社会仍然存在着反革命分子、敌特分子以及各种破坏社会主义秩序的刑事犯罪分子和其他坏分子等等，因此，必须运用阶级分析的方法指导我们认清广大人民群众同国内极少数敌对分子和国外反动势力在根本利益上的尖锐对立，从而居安思危，提高警惕。进入社会主义初级阶段以后，我国不再是传统的阶级社会，社会阶级结构发生了重大变化，但是，工农两大基本阶级仍将长期存在，不同阶级、阶层之间的差别仍将长期存在，并且这种差别已经蔓延到了社会的各个角落，不同阶层、不同群体之间的差异越来越明显。在这样的特殊背景下，只有坚持和运用历史唯物主义的的基本立场和观点，灵活运用马克思主义阶级分析方法，我们才能在层出不穷的复杂形势下始终保持清醒的政治头脑。

值得注意的是，马克思、列宁和毛泽东当年在对阶级问题进行分析时特别强调阶级之间的对抗性，具有鲜明的时代性特点，旨在揭露对抗性社会制度中的剥削和压迫现象，动员广大人民群众起来推翻旧的社会制度。马克思主义阶级分析观点主要强调阶级之间的对抗性和冲突性，并没有注意到各个阶级、阶层甚至是不同群体之间的相互融合问题，也没有从根本上提出营造群体和谐关系、建设和谐社会的目标。现阶段，旧的社会制度已不复存在，各阶级、阶层之间不再具有对抗性。当前形势下，要正确认识各个群体的特征和发展趋势，研究不同社会群体的社会、经济、政治状态，应该以社会利益群体理论与和谐社会理论思想为指导，进一步完善马克思主义阶级分析理论，充分调动各方面的积极因素，从而更好地协调各个利益群体之间的关系，齐心协力，共同为建设和谐社会的伟大目标而努力。

---

[1] 江泽民：《思想政治工作面临的新形势新情况》，《党的文献》2001年第3期，第9页。

(二) 社会利益群体理论

马克思和毛泽东从各自时代社会成员的利益差别入手，深刻分析了资本主义社会、半殖民地半封建社会的社会结构，科学论述了阶级的产生、划分阶级的标准以及阶级与阶级之间的斗争关系、阶级斗争的发展趋势，最终创立了具有时代性的阶级理论。这一理论的产生，为人类社会指明了方向，具有划时代的历史意义。

虽然现阶段我国从总体上消灭了阶级对抗，但是并没有消除由旧的劳动分工和职业分工所产生的利益群体差异。社会主义市场经济的发展打破了传统的"利益均衡"格局，使原有的社会利益结构发生了多样性的变化，在现实社会中使处于相同社会地位和同类职业的社会不同成员，自觉不自觉地形成了具有共同利益诉求的社会群体。不同社会群体由于具体利益的差别导致了不同群体之间的不同差异，而不合理的群体差异会引发各种形式的群体矛盾和群体冲突。因此，仅仅运用马克思主义阶级分析理论已经不能很好地解决中国社会利益群体问题。在这种背景下，社会利益群体理论应运而生。

社会利益群体理论和利益群体分析方法承认马克思提出的由生产资料所有制占有方式不同导致的利益差异，又承认职业分工、分配方式等其他方面也会导致社会群体的差异，这是在坚持马克思主义阶级理论基础上的进一步发展。所谓"坚持"，就是指社会利益群体理论仍建立在历史唯物主义基本原理和方法论原则基础上，是马克思主义阶级理论和阶级分析方法的基本内容之一，马克思主义阶级分析方法包含着丰富的内容。它既包括对基本阶级的分析，也有对非基本阶级内容的研究，对利益群体的分析也是马克思主义阶级分析方法的题中应有之义。社会利益群体理论和利益群体分析方法以历史唯物主义基本原理和一般方法论为基础，二者是一般与特殊的关系，指导与被指导的关系。历史唯物主义主要研究社会形态的发展规律，社会利益群体理论主要从一个方面、一个角度研究现阶段社会成员协调发展的特殊规律，同时，社会利益群体理论的提出和利益群体分析方法的运用，又是以自己特殊的规律和特点丰富和完善马克思主义阶级理论和阶级分析方法，"是与改革开放以来中国改革、建设与发展实际结合起来的马克思主义"，① 是对马克思主义阶级理论的一个很好的补充。

所谓社会利益群体理论是指"这样一种社会共同体，它的成员有着共同的利害关系和共同的利益要求"。② 运用利益群体理论进行分析的方法就是利益群体分析方法。

社会利益群体理论和利益群体分析方法有其自身的思想内涵。

第一层内涵：社会地位、社会差别、社会条件等社会特质的差别。社会不同群体之间的差异，主要是考察不同社会群体的经济、政治、文化、民族、职业等特质的差别。社会特质的不同导致社会需要内容的差别。不研究不同群体社会特质的差别，就不能论证不同社会群体的不同利益需求，更不能很好地认识不同利益群体的差异关系。

第二层内涵：研究群体行为、群体文化、群体心理、群体结构等方面。这是对各个不同利益群体自身发展规律的研究。在实证资料的基础上深入考察不同群体各自的经济、政治、文化等方面的特征，分层次对不同利益群体之间的关系进行系统分析。

第三层内涵：对群体利益协调、利益平衡、利益分配、利益表达等方面进行深层次研究，以期提出解决不同群体差异问题的对策建议。

1988年，我国学者顾杰善在《光明日报》上发表题名为《群体分析方法——研究社会主义初级阶段的一个重要方法》的文章，在文章中首次提出了社会利益群体理论，并在《社会利益群体理

---

① 陈锡喜：《集中反映当代中国马克思主义研究成果的力作——评〈当代中国马克思主义研究报告（2007~2008）〉》，《思想理论教育》2009年第13期，第95页。
② 青连斌：《社会利益群体问题研讨综述》，《理论前沿》1991年第10期，第7页。

论与群体分析方法》一文中对该理论的概念、范畴、基本原则以及利益群体分析方法的应用作了全面的阐述。他认为，"现阶段我国虽然从总体上消灭了阶级对抗，但并没有消除由旧的劳动分工和职业分工所带来的利益差别……现实社会中心理共同体、意识共同体的客观存在，使处于相同社会地位和职业的社会不同成员，自觉不自觉地在思想上形成了有着共同利益追求的社会人群"。[1] 孙立平、李强、沈原在《中国社会结构转型的中近期趋势与隐患》一文中提出将中国人分为四个利益群体或利益集团即特殊受益阶层、普通受益阶层、相对被剥夺阶层和绝对被剥夺者，他们认为在复杂的利益结构和分层结构下，"已经开始形成'社会分化的动力系统'，在这个动力系统的推动之下，在未来的若干年中，社会阶层将会呈进一步分化的趋势，并由此构成中国社会必须面对的一个严峻问题"。[2] 李强在《转型时期中国社会分层》一书中指出，利益群体实际上是一种分析模式。"由于受到结构转型的影响，不同的年龄代之间也产生了较大的利益差别，这也是一种利益群体。"[3] 他认为，通过四个利益群体的分析模式可以评价新近的变化和预测未来的发展趋势。

综上所述，社会利益群体理论是马克思主义阶级理论与中国实际相结合的产物，是对马克思主义阶级分析理论的完善和创新，深刻体现了马克思主义与时俱进的时代要求。现阶段，我国社会阶级、阶层结构发生着显著的变化。在新形势下，面临新问题和新矛盾既不能一味坚持马克思主义阶级理论，固步自封，也不能完全抛弃马克思主义阶级理论，走极端；既不能局限于马克思主义的阶级理论，也不能简单地照搬照抄西方的分层理论，而是应该在批判继

---

[1] 顾杰善：《社会利益群体理论与群体分析方法——论创立认识社会主义初级阶段社会结构的理论和方法》，《学习与探索》1989年第6期，第45页。

[2] 中国战略与管理研究会社会结构转型课题组：《中国社会结构转型的中近期趋势与隐患》，《战略与管理》1998年第5期，第6页。

[3] 李强：《转型时期中国社会分层》，辽宁教育出版社，2004，第29页。

承马克思主义阶级理论的基础上从中国现实的社会结构的变迁中努力寻找理论的生长点，不断丰富和完善马克思主义阶级分析理论。

（三）构建社会主义和谐社会

经过30多年的改革开放和社会主义市场经济建设的发展。我国社会阶层结构发生了根本性的变迁，传统的"两个阶级，一个阶层"的格局被打破，产生了多层次的不同利益群体，形成了多元化的利益格局，不同群体之间的差异愈发凸显，不同群体之间的矛盾日益加剧。人民内部矛盾出现了前所未有的复杂局面，严重威胁到社会的和谐。运用马克思主义阶级分析理论方法及毛泽东正确处理人民内部矛盾的重要指导思想已经不能很好地解决中国的实际问题。在这种复杂形势下，中国共产党在坚持马克思主义基本原理的基础上，与时俱进，创造性地提出了建设社会主义和谐社会的理论目标，进一步弥补了马克思主义阶级分析理论的不足。

1. "构建社会主义和谐社会"的提出

2004年9月19日，中国共产党第十六届中央委员会第四次全体会议正式提出了"构建社会主义和谐社会"的思想。在《中共中央关于加强关于加强党的执政能力建设的决定》（以下简称《决定》）中提出了要坚持最广泛最充分地调动一切积极因素，不断提高构建社会主义和谐社会的能力。在协调不同群体利益方面，《决定》指出："坚持把最广大人民的根本利益作为制定政策、开展工作的出发点和落脚点，正确反映和兼顾不同方面群众的利益。高度重视和维护人民群众最现实、最关心、最直接的利益，坚决纠正各种损害群众利益的行为。教育引导广大干部群众正确处理个人利益和集体利益、局部利益和整体利益、当前利益和长远利益的关系，增强主人翁意识和社会责任感。健全正确处理人民内部矛盾的工作机制，完善信访工作责任制，综合运用政策、法律、经济、行政等手段和教育、协商、调解等方法，依法及时合理地处理群众反映的问题。建立健全社会利益协调机制，引导群众以理性合法的形式表达利益要求、解决利益矛盾，自觉维护安定团结。"①

2006年10月，中共中央作出了关于构建社会主义和谐社会若干重大问题的决定，决定指出："任何社会都不可能没有矛盾，人类社会总是在矛盾中发展进步的。构建社会主义和谐社会是一个不断化解社会矛盾的持续过程。我们要始终保持清醒头脑，居安思危，深刻认识我国发展的阶段性特征，科学分析影响社会和谐的矛盾和问题及其产生的原因，更加积极主动地正视矛盾、化解矛盾，最大限度地增加和谐因素，最大限度地减少不和谐因素，不断促进社会和谐。"② 对于中共中央提出的构建社会主义和谐社会目标，原新华社高级记者杨继绳认为，构建和谐社会的关键在于促进社会各阶层之间的和谐，也就是促进不同群体之间的和谐。杨继绳指出："社会分化为阶层，是因为社会上各个不同的利益群体对社会资源的占有不同，社会地位高低不同，利益诉求的目标不同，他们的生活水平、生活方式和思维方式也不同。这种种不同，就会产生矛盾，存在使社会不和谐的因素。建设和谐社会不是忽视矛盾或绕开矛盾的情况下进行的，而是要正确处理社会矛盾。其中，关键是正确处理好阶层间的矛盾。"③ 他并且认为，要处理好不同阶层间的矛盾，必须要在社会公正、社会流动、政府作为三点上做文章，并将这三个方面有效结合起来，积极协调好不同群体之间的矛盾。

2. 建设和谐社区是构建和谐社会的起点

社区作为社会的细胞和最基本的组成部分，又是各种群体利益关系相互交织，各种矛盾、冲突比较集中的地方，社区和谐程度直接关系整个社会的和谐，关系我国和谐社会的构建。因此，构建和

---

① 《中共中央关于加强党的执政能力建设的决定》，http：//www.people.com.cn/GB/40531/40746/2994977.html，2004年11月17日。
② 《中共中央关于构建社会主义和谐社会若干重大问题的决定》，人民出版社，2006，第4页。
③ 杨继绳：《阶层和谐是社会和谐的根本》，《中国改革》2009年第7期，第48页。

谐社会应该从最基层做起，和谐社区是构建社会主义社会的坚固基石，是建立和谐社会的基本起点。以往社区仅仅被人们作为居住地范围划分的区域，对社区没有更多的依赖和需求。随着经济的不断发展，社区发挥的地位和作用日益突出，人们对社区的依赖程度和各种需求也在逐渐加强，由于不同群体之间存在较大差异，对社区的满意程度不同，导致对社会的不满意度加大，社会的安全系数变小，整个社会的不和谐因素增加。因此，胡锦涛总书记在谈到和谐社区的建设时，用"基础不牢，地动山摇"的词语来形容恰如其分。当前，"随着市场经济体制的建立、产业结构的调整、城乡一体化进程的加快，城乡二元社会经济结构正逐步打破，大量职工下岗分流进入社区，从'单位人'转为'社区人'，大量农村人口涌入城市，从'农村社区人'变为'城市社区人'，大量外来社会流动人口增加，从'外地社区人'变为'本地社区人'，这些都使社区人员构成日益多元"。[①] 社区内部人员构成复杂，不同群体在社区满意度方面就会出现较大差异，有些群体对社区感到不满意，对社区感到反感，导致群体矛盾和群体冲突产生。要解决和处理好社区中的矛盾和冲突，促进和谐社区的构建，首先应该搞清楚不同群体之间的差异性问题。

3. 提高居民社区满意度是建设和谐社会的内在要求

社区满意度，简而言之就是居民对社区整体状况的主观满意程度，对社区满意度的评价好说明居民对社区整体状况感到满意，相反，则对社区感到不满意。从社区满意度的评价状况可以直接反映出社区居民的内在感受。如果一个居民或群体对社区的评价较差，直接说明该居民或群体对社区感到不满意。这就容易引发矛盾和冲突，直接影响社区的和谐与稳定。因此，提高居民的社区满意度，缩小不同群体之间的差异是建设和谐社会的内在要求。由于农转居

[①] 陈世海：《和谐社区建设问题的若干思考》，《江苏社会科学》2007年第1期，第44页。

社区既有农民群体、市民群体、外来居民、当地居民，又有贫困阶层群体、富裕阶层群体、学生群体、下岗失业群体，各个不同利益群体本身存在先天不同的利益关系，因此对社区满意度的评价存在着明显差异。将农转居居民的社区满意度作为研究视角能够更充分地揭示和探析不同群体之间的差异问题，从而有效地针对问题提出对策建议，进一步促进和谐社会的稳定发展。

四 社区群体差异性问题的实证研究

改革开放后，我国城市化建设进入快速发展时期，尤其是沿海地区经济发展较快的城市，城市规模扩张迅速，农转居社区数量逐渐增多，产生的问题也逐渐增多。虽然大多数农民群体住进了城市社区成为了居民，但是有些群体对新的社区并不满意，和谐社区内部并不和谐。如北京石景山区自2002年整建制一次性农转居社区成立之后，由于"三险"问题得不到解决，就业没有保障，社区服务较差等问题，农转居社区居民信访案件逐年增多，2004年农转居居民信访案件高达798件，占到当年全区信访总量的30%；[①] 广东惠州市大亚湾农转居社区成立之后，社区环境质量差，居民就业情况不理想，限制了居民的收入增长速度，居民生活状况没有明显改善，农转居居民对社区满意度的评价较差；"广州市农转居居民每月社保养老金的最低标准是440元，而城镇企业职工和居民的社保养老金最低标准为950元。但农转居养老保险金的缴费率为24%，而城镇企业职工养老保险金缴费率为20%"。[②]

[①] 数据来源于石景山调研网，《关于石景山区整建制一次性农转居后涉农信访的分析与探讨》，http://yjs.bjsjs.gov.cn/sjsdy/jcckq/8a8481cb163cd0ef01165aaa91100040.html，2007年11月20日。

[②] 文远竹：《"农转居"养老金能否与居民看齐?》，《广州日报》2010年3月11日，第A21版。

在国内诸如此类的情况很多，从总体上看，农转居社区的建立改善了居民的生活环境，提高了居民的生活水平，但是，由于社区人员构成复杂，不同群体之间存在明显差异，群体矛盾和群体冲突加剧，直接导致一些居民群体在社区满意度方面与其他群体之间产生较为明显的差异。本文主要以杭州市拱墅区农转居社区为例，将社区满意度作为群体差异的一个研究对象，充分运用社会利益群体分析方法，按不同的划分标准将社区分为不同的社会群体，并对其进行实证研究，通过实证研究进一步论证农转居社区不同群体的差异性问题。

（一）农转居居民社区满意度的研究概况

1. 实证研究的思路与问卷设计

本文实证研究的主题是农转居社区居民的社区满意度。研究的大致思路是：选取杭州市拱墅区 12 个农转居社区作为研究对象，对农转居社区居民的社区满意度总体情况进行分析，然后逐步分析社区不同群体居民对构成社区整体环境的各个方面因素的主观评价，同时运用社会学统计方法，探求不同社会群体的社区居民与社区满意度之间的关系。

本文的问卷调查使用的是自行设计的农转居社区居民调查问卷。问卷内容包括三大部分：第一部分是被调查者的基本情况，通过运用社会利益群体分层方法，按照居民构成、职业、收入、文化等划分标准将社区分为不同的社会利益群体；第二部分为外来居民群体与当地居民群体对社区满意程度的评价比较；第三部分是不同居民群体对社区满意程度的评价比较。

2. 问卷调查与样本分布

问卷调查主要在杭州市拱墅区 12 个农转居社区进行，共发放调查问卷 750 份，回收有效问卷 714 份，有效率为 95.2%。其中有效问卷分为外地居民和当地居民两类，外地居民有 237 份，当地居民有 477 份。

（二）农转居居民社区满意度的测量

根据社区满意度的定义，对社区的满意度情况可以用居民对社区整体环境的主观评价来大致测量。在此次问卷调查中，我们把影响农转居社区居民社区满意度的因素归纳为以下10个方面，即社区环境、社区治安、社区卫生、社区绿化、社区道路、社区照明、社区人际关系、居民与社区单位关系、居民与物业关系、居民与业主委员会的关系。

1. 社区居民对社区整体满意度的分析

当地居民对社区的总体满意度，"非常满意"和"满意"的占多数，其中，"非常满意"的占12.4%，"满意"的占56.6%，认为"一般"的占28.2%，"不满意"的占1.7%，仅有0.2%的居民"很不满意"；外来居民对社区总体满意度不佳，其中表示"非常满意"的占7.7%，"满意"的占到50.2%，34%的外地居民认为"一般"，1.3%的外地居民感到"不满意"，1.7%的"很不满意"。1/3的外地居民对社区满意度评价一般，认为目前社区的整体水平还没有达到他们的理想需求。可以看出，农转居社区成立后，大量外地居民进入社区之中，与当地居民形成了鲜明的对比，外地居民对社区的满意程度明显低于当地居民，二者在社区总体满意度的评价上存在明显差异。

2. 不同社会群体的社区满意度分析

农转居社区居民对社区的总体满意度是一个综合性、多方面、多层次的指标，它来自于社区日常生活中的点点滴滴，是居住在社区的居民长期以来各种微观感受的一种累积效应。在初步调查和研究的基础上，我们把影响农转居社区整体满意度因素细分为社区环境、社区治安、社区卫生、社区绿化、社区道路、社区照明、社区人际关系、居民与社区单位关系、居民与物业关系、居民与业主委员会的关系10个方面。在调查中，我们请社区居民对所在社区的上述几个方面进行满意程度评分，评分标准为"很好""较好"

"一般""不好""很不好""不好说"六个等级。①

（1）不同性别群体对社区满意度的评价差异

通过对性别因素与社区满意度各个因素进行数据分析建立表4-1，对表4-1的研究结果发现，女性社区总体满意度得分略高于男性，说明与女性相比男性对社区的总体满意度差。而在社区其他10个项目的评价中，不同性别社区居民的评价都很接近。其中，评价"较好"和"一般"的居民占多数。

表4-1 不同性别对社区满意度的评分比较

满意度各维度	性别	N	M	F值	P值
社区环境	男	418	2.27	0.471	0.757
	女	280	2.23		
社区治安	男	418	2.24	0.974	0.421
	女	280	2.27		
社区卫生	男	418	2.27	1.195	0.321
	女	280	2.21		
社区绿化	男	417	2.47	1.968	0.098
	女	278	2.29		
社区道路	男	418	2.26	0.836	0.502
	女	280	2.18		
社区照明	男	418	2.23	1.233	0.295
	女	280	2.11		
社区人际关系	男	417	2.36	1.452	0.215
	女	280	2.28		
居民与社区单位关系	男	414	2.54	1.008	0.403
	女	279	2.42		
居民与物业关系	男	330	3.02	0.585	0.674
	女	225	2.86		
居民与业主委员会关系	男	330	3.04	0.274	0.927
	女	225	2.93		
对社区的总体满意度	男	425	2.28	0.637	0.672
	女	282	2.35		

---

① 为方便统计，我们把调查数据采用赋值法，即很好=1，较好=2，一般=3，不好=4，不知道=5，取它们的平均值，平均值越低代表社区满意度的评价越高（N=样本数，M=平均值）

（2）不同文化程度的居民群体对社区满意度的评价差异

通过对不同文化程度与社区满意度各个因素的统计分析，得到表4-2。从表4-2中可以看出，具有小学文化和初中文化的居民对社区照明的满意度评分最低，评价最好；对居民与业主委员会打分最高，满意度最差；高中文化的社区居民对社区卫生的满意度评价最好，对居民与业主委员关系的满意度评价最差；专科文化的居民对社区照明的满意度评价最好，对居民与物业关系的满意度评价最差；具有本科及以上文化程度的居民对社区照明评价最好，对居民与业主委员会关系的满意度评价最差。在社区卫生、居民与社区单位关系、居民与物业关系、居民与业主委员会关系的评价方面，不同文化程度的居民存在显著差异。在社区卫生方面，高中文化的居民评价最好，初中和本科及以上的社区居民对其满意度评价最差，不同文化程度的居民有较大差异。在居民与社区单位关系方面，专科文化的评价最好，初中文化的评价最差。在居民与物业关系的满意度方面，高中文化的评价较好，初中文化的居民评价最差。在居民与业主委员会关系方面，专科文化的居民评价最好，初中文化的居民评价最差。

表4-2 不同文化程度的居民群体对社区满意度的评分比较

因素\文化程度	小学	初中	高中	专科	本科及以上	F值	P值
社区环境	2.26	2.27	2.19	2.26	2.29	0.907	0.460
社区治安	2.32	2.28	2.18	2.20	2.29	0.371	0.830
社区卫生	2.24	2.32	2.13	2.15	2.32	4.251**	0.002
社区绿化	2.38	2.47	2.32	2.30	2.45	1.067	0.372
社区道路	2.19	2.27	2.23	2.15	2.34	0.505	0.732
社区照明	2.18	2.22	2.18	2.10	2.26	1.164	0.325
社区人际关系	2.29	2.43	2.19	2.20	2.58	1.484	0.205
居民与社区单位关系	2.57	2.59	2.39	2.28	2.58	3.133*	0.014
居民与物业关系	2.93	3.08	2.78	2.86	3.06	7.096***	0.000
居民与业主委员会关系	3.05	3.17	2.85	2.70	3.10	5.577***	0.000
对社区的总体满意度	2.39	2.33	2.33	2.16	2.37	0.538	0.748

从表4-2中还可看出,在社区总体满意度上,具有小学文化的居民群体给予的评价最差,具有专科文化程度的居民评价最好。

(3) 不同就业岗位的居民群体对社区满意度的评价差异

通过表4-3的数据结果发现,下岗失业人员对社区满意度各个因素打分最高,说明该群体对社区的满意度评价比其他群体的评价要差。退休人员和学生对社区满意度的评价最好。

表4-3 不同职业的居民群体对社区满意度的评分比较

因素 \ 居民身份	学生	在职	退休	下岗	其他	F值	P值
社区环境	2.29	2.25	2.08	2.50	2.22	1.077	0.367
社区治安	2.24	2.26	2.08	2.48	2.22	0.546	0.702
社区卫生	2.18	2.26	2.03	2.45	2.17	0.909	0.458
社区绿化	2.24	2.43	2.16	2.48	2.40	0.579	0.678
社区道路	2.24	2.24	1.98	2.52	2.22	1.133	0.340
社区照明	2.24	2.17	2.10	2.36	2.28	1.559	0.183
社区人际关系	2.12	2.35	2.08	2.52	2.37	1.522	0.194
居民与社区单位关系	2.12	2.52	2.20	2.67	2.54	2.585*	0.036
居民与物业关系	2.77	2.94	2.97	3.27	3.00	5.131***	0.000
居民与业主委员会关系	2.77	2.97	3.22	3.29	2.95	6.312***	0.000
对社区的总体满意度	2.24	2.30	2.25	2.49	2.42	2.000	0.077

(4) 不同收入阶层的居民群体对社区满意度的评价差异

不同收入阶层对社区各个因素的满意度评分见表4-4,由表4-4发现不同收入阶层对社区的总体满意度各个因素的评价都存在显著差异。富裕阶层对社区的总体满意度评价最好,而贫困阶层对社区的总体满意度评价最差。综合所有因素,贫困阶层对社区的整体状况感到不满意,与富裕阶层形成强烈的反差。

(三) 结论与分析

1. 结论

通过对社区内不同社会群体的社区满意度评分进行比较,结合

表4-4　不同收入阶层的居民群体对社区满意度的评分比较

因素＼分层	富裕阶层	中上收入阶层	中等收入阶层	中下收入阶层	贫困阶层	其他	F值	P值
社区环境	2.40	2.05	2.04	2.43	2.88	2.73	8.182***	0.000
社区治安	2.20	2.05	2.06	2.46	2.76	2.73	10.598***	0.000
社区卫生	2.20	1.90	2.01	2.49	2.41	2.85	10.743***	0.000
社区绿化	2.56	2.05	2.13	2.65	2.65	2.84	8.874***	0.000
社区道路	2.20	2.02	1.96	2.48	2.71	2.62	7.678***	0.000
社区照明	2.10	1.85	1.98	2.40	2.71	2.50	7.195***	0.000
社区人际关系	1.80	2.05	2.04	2.47	2.94	2.73	14.239***	0.000
居民与社区单位关系	2.10	2.10	2.11	2.57	3.06	3.27	23.510***	0.000
居民与物业关系	2.38	2.94	2.54	3.00	3.69	3.62	5.507***	0.000
居民与业主委员会关系	1.86	2.97	2.51	2.95	3.69	3.72	6.449***	0.000
对社区的总体满意度	1.70	2.19	2.13	2.32	2.94	2.42	4.339**	0.001

数据分析可以得知，社区内阶层化趋势明显，不同社会群体之间具有明显差异性。

（1）由于社区外来居民群体大多来自农村，仍保留着传统的农村生活方式，对新的生活环境感到陌生，还可能受到来自当地居民的歧视与排挤，与社区当地居民群体产生冲突性差异。

（2）女性群体在社区满意度上与男性群体存在差异，总体上对社区满意度的评价较差。

（3）富裕阶层与贫困阶层存在显著差异，越是处于上层收入阶层的人越认为自己所处的社区条件较好，对社区的评价越高。贫困阶层的群体几乎没有稳定的收入来源，温饱问题得不到解决，最终导致与富裕阶层产生明显的差异。

（4）具有小学文化的居民群体及下岗失业居民群体对社区的评价较差。充分说明，文化水平与就业因素对这两类群体尤其是对社区贫困居民、下岗失业人员这些弱势群体产生的影响较大。

其中，外来居民与当地居民以及贫困阶层与富裕阶层之间的差异最为显著。外来居民由于失去了赖以生存的土地，没有收入来源，直接导致对社区满意度的差评；贫困阶层居民由于没有稳定的收入，温饱问题得不到解决，总体上对社区感到不满意；下岗失业群体由于没有工作保障，对社区的满意度评价也较差。可以看出，不同利益群体之间由于各自的利益诉求不同产生了群体差异。

由此证明，由于不同群体的关注点不同，利益需求不同，社区建设中不同群体受益的程度不同，他们的满意程度也不同。群体之间的差异与群体利益密切相关。社区建设并不一定能直接使社会和谐，在构建和谐社会、建设和谐社区的过程中，还应该及时认识和正确处理不同群体之间的差异性问题。

2. 结论的意义

通过数据分析得出的结论进一步证明了农转居社区不同群体的差异性。由于群体间利益关系不同，对社区的满意程度也不同。利益相对受损的群体与受益群体之间存在着明显的差异。尤其是社区中一些弱势群体的利益始终得不到保护，导致这些弱势群体对社区满意度的评价较差，从而与其他一些群体直接形成了鲜明的对比。虽然不同群体之间不再具有激烈的对抗性，但是不同群体之间明显存在利益冲突。研究不同群体的差异性及各自的利益关系在理论和实践上都具有积极意义。

（1）理论意义

当前很多学者从经济学、社会学、政治学等角度出发总结出传统社区建设的经验，系统分析了和谐社区建设面临的一些实质性问题并针对问题提出了思路和对策，这对推动和谐社会的构建具有积极的意义。但是这些学者主要从社会学方面来研究，很少结合马克思主义理论来进行分析，而且对和谐社区也主要从整体来研究，没有注意到或者忽视了对社区内部群体差异的研究。然而，随着社会的发展及社区的不断建设，一些不和谐因素已经渐渐渗透到了社区，导致和谐社区产生了大量的"不和谐因素"，其主要的表现就是不同群体的差异性因素，这种差异性因素越来越多地集中在类似农转居社区的转型社区当中。因此，加强对社区不同群体差异的研究具有重要的理论意义。

（2）实践价值

通过数据分析得出农转居社区不同群体间的社区满意度存在着较为明显的差异，尤其是外来居民与当地居民，贫困阶层与富裕阶层之间。这为有关政府制定社会政策提供了有利的参考。相关政府对农转居社区的关注点主要集中在社区管理、社区服务、社区环境的建设方面，而忽视了对社区群体的关注，从一定意义上导致社区不同群体差异加剧，最终产生群体矛盾。基于此，相关政府部门今后在农转居社区建设方面不能只管事，不看人。社区管理固然重要，但是社区群体之间的差异问题也应该得到关注。

党的十六大以来，党和政府高度重视社区建设，将其作为构建和谐社会的重要方面，逐步加大了社区建设的力度。《中共中央关于构建社会主义和谐社会若干重大问题的决定》中指出："全面开展城乡社区建设，积极推进农村社区建设，健全新型社区管理和服务体制，把社区建设成为管理有序、服务完善、文明祥和的社会生活共同体。"[1] 党的十七大也再次重申"把城乡社区建设成为管理有序、服务完善、文明祥和的社会生活共同体"的目标。[2] 在全面落实党中央提出的社区建设的上述四个要求的同时，还应该注重社区的群体和谐，最大限度地满足不同群体的需求，进一步推动和谐社区的稳定发展。

五 农转居社区不同群体差异性的特点及成因

（一）农转居社区不同群体差异性的特点

1. 利益性突发

在农转居社区居民满意度调查中，外地居民群体、下岗失业群

---

[1] 《中共中央关于构建社会主义和谐社会若干重大问题的决定》，第26页。
[2] 《中国共产党第十七次全国代表大会文件汇编》，人民出版社，2007，第29页。

体、贫困居民群体对社区满意度的评价最差。外地居民由于刚迁入社区，大多又是来自外地农村，没有享受到与城市居民同等的待遇，对社区不满意；下岗失业群体由于自己的工作得不到落实，没有就业机会，直接影响该群体对社区的满意程度；处于贫困阶层的居民群体，没有经济来源，生活没有保障，对社区的满意度评价也较差。可见，不同利益群体之间的差异与利益关系密切相关，群体利益直接影响对社区满意度的评价。尤其是当社区弱势群体的利益长期得不到保障时，在一定程度上更容易产生群体矛盾和冲突。

2. 复杂性加剧

在新的形势下，农转居社区不再像传统的城市社区那样具有相对简单的差异结构。由于不同阶层、不同利益群体的产生和分化，在农转居社区，不同社会群体相互交织在一起，形成了一个十分复杂的矛盾网络。在内容上，由过去"主要是特权思想、特殊化、官僚主义构成特殊利益问题，扩展到政治、经济、文化、社会生活各个方面都出现了种种利益矛盾"。[①] 群体差异逐渐加剧，群体差异格局呈现多元化、复杂化的网状格局，反映在农转居社区当中，主要表现在社区不同群体在社区满意度各个因素方面的差异，且这种差异存在由社区环境单一性差异向社区服务、社区关系等多面性、复杂性的差异格局转变的趋势。

3. 冲突性增强

现阶段，人民内部矛盾越来越多地集中在一些与人民群众利益息息相关的最为敏感的问题上。尤其是农转居社区建立后，明显表现在社区居民与社区物业、社区业主委员会之间的紧张关系上。本研究中，所有被调查对象都对社区的物业、社区业主委员会的评价最差，充分证明了社区居民与物业公司、业主之间的矛盾和冲突。在社区居民的构成上，外地居民与当地居民存在巨大差异，来自不

---

① 杨国琴：《正确处理人民内部矛盾——构建社会主义和谐社会》，《科技信息》2009年第28期，第465页。

同地区的农民群体,往往分别与某种行业、某个城市的市民群体形成利益矛盾,发生冲突,并且这种冲突由于突破了地域的限制,冲突性愈发增强。

4. 不确定性明显

在社会转型期间,随着城市化步伐的加快以及农转居社区的建设,人们的心理焦虑因素逐渐增多,行为非理性化倾向较为明显。尤其是社区刚刚建立之后,一些社区居民群体的问题比如户口、住房环境、就业、社区服务等不能得到及时解决,导致不同社区居民群体在社区满意度方面出现明显差异,而一些不合理的差异背后往往潜伏着巨大的社会风险。社区居民尤其是外来居民对社区的不满意和对政府的不信任情绪,以及不同群体之间的矛盾,往往会在一个不确定的时间由于一个非常偶然的事件而引发,最终引发群体冲突。

5. 危害性严重

合理的群体差异是"催化剂",在一定程度上能推动社会的发展,但是如果不同群体彼此间的差异逐渐扩大,发展成为不合理的状态,就会由量变积累到质变,导致群体矛盾和群体冲突,严重阻碍和谐社区的建设。农转居社区是随着城市化的发展刚刚起步的一类社区,与传统的城市社区相比,社区居民构成更复杂,不同群体之间的差异更大,社区群体利益关系更为紧张,各种问题也更多。如果处理不当或不及时,往往容易形成心理冲动和对立情绪,导致社区不同群体矛盾激化,严重影响和谐社区的稳定发展。

(二) 农转居社区不同群体差异性问题的成因分析

通过数据分析得出农转居社区当中不同群体之间存在着明显的差异。不同利益群体之间由于各自利益问题的不同产生的差异也不同。由于社会在不断发展,产生这些差异的原因处于一个此消彼长的不确定状态中,因此,农转居社区不同群体差异的成因极为复杂。本文在研究相关资料的基础上，结合当前我国一些发达城市的农转居社区情况，认为造成农转居社区不同群体差异的主要原因包括四个方面：

1. 城乡二元制度壁垒是造成社区不同群体差异的根本原因

构建社会主义和谐社会提出了统筹城乡发展的基本原则，要求扎实推进社会主义新农村建设，加快建立有利于改变城乡二元结构的体制机制，促进城乡协调发展。可以看出，党和政府已经看到了城乡二元结构对建设和谐社会的影响。随着改革开放和城市化的发展，一些地区村庄转变为社区，行政建制上的城乡分治渐渐变成了城乡合治，越来越多的农民涌入城市，在某些方面享受到与城市居民一样的待遇。但是，从根本上说城乡二元结构的基本格局并没有被打破，城乡二元制度在中国社会已深深扎根，尤其是以户籍制度为核心的城乡二元制度，从根本上导致城乡较大的差异，将农村与城市、农村村民与城市市民置于近乎截然不同的两种境地。这就直接导致社区不同群体利益关系失衡，产生群体矛盾和群体冲突。在农转居社区，虽然来自农村的外地居民实现了从农民到市民的身份转变，但是并没有摆脱城乡二元制度壁垒对其造成的影响。比如一些外来居民会受到当地居民的歧视、侮辱和排挤，工作得不到落实，对社区不满意，与其他群体产生矛盾和冲突。可以说，城乡二元结构是造成利益关系失衡的重要原因，同时也是导致农转居社区不同群体出现明显差异的根本原因。

2. 思想观念不同是造成社区不同群体差异的直接原因

思想观念包括思维方式、思维习惯等诸多方面，每个人的思维方式不同，不同群体之间的思想观念也不同。农转居社区存在着众多来自农村的外来人口，虽然这些外来居民实现了自己身份的转变，一定程度上获得了与城市市民同等的待遇，但是传统的思想观念和思维方式一直没有变，有些思想保守的群体由于对新环境不熟悉，仍然保留着传统乡村的生活方式和思维习惯，这就与社区其他群体形成了鲜明的对比。尤其是在思想观念上，来自农村的外来居民群体文化水平普遍较低，思想较为保守，难以适应城市快节奏的社区生活。直接导致其在社区满意度的评价上与其他群体出现明显的差异。因此，这就要求建设和谐思想文化，巩固社会和谐的思想道德基础。建设和谐文化是构建社会主义和谐社会的重要任务，是社会主义的核心价值体系。只有坚持马克思主义在意识形态领域内的指导地位，弘扬中华民族优秀文化传统，倡导和谐理念，才能缩小不同群体在思想观念上的差异，巩固社会和谐的思想基础。

3. 利益差别是造成社区不同群体差异的重要因素

随着社会主义市场经济的发展，传统的"利益均衡"格局被打破，原有的社会利益结构发生了多样性的变化。虽然确立了以公有制为基础的社会主义制度，消除了社会成员在利益上对抗和冲突的经济基础，但是多种所有制的并存，直接造成了社会群体在利益上的明显差异，形成了不同的社会利益群体，并且不同群体由于具体利益的差别出现了各方面的差异。从前文的数据分析可以看出，社区不同群体由于各自的利益诉求不同，对社区满意度的评价也不同。可见，群体利益差别是造成不同群体差异的重要因素。

4. 社会政策的失衡是造成社区不同群体差异的间接原因

所谓社会政策是指为解决社会问题、保证社会安全、维持社会稳定和团结、改进社会环境和增进社会成员福利而制定的一系列制度、政策的总称。社会政策的主要功能是协调各个不同群体之间的利益关系，确保社会各个不同群体相互团结，保障社会稳定，促进社会融合。通常，一个国家或地区的经济发展水平越高，其社会政策也就越完善。

现阶段，在建设和谐社会的过程中，社会政策的完善无疑起着积极的推动作用，尤其是在和谐社区的建设过程中，社会政策的完善对协调社区不同群体之间的利益关系有着重要的现实意义。但是，在现实中，社会政策较多地偏向了城市一些传统社区，忽视了对农转居社区、城乡结合部这类新型社区的社会政策建设。对于农转居社区，相关政府部门虽然制定了一系列关于社区管理和社区建设的规章制度，但是,社会政策并没有过多的涉及社区群体,相关政府甚至没有注意到不同群体之间的差异问题,间接上导致这些差异愈发凸显,最终在一定程度上激发群体矛盾和群体冲突,阻碍了和谐社区的发展。从这个意义上讲,社会政策的偏离间接导致了农转居社区不同群体之间的差异,并且随着社会的发展,这些差异会逐渐加剧,最终由量变积累成为影响和谐社会的"不和谐因素"。

农转居社区不同群体差异的成因不是一成不变的,也不是抽象的理论概括,而是一个诸因素相互作用、时刻变化的复杂系统。深入了解农转居社区不同群体差异性问题产生的原因,对于建设和谐社区、构建和谐社会具有重要的意义。

六 协调不同群体差异,建设和谐社区

为了顺利实现建设社会主义和谐社会这一伟大工程,我们必须尽可能减少人民内部不同利益群体之间的矛盾和冲突,缩小不同群体间的差异,调动一切积极因素消除对抗性矛盾,推动社会的和谐。然而,"社会是否和谐,关键在于社会各阶层之间是否和谐"。[①] 阶层与群体密切相关,因此,如何在新形势下协调不同群体之间的关系,尤其是在建设和谐社区的过程中正确处理好不同群体之间的差异性问题,无疑成为关涉社会稳定、社会和谐以及中国未来命运的重大课题。任何一个关心和关注当代中国前途与命运的实践者和研究者都应该勇敢地承担社会责任,以理性、缜密的思维与务实、冷静的态度,深入思考和探讨这一问题。但是,在分析问题和解决问题的过程中,如果看不到改革开放以来人民内部利益关系在整体上是积极的、健康的,我们就会失去信心,丧失前进的动力和方向;如果看不到调整不同群体彼此间差异的重要性与紧迫

---

① 杨继绳:《阶层和谐是社会和谐的根本》,《中国改革》2009年第7期,第48页。

性，看不到由此带来的各种矛盾和冲突，我们就会丧失警惕，因小失大，严重阻碍和谐社会的建设，断送改革的前程。因此，以马克思主义基本原理为指导，运用马克思主义阶级分析理论和利益群体理论与实际问题相结合，把协调不同群体差异性的问题放到和谐社区乃至和谐社会的建设上来考虑，对不同社会群体之间的差异性问题进行系统分析，才能与时俱进，实事求是，切实增强建设和谐社会的紧迫感和责任感，进一步推动社会主义和谐社会的发展建设。

随着经济和社会的发展，不同群体之间的差异会逐渐由量变发展到质变，导致群体矛盾和群体冲突，影响和谐社区乃至和谐社会的氛围。无论是建设和谐社区，构建和谐社会，还是正确处理新形势下农转居社区不同群体彼此间的差异性问题，都不是一个就事论事的简单工程，它实际上是一个复杂的系统工程。要协调好农转居社区不同群体差异性的问题，应该把马克思主义中国化的理论成果与当代社会问题结合起来，以和谐社会理论思想作为对策指导，采取合理的方法，更好地弥合分歧，缩小差异，化解矛盾，控制冲突，降低风险，促进社会更加和谐。

（一）国家层面

1. 发展生产力是协调不同群体差异的根本对策

马克思、恩格斯认为，大力发展生产力是彻底消灭阶级对立，实现城乡融合的根本措施。"根据共产主义原理组织起来的社会，将使自己的成员能够全面发挥他们的得到全面发展的才能。于是各个不同的阶级也必然消灭。因此，根据共产主义原则组织起来的社会一方面不容许阶级继续存在，另一方面这个社会的建立本身为消灭阶级差别提供了手段。"[1] 社会要和谐，首先要发展，在很大程度上，社会的和谐取决于生产力的发展水平，而生产力的发展需要在全社会形成整合力。社区要和谐，首先也要发展。在社会转型过

---

[1] 《马克思恩格斯选集》第 2 卷，第 243 页。

程中，人民内部矛盾的焦点主要体现在经济利益的矛盾上，在构建和谐社区的过程中，不同群体之间的利益性矛盾也更为突出，只有通过大力发展社区建设，一心一意搞好经济建设，才能从根本上解决现阶段不同群体之间的矛盾。总之，生产力的发展对人类社会发展进步起着决定性作用，消灭贫穷，消除两极分化，消除群体差异，最终达到共同富裕，归根结底要靠生产力的发展，这是正确处理社区不同群体差异性问题的物质基础和根本对策。

2. 社会公平正义是协调不同群体差异的基本条件

社会公平正义是实现社会和谐的基本条件，而制度又是社会公平正义的根本保证。不管是建设和谐社会还是建设和谐社区都离不开公平正义的制度保障。只有真正实现社会公平正义才有可能进一步缩小不同群体之间的差异，化解群体矛盾和冲突。在一些农转居社区中，很多农民出身的外地居民进入农转居社区生活后，并没有享受到与城市居民同等的待遇，甚至在一些社区成为其他群体的歧视对象，外来居民群体的利益受到严重损害。当务之急应该加快建设尤其是在社区中对保障社会公平正义具有重大作用的规章制度，保障外来居民群体特别是弱势群体在经济、文化、生活各方面的权利和利益，引导社区居民依法行使各项权利和义务。

3. 统筹协调各方面利益关系是处理不同群体差异的有效途径

中共中央关于构建社会主义和谐社会若干重大问题的决定指出："适应我国社会结构和利益格局的发展变化，形成科学有效的利益协调机制、诉求表达机制、矛盾调处机制、权益保障机制。坚持把改善人民生活作为正确处理改革发展稳定关系的结合点，正确把握最广大人民的根本利益、现阶段群众的共同利益和不同群体的特殊利益的关系，统筹兼顾各方面群众的关切。"[①] 城市化过程中，要在统筹城乡的基础上进一步统筹社区发展，协调社区不同群体的

---

① 《中共中央关于构建社会主义和谐社会若干重大问题的决定》，第27~28页。

利益，尤其是处在转型过程的农转居社区中，由于不同阶层、不同群体之间各种矛盾、差异错综复杂，利益矛盾愈发凸显，社区发展极不平衡，社区阶层化，群体差异化明显，因此更应该对转型过程中的社区进行统筹发展，逐步协调不同群体间的利益关系，缩小群体差异，最大限度地减少不和谐因素，促进社区和谐与社会和谐。

（二）社区层面

1. 坚持教育文化优先发展，促进教育公平

世界无产阶级的伟大导师列宁非常重视提高人民群众的文化水平，他认为一个文盲的国家是不可能建成共产主义的。他指出："为了消灭千百万农村人口同文化隔绝的现象，即消灭马克思所正确指出的'乡村生活的愚昧状态'……要让大体上平均分布于全国各地的全体居民共同享用几世纪来在少数中心城市积聚起来的科学艺术宝藏，在技术上已经没有任何困难了。"[①] 在实践过程中我们应该注重全面提高社区居民的文化水平，保障社区居民都享有接受良好教育的机会，逐步缩小不同群体文化水平方面的差异。农转居社区居民既有农民工群体、各行业劳动者，又有学生、干部；既有弱势群体，又有强势群体，居民构成复杂多样，文化水平也参差不齐。因此在社区建设的过程中，要时刻注意加强社区居民的文化建设，提高居民的文化素质，尤其是注重加强弱势群体的文化素质修养。只有通过提高社区居民的文化素质，才能逐步弥合分歧，化解矛盾，缩小不同群体之间的差异。

2. 转变社区管理模式，促进社区整合

在农村村落向城市社区转变的过程中，不同社会群体聚居在同一个社区，由于不同社会群体存在不同差异，在生活过程中难免会出现各种矛盾和冲突。这就需要公共的政治机构即政府挺身而出，主导大局。正如马克思、恩格斯所说的，"随着城市的出现也就需

---

① 《列宁全集》第5卷，人民出版社，1984，第132~133页。

要有行政机关、警察、赋税等等，一句话，就是需要有公共的政治机构，也就是说需要一般政治"。① 即积极发挥政府的职能，在社区事务中坚持"有所为，有所不为"的指导方针，充分发挥其宏观指挥和调节控制的作用。但是，在由原先的"村级管理模式向社区管理模式的转变过程中，符合社区建设需要的各类组织形式没有充分发展，以及相应的组织制度建设滞后"。② 社区工作者也缺乏主动服务的意识，在社区工作理念上仍采用"自上而下"推行政策的方式，而不是从社区居民的实际需要出发，由此造成管理混乱、效率低下，居民问题长期得不到解决，一定程度上又加剧了群体矛盾的发生。因此，有关政府应该积极转变职能，逐步弱化政府对社区的直接控制和干预，逐渐从行政为主导的僵化管理模式转变为以服务为主导、政策辅助的人性化管理模式，进一步促进社区整合。

3. 广泛开展和谐社区创建活动，形成人人促进和谐的局面

着眼于增进社区群体交流，把和谐社区、和谐社区家庭等和谐创建活动同群众性精神文明建设活动结合起来，广泛吸引群众参与，推动形成我为人人、人人为我的良好社区氛围。

在社区中，除了一些对社区依赖性较弱的弱势群体和困难群体之外，还有一部分群体对社区的参与度不够，没有形成对社区的认同感、归属感，尤其是外来居民，还保留着传统农村的生活方式和思维方式，没有完成从农村到城市的生活转型，对生活的社区缺乏认同感。有些居民群体思想比较保守，不愿参与活动，这需要通过社区民间组织来完善居民的有效参与机制，积极推进社区群体交流。"在社区的各种组织中，法人团体具有'中介'性质，在各种功能组织、社会成分和利益群体之间可以起到'链合'的作用，

---

① 《马克思恩格斯全集》第3卷，人民出版社，1960，第57页。
② 范晓光、金卉：《隔离与整合：城乡结合部的社区建设》，《浙江学刊》2009年第2期，第172页。

有效加强社区不同群体之间的互动与交流，缩小不同群体之间的差异，促进社区的和谐。"

4. 建立社区群体和谐的人际关系

2006年中共十六届六中全会作出了《中共中央关于构建社会主义和谐社会若干重大问题的决定》，《决定》指出："社会主义和谐社会既是充满活力的社会，也是团结和睦的社会。必须最大限度地激发社会活力，促进政党关系、民族关系、宗教关系、阶层关系、海内外侨胞关系的和谐。"① "人际和谐作为人与人之间协调地生存与发展的状态，是一切和谐的最高价值和最终归宿，是一切和谐之本。"② 和谐的人际关系是构建和谐社会的微观层面和基本内容，是建设和谐社区、协调群体差异的关键所在。但是和谐的人际关系绝不意味着盲目地迎合别人、苟且求同，毫无原则地迁就他人、听命服从。人与人之间的和谐应该是求同存异、互补互济、和以处众。

在建设农转居社区的过程中，人际关系的和谐程度直接关系着社区居民对社区的满意程度。在全部被调查者中，下岗失业人员、贫困阶层的群体对社区人际关系感到不是很满意。相应的，这些群体对社区满意度的总体评价都偏差。和谐的人际关系在很大程度上能够化解不同群体的矛盾，减少差异，有利于和谐社区良好、稳定地发展，而建立和谐的人际关系重点在于社会整合能力的建设，在农转居社区中具体指社区整合力建设，"包括思想整合能力、政治整合能力、组织整合能力、制度整合能力等建设，推进和谐社会建设，把包括从事科技劳动、管理劳动、中介服务劳动等各种脑力劳动者在内的整个工人阶级、农民阶级以及新的社会阶层的力量团结和凝聚起来，使之形成一种和谐的整合力、协作力"，③ 让更多的社区群众积极参与到社区建设中，致力于形成一个人人参与社区建设的良好

---

① 《中共中央关于构建社会主义和谐社会若干重大问题的决定》，第31页。
② 卜长莉：《人际和谐与社会和谐发展》，《学习与探索》2005年第6期，第34页。
③ 叶山土：《构建和谐社会，创造新生产力》，《马克思主义与现实》2007年第5期，第167页。

氛围，共同推动社区群体和谐人际关系的发展。

5. 注意社区群众心态的变化

"社会心态实际上就是群众心理，反映的是民意人心，是指在某一历史时期内社会上广泛形成和存在的社会心理状态。"[①] 农转居社区中外来农村人口与当地城市人口共同聚居，收入或者物质利益的巨大差异容易在一些群体尤其是弱势群体和边缘群体中形成心理落差，引起社会心态变化。贫困阶层对社区满意度最差，富裕阶层的评价最好，两大群体形成强烈的反差。根据一些专家统计分析的推论，"由'不公正感'导致的收入差距原因的价值认识，使得人们对收入差距的感受在心理上被'放大'了。那些认为自己目前生活水平较低的人、那些认为自己未来生活水平得不到有效提高的人、那些认为当前收入分配不公的人、那些认为当前人们的财产占有不公的人，都普遍认为现在和将来阶级阶层之间的社会冲突会趋于严重"。[②] 可见，不同群众的社会心态变化好坏直接影响着和谐社区能否顺利进行。

因此，在建设农转居社区的过程中，必须要时刻注意不同社会群体的社会心态的变化，尤其是社区中的一些弱势群体、边缘群体的心理变化。协调得当就会提升社区在居民心中的满意度，缩小不同群体之间的差异，促进社区的和谐，处理不好就会引发各种群体矛盾和群体冲突，阻碍社区的发展建设。

（三）群体层面

1. 建立社区居民自治制度，维护农民群体权益

马克思在《路易·波拿巴的雾月十八日》中以法国农民为例，系统分析了农民无组织的孤立和分散的弱势性，认为他们之间只存

[①] 李培林：《建设和谐社会应注意社会心态的变化》，《中国党政干部论坛》2005年第9期，第23页。

[②] 李培林：《建设和谐社会应注意社会心态的变化》，第26页。

在着地域上的联系,"他们利益的同一性并不使他们彼此间形成共同关系,形成全国性的联系,形成政治组织,就这一点而言,他们又不是一个阶级。因此,他们不能以自己的名义来保护自己的阶级利益"。① 在马克思和恩格斯看来,解决农民因分散而利益受损的最好方法就是把农村居民组织起来,建立农民自治组织,通过组织的力量,采取各种形式与各种危害农民群体利益的行为作斗争,这样做有利于维护农民群体的权益,缩小农民与市民的差距。

农转居社区中有大量的人口来自农村,虽然农民与城市居民的地域限制被打破,但是农民群体与城市居民之间存在着巨大的差异和激烈的矛盾冲突。以杭州市拱墅区农转居社区为例,在被调查的714个对象中,外地居民有237人,其中目前是外地农村户口的占到51.1%,也就是说在农转居社区中有一半的外地居民是农民,来自外地农村。在对社区满意度的测评上,有1/3多的外地居民对社区的整体评价最差。政府虽然帮助他们过上了城市生活,解决了"引进来"的问题,但是并没有处理好"住进去"的问题。一些撤村建居社区或农转居社区当中,广泛存在着外地农村人口被歧视、农民群体利益得不到有效保障的问题,这就导致各种群体矛盾和群体冲突时有发生。因此,在农转居社区内建立农民自治组织,建立和完善社区居民自治制度,切身保障农民群体的权益,缩小社区中农民与市民的差距,这是建立和谐社区、构建和谐社会亟待解决的问题之一。

2. 建立和完善社会救助制度,维护贫困居民群体权益

中共中央关于构建社会主义和谐社会若干重大问题的决定指出:"加强对困难群众的救助,完善城市低保,农村五保供养、特困户救助、灾民救助、城市生活无着的流浪乞讨人员救助等制度。"② 由于生活没有保障,没有稳定的经济来源,处于贫困阶层

---

① 《马克思恩格斯选集》第1卷,第677页。
② 《中共中央关于构建社会主义和谐社会若干重大问题的决定》,第21页。

的居民对社区的满意度评价较差，并与其他群体形成鲜明的对比。如果这种群体差异得不到有效的解决，在一定条件下就会升级为群体矛盾甚至是群体冲突，直接影响社区的稳定以及社会的和谐。因此，在建设和谐社区的过程中，保障社区贫困居民群体利益，加强对贫困群众的救助，建立和完善社区救助制度是当务之急。

3. 实施积极的就业政策，保障下岗失业群体利益

就业是民生之本，一个社区要减少群体矛盾和冲突，一个最重要的方面就是建立和完善一套系统的社会保障体系，把扩大就业作为社区发展的重要目标，健全面向全体社区居民的职业技能培训制度，加强创业培训和再就业培训，规范社区就业服务机构，发展社区和谐劳动关系，保障居民基本生活。在农转居社区中，存在着大量的下岗失业居民。如果没有稳定工作和收入来源，这些弱势群体的根本利益将受到直接影响，最终与其他群体出现巨大差异，从而引发一定的群体矛盾和群体冲突。因此，当务之急应该建立健全社区就业服务制度，积极为下岗失业人员提供就业再就业服务以及多样化的就业培训和指导，尽快解决下岗失业群体居民的工作问题，积极创建社区和谐劳动就业关系。

4. 关注女性群体，形成男女平等的群体和谐关系

在一些地方的社区建设中，女性群体的利益保障问题一直被忽视，尤其是来自农村的一些女性，在享受的待遇方面也与男性群体不平等，导致女性群体的利益受到严重侵害。因此，在建设和谐社区、处理社区群体差异性问题的过程中，应该时刻关注和保护女性群体的利益，把着眼点放在女性群体最关心的利益方面，积极营造男女平等的社区群体和谐氛围。

结语——由和谐社区走向和谐社会

新形势下，建设和谐社区、构建和谐社会面临着诸多不和谐的因素，而导致这些不和谐因素的主要原因是不同群体之间的差异，尤其是群体利益上的差别成为造成各种冲突的重要原因。如何缩小群体差异，是我们在建设农转居社区过程中亟待解决的问题之一。在这个系统的工程中，既要发挥政府的主导作用，转变政府职能，创新社区管理体制，又要社区居委会从中牵线搭桥，把社区不同居民的实际需求作为一切工作的出发点和落脚点，才能顺利解决群体差异的问题，进一步促进社区和谐，走向更加和谐的社会。

研究和分析不同群体之间的差异性问题，应该在马克思主义指导下，充分运用社会利益群体理论与和谐社会理论思想，解决现实问题，进一步完善和深化马克思主义阶级理论。虽然不同利益群体之间不具有像马克思说的强烈的斗争性，但是如果不能合理地处理不同群体之间的差异性问题，在一定程度上就会导致群体冲突。面对新形势新问题，在总体上灵活运用马克思主义阶级分析理论及马克思主义中国化的理论成果与中国实际相结合，正确处理不同群体差异问题，推动马克思主义中国化的发展。在社会利益多样化的条件下，消除社区群体差异责任重大，任务艰巨，尤其是在社会转型中的农转居社区群体差异问题更加复杂，消除此类社区群体差异绝不是一朝一夕的事情，不能"毕其功于一役"，必须脚踏实地，实事求是，在实践中尽量确保各阶层、各个群体之间的利益平衡，才能形成全体人民和谐相处的良好氛围，最终实现建设社会主义和谐社会的伟大目标。可见，社区群体差异问题不能被忽视，更不能轻视，应该端正态度，对其深刻分析和研究。

参考文献

［1］卜长莉:《人际和谐与社会和谐发展》，《学习与探索》2005年第6期，第34页。

［2］陈世海:《和谐社区建设问题的若干思考》，《江苏社会科学》2007年第1期，第44页。

［3］陈锡喜:《集中反映当代中国马克思主义研究成果的力作——评

〈当代中国马克思主义研究报告（2007~2008）〉》,《思想理论教育》2009年第13期,第95页。

[4] 范晓光、金卉:《隔离与整合:城乡结合部的社区建设》,《浙江学刊》2009年第2期,第172页。

[5] 顾杰善:《社会利益群体理论与群体分析方法——论创立认识社会主义初级阶段社会结构的理论和方法》,《学习与探索》1989年第6期,第45页。

[6] 《马克思恩格斯选集》第1卷,人民出版社,1995。

[7] 《马克思恩格斯选集》第2卷,人民出版社,1995,第587~588页。

[8] 《马克思恩格斯全集》第3卷,人民出版社,1960。

[9] 江泽民:《思想政治工作面临的新形势新情况》,《党的文献》2001年第3期。

[10] 李培林:《建设和谐社会应注意社会心态的变化》,《中国党政干部论坛》2005年第9期,第23~26页。

[11] 李强:《转型时期中国社会分层》,辽宁教育出版社,2004,第29页,第365页。

[12] 《列宁全集》第5卷,人民出版社,1984,第132~133页。

[13] 《列宁选集》第4卷,人民出版社,1960,第10页。

[14] 《列宁全集》第7卷,人民出版社,1986,第30页。

[15] 《毛泽东选集》第5卷,人民出版社,1977,第364~370页。

[16] 青连斌:《社会利益群体问题研讨综述》,《理论前沿》1991年第10期,第7页。

[17] 杨国琴:《正确处理人民内部矛盾——构建社会主义和谐社会》,《科技信息》2009年第28期,第465页。

[18] 杨继绳:《阶层和谐是社会和谐的根本》,《中国改革》2009年第7期,第48页。

[19] 叶山土:《构建和谐社会,创造新生产力》,《马克思主义与现实》2007年第5期,第167页。

论杭州市农村生态文明建设

⊙彭 丽[*]

【内容摘要】 中国农村发展还处在农业文明向工业文明的过渡阶段，农业文明发展的落后与工业文明对生态环境的破坏交织在一起，特别是受城乡二元结构造成的深层次矛盾影响，农村面临生态系统脆弱、环境污染严重、资源利用率不高、科技普及不广、农村绿地面积偏小等一系列问题。因此，树立和落实可持续发展观，构建人与自然和谐共生的文明社会，成为当前的首要任务。农村作为生态文明建设的主战场，建设工作尤为重要。本文立足于杭州市情，通过借鉴国内外先进经验，研究探讨了杭州农村生态文明建设的现状和存在的问题，提出了农村生态文明建设路径，即政府引导、群众主导、资金疏导、理论指导、经济先导。

【关键词】 农村　生态文明　路径选择　杭州

引　言

（一）问题的提出

农村生态文明建设是生态文明建设的重要组成部分，大力加强

---

[*] 彭丽，杭州师范大学马克思主义中国化研究方向研究生，指导老师龚上华（杭州师范大学政治经济学院副教授）。

农村生态文明建设具有重要意义。2007年10月15日党的十七大将"建设生态文明"作为全面建设小康社会奋斗目标的要求之一，2008年10月12日中国共产党第十七届中央委员会第三次会议通过了《中共中央关于农村改革发展的若干重大问题的决定》，为加快推进农村生态文明建设、大力推动城乡统筹发展提供了政策支撑。与此同时，国外农村生态环境建设的理论与实践也为我们提供了较好的参照与指导。然而，我们也不得不看到目前国内外对农村生态文明建设的研究还相当有限，并且在具体建设过程中也是困难重重，因此，深入研究该问题具有较强的理论意义。

杭州市正处于全面建设生态市、加速实现工业化的关键时期，作为经济发达城市，作为生态文明建设标本城市，杭州市的农村生态文明建设有着重要的借鉴和指导意义，如何实现农村的可持续发展，推动杭州的工业化和现代化建设，推动城乡一体化的迅速发展。

（二）研究综述

1. 国外研究综述

（1）国外生态理论发展历程

生态文明思想发端于生态与环境问题，一经提出即引发了人们对工业文明这种以"人类为中心主义"的传统文明观的反思，继而提出了可持续的发展观，最终导致人们建立一种新的社会文明形态，以取代工业文明社会。

1962年美国海洋生物学家蕾切尔·卡逊《寂静的春天》的出版标志着人类将生态问题提上了议事日程。

从1972年至20世纪80年代，人们在认识中加深对生态建设和环境治理的实践，并对工业文明进行了初步反思，提出地球上各种资源是有限的，人类必须走有机增长的道路，建立稳定的生态和经济平衡，以实现可持续发展。

20世纪90年代世界环境发展大会《里约宣言》的发表，真正拉开了生态文明时代的序幕。人们意识到，就生态谈生态、就环境谈环境的思维方法无法从根本上解决问题，由发展理念和模式不当引起的生态与环境问题必须通过转变发展理念和模式来解决。

世界范围内生态文明与可持续发展历程，见图1-1。

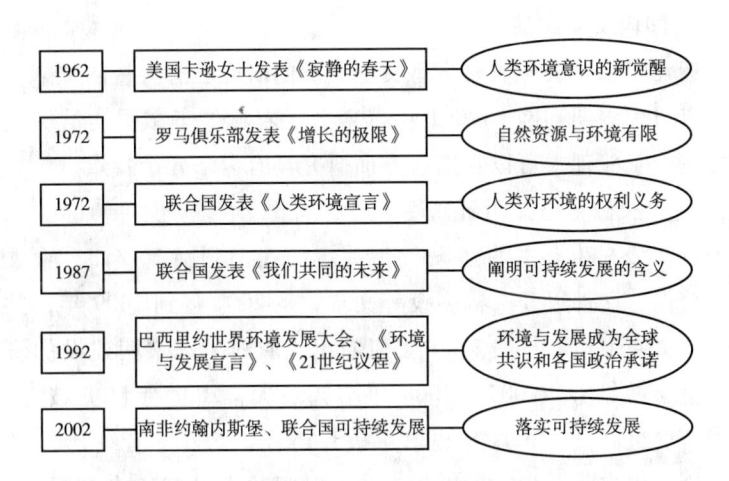

年份	事件	意义
1962	美国卡逊女士发表《寂静的春天》	人类环境意识的新觉醒
1972	罗马俱乐部发表《增长的极限》	自然资源与环境有限
1972	联合国发表《人类环境宣言》	人类对环境的权利义务
1987	联合国发表《我们共同的未来》	阐明可持续发展的含义
1992	巴西里约世界环境发展大会、《环境与发展宣言》、《21世纪议程》	环境与发展成为全球共识和各国政治承诺
2002	南非约翰内斯堡、联合国可持续发展	落实可持续发展

图1-1 世界范围内生态文明与可持续发展历程

（2）国外主要生态理论

第一，生态危机理论。关于生态危机，当今世界上有两种对立的观点，一是预警危机将会发生，即所谓"悲观主义"的观点，以罗马俱乐部"增长的极限"为代表；二是乐观主义观点，以美国赫德森研究所H.卡恩的"大过渡理论"为代表。

第二，"可持续"的发展观。这种发展观正式形成于20世纪80年代，90年代得到世界各国的认同，并迅速转化为人类共同的行动纲领。可持续发展观注重经济、政治、文化、人口、资源、环境等的综合协调，把发展理念由原来的物质与精神的双充实，扩充到追求生存环境的改善和人类发展的可持续性。具有两个特点：一是研究了人们的代际关系，即前一代人与后代人的关系，注重从未来社会发展的角度看问题；二是全面研究了人与自然的关系，主张建立人与自然之间的和谐统一的新关系。

第三，生态政治与生态社会主义理论。生态社会主义理论是在社会主义的视角下对生态环境问题进行的理论阐述与探究，并提出相应的实践解决方案，是对生态（绿色）运动的发展，是传统社会主义理论对现代生态学的回应与吸纳。

2. 国内文献综述

近几年来，关于农村生态文明方面的研究已有大量的文献。笔者重点对中国期刊网上2001年以来关于农村生态文明建设研究的论文进行了梳理，可以看出这方面研究具有以下几个特点。

（1）农村生态文明研究逐年递增

以"农村生态文明建设"为关键词在期刊网上查询，除去报道、会议、文件以及一稿多投等文章，从2001年到2009年，共有相关论文451篇。从表1-1可以看出，农村生态文明建设的研究一直呈递增趋势，2007~2008年增幅最大，2008年已突破百篇，出现历史最高值，2009年也已突破百篇（因为在笔者统计时2009年的论文仍在收录中，所以数据统计时间截止到2010年2月1日，并不是2009年最终数据）。由此可见，农村生态文明问题越来越受到学者们的关注和重视。

表1-1 2001~2009年农村生态文明建设研究论文分布与占比

年份	2001	2002	2003	2004	2005	2006	2007	2008	2009	合计
篇数	6	7	9	12	22	60	78	145	112	451
占比(%)	1.3	1.5	2.0	2.7	4.9	13.3	17.3	32.2	24.8	100

（2）农村生态文明研究的方法不同

从表1-2可以看出，在2001~2009年的451篇论文中，非实证讨论的论文数量呈递增趋势，在2008年达到顶峰71篇，特别是2007~2009年非实证的讨论在每年的总文章中所占的比例均高于非数据的经验研究，研究方法不再局限于2001~2006年的经验研究，转而侧重于理论的研究，研究的深度也不断提升。

表1-2 农村生态文明建设研究方法对比

年份		一手数据	二手数据	非数据的经验研究	非实证的讨论
2001	篇数	1	—	1	4
	占比(%)	16.7		16.7	66.6
2002	篇数	2	1	2	2
	占比(%)	25.6	14.2	25.6	25.6
2003	篇数	2	—	5	2
	占比(%)	22.2	—	55.6	22.2
2004	篇数	—	—	7	5
	占比(%)	—	—	58.3	41.7
2005	篇数	2	—	13	7
	占比(%)	9.1	—	59.1	31.8
2006	篇数	1	5	30	24
	占比(%)	1.7	8.3	50.0	40.0
2007	篇数	—	11	32	35
	占比(%)	—	14.1	41.0	44.9
2008	篇数	8	18	48	71
	占比(%)	5.5	12.4	33.1	49.0
2009	篇数	6	1	49	56
	占比(%)	5.3	0.9	43.8	50.0

注:"一手数据"指实地调查研究数据;"二手数据"指引用他人的数据;"非数据的经验研究"指有实地调查研究,只是没有采用问卷等方式获得统计数据,主要集中于农村生态环境建设经验事实的介绍;"非实证的讨论"指没有通过实地调查而做出结论,主要集中在农村生态文明的具体做法、途径等文章中。

*陈蔚:《高等职业技术院校职业指导的发展研究》,浙江工业大学硕士学位论文,2006。

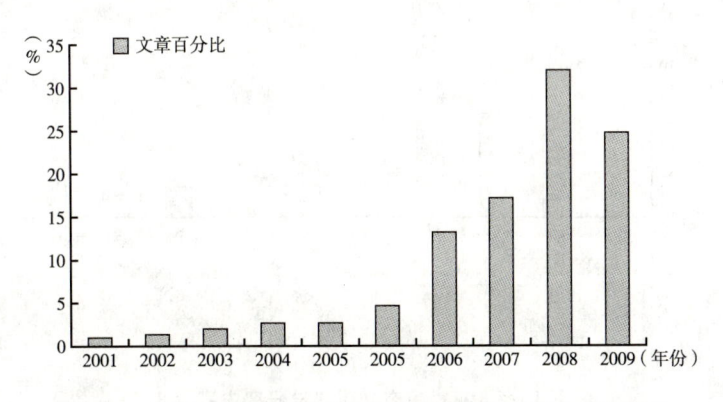

图1-2 2001~2009年农村生态文明建设研究论文分布情况

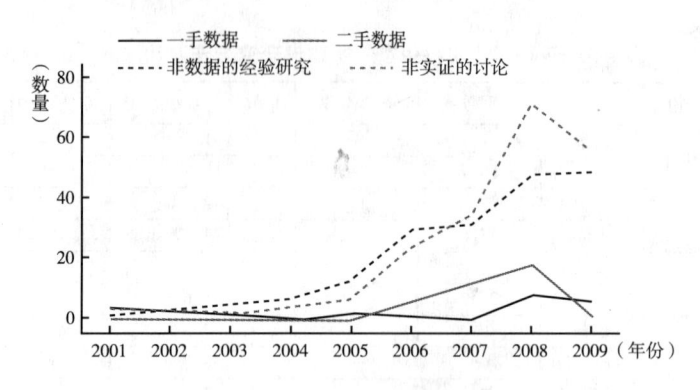

图 1-3 农村生态文明建设研究方法

（3）农村生态文明研究内容的侧重点不同

按照研究内容的不同，笔者把这 451 篇文章进行分类整理。从表 1-3 可以看出：每个年份研究的侧重点不同、深度有所发展。虽然自 2001 年以来，关于农村生态环境的研究已经起步，但是研究内容并不系统。2001 年以来关于农村生态问题的研究涉及面越来越广，由最初的基础建设发展到对于文明生态村、生态文明、新农村建设、农村科技文化建设等的研究，当然这中间中国相关农业政策影响着学者们的研究方向，但是不得不承认，学者们从 2001 年开始，对农村生态与环境的研究内容逐渐深入，并且研究的范围逐步拓宽。

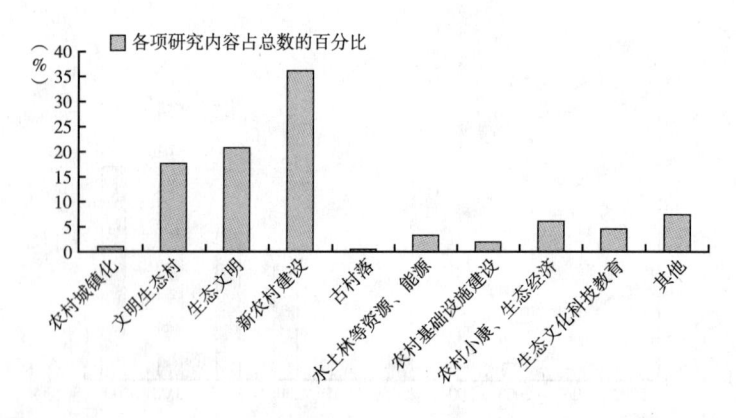

图 1-4 农村生态文明建设研究内容分布

表1-3 农村生态文明建设研究内容分布

时间/研究侧重点		农村城镇化	文明生态村	生态文明	新农村建设	古村落	水土林等资源能源	农村基础设施建设（如沼气、改厕等）	农村小康、生态经济	生态文化科技教育	其他
2001	篇数	1	—	—	—	—	1	3	—	—	1
	占比(%)	16.7	—	—	—	—	16.7	50.0	—	—	16.7
2002	篇数	1	—	2	—	—	1	1	—	—	2
	占比(%)	14.3	—	28.6	—	—	14.3	14.3	—	—	28.6
2003	篇数	1	2	—	—	—	1	4	—	—	1
	占比(%)	11.1	22.2	—	—	—	11.1	44.4	—	—	11.1
2004	篇数	—	4	—	1	—	—	4	—	—	3
	占比(%)	—	33.3	—	8.4	—	—	33.3	—	—	25.0
2005	篇数	2	9	—	5	—	—	3	—	—	3
	占比(%)	9.1	40.9	—	22.8	—	—	13.6	—	—	13.6
2006	篇数	1	16	—	40	—	—	—	—	—	3
	占比(%)	1.7	26.7	—	66.7	—	—	—	—	—	5.0
2007	篇数	—	23	7	37	—	—	2	1	5	3
	占比(%)	—	29.5	9.0	47.4	—	—	2.6	1.3	6.4	3.8
2008	篇数	—	14	35	52	—	8	2	10	15	9
	占比(%)	—	9.7	24.1	35.9	—	5.5	1.4	6.9	10.3	6.2
2009	篇数	—	12	50	28	2	5	—	6	—	9
	占比(%)	—	10.7	44.6	25.0	1.8	4.5	—	5.4	—	8.0
合计	篇数	6	80	94	163	2	15	9	28	20	34
	占比(%)	1.3	17.7	20.9	36.2	0.5	3.3	2.0	6.2	4.4	7.5

（4）农村生态文明研究的角度有所变化

在对研究角度的分析（见表1-4）中我们可以看出，2001~2009年的研究中，做法成效、现状问题原因、概念特征、对策途径所占的比重一直居于首位。特别是 2007~2009 年现状问题原因、做法成效、对策途径出现的频数更是达到了最高点。可见学者们的研究已经更多地转向了对策的探讨，而不再局限于具体的做法和方案。

表 1-4　农村生态文明建设研究角度分布

年份		做法成效	现状问题原因	背景	作用意义	概念特征	原则	对策途径	技术方案模式	启示	其他
2001	频数	3	1	—	—	2	1	3	1	—	—
	占比(%)	50.0	16.7	—	—	33.3	16.7	50.0	16.7	—	—
2002	频数	3	—	—	—	1	—	4	1	—	—
	占比(%)	42.9	—	—	—	14.3	—	57.1	14.3	—	—
2003	频数	5	1	—	—	2	—	5	—	—	—
	占比(%)	55.6	11.1	—	—	22.2	—	55.6	—	—	—
2004	频数	5	—	—	—	5	—	7	1	—	—
	占比(%)	41.7	—	—	—	41.7	—	58.3	8.3	—	—
2005	频数	5	3	—	2	11	2	15	2	—	—
	占比(%)	22.7	13.6	—	9.1	50.0	9.1	68.2	9.1	—	—
2006	频数	21	9	3	3	16	—	37	2	6	—
	占比(%)	35.0	15.0	5.0	5.0	26.7	—	61.7	3.3	10	—
2007	频数	32	13	5	16	24	1	29	9	5	2
	占比(%)	41.0	16.7	6.4	20.5	30.8	1.3	37.2	11.5	6.4	2.6
2008	频数	44	64	—	30	50	8	71	15	15	5
	占比(%)	30.3	44.1	—	20.7	34.5	5.5	49.0	10.3	10.3	3.4
2009	频数	27	50	5	21	28	2	56	13	12	—
	占比(%)	24.1	44.6	4.5	18.8	25.0	1.8	50.0	11.6	10.7	—
合计	频数	145	141	13	72	139	14	227	44	38	7
	占比(%)	32.2	31.3	2.9	16.0	30.8	3.1	50.3	9.8	8.4	1.6

注："其他"一类里包含一些无法按研究角度划分的论文，如综述、沿革等；在统计学中，将样本按照一定的方法分成若干组，每组内含有这个样本的个体数叫做频数。

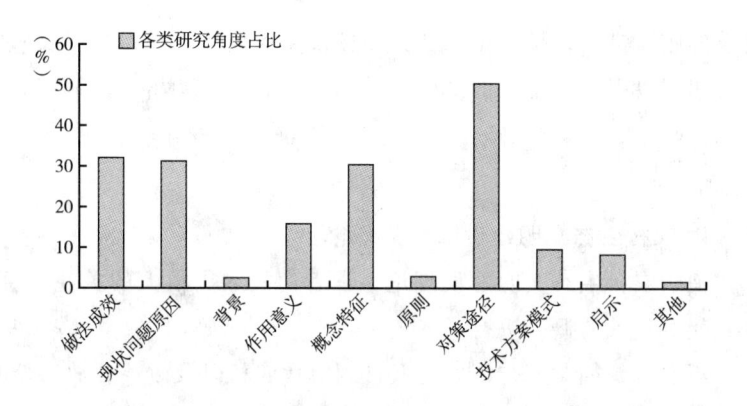

图 1-5　农村生态文明建设研究角度分布

综上所述，2001~2009年，农村生态环境研究逐步深入，但总体来说还存在着一些问题。从政策角度来看，农村生态环境的研究随政策变动的幅度很大，文明生态村建设、新农村建设、农村生态文明建设分别在不同的年份因为政策的颁布出现高峰，学者们研究过程中的融合程度较低；从研究的方法来看，理论性的研究和实证性的研究有待进一步结合；从研究侧重点来看，对策途径和技术方案模式的研究有待加强，针对性建议需要完善。基于以上问题，本文着重通过对杭州市农村生态文明建设的分析得出具体的途径方法，为农村生态文明建设指明方向。

二　杭州市农村生态文明建设的背景

杭州市从2003年全面启动生态市建设以来，许多关于农村的政策措施发展成具有指导意义的成功模式，之所以成功，是杭州人立足实际，使杭州良好的经济、生态优势和浓厚的文化底蕴等得到充分发挥的结果，顺应了社会发展潮流，体现了文明发展的"历史必然性"要求。人类在生态危机背景下对文明发展反思的理论成果，社会主义革命领袖的农村生态思想，中央关于农村生态文明建设的政策措施，杭州市工业化、城市化优势等，都为杭州农村生态文明建设提供了坚实的基础。

(一) 理论背景

1. 农村生态文明建设的相关概念

关于农村生态文明建设理论，学者们投入了很大的关注力度，首先就对相关的概念进行了界定。

新农村是相对于传统农村、计划时代农村以及改革开放后新时期的农村而言的，是在新的时代背景下具有新内涵、新风貌的农村，是生产发展、生活富裕、乡风文明、村容整洁、管理民主的新型农村，如图 2-1 所示。

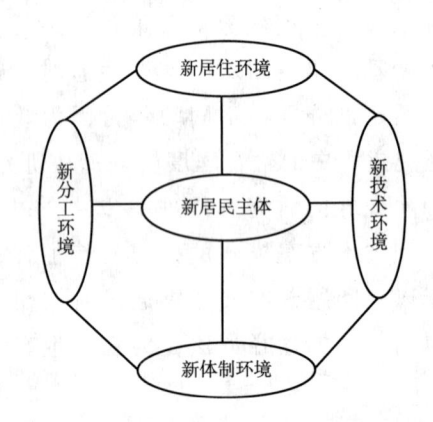

图 2-1 四大新环境和一个新主体之间的关系

* 李佐军主编《中国新农村建设报告 (2006)》，社会科学文献出版社，2006，第 16 页。

关于生态文明的概念，至今还没有统一。但从学者的研究可以看到，生态文明指的是与野蛮相对，超越原始文明、农业文明、工业文明之上，以物质文明、精神文明、社会文明的建设为依托，遵循人、自然、社会和谐发展规律，以人与自然、人与人、人与社会和谐共生、良性循环、全面发展、持续繁荣为基本宗旨的社会主义的文化伦理形态。

新农村生态文明是一个组合性的概念，是新农村和生态文明建设的统一。在新农村"生产发展、生活宽裕、乡风文明、村容整洁、管理民主"的20字总要求中，体现了生态文明的要求。新农村、新生活、新气象、建设环境优美、生态自然、气象文明的农村新生活，同样是生态文明对新农村建设的总体要求和赋予新农村建设的新的时代内涵。农村的发展要求新农村建设与生态文明建设有机统一起来。

（二）时代背景

1. 杭州已进入后工业化时代

（1）后工业化时代的界定

改革开放30年来，杭州工业化发展迅速。

① 人均国内生产总值。国际上衡量工业化程度的重要指标之一——人均GDP达到5000美元为工业化后期阶段。根据杭州统计年鉴，2009年，按户籍人口和常住人口计算，杭州市人均GDP分别为74924元和63471元，根据国家公布的2009年平均汇率计算，分别达到10968美元和9292美元。结合上述标准，杭州市人均GDP已经处于工业化后期阶段的水平。

② 产业结构。根据钱纳里、赛尔奎因等经济学家的实证研究，在三次产业的产出结构中，工业化的演进使第一产业比重下降，第二产业比重迅速上升，并拉动第三产业的比重提高。一般来说，当第一产业的比重下降到10%左右时，第三产业的比重上升到最高水平，工业化就到了后期阶段。2009年，杭州市大力推进产业结构调整，农村经济结构调整和农业产业化经营稳步推进；新型工业化道路进程加快；第三产业成为经济发展的主引擎。杭州市第一、二、三产业比例分别为3.7%、47.8%、48.5%。第一产业的比重大大低于10%，产业结构排序由"二三一"变为"三二一"。第三产业对GDP的贡献率为64.6%，成为拉动经济增长的主导力量。

从产业结构看出，杭州市已经进入工业化后期阶段。

③ 就业结构。根据钱纳里等人的实证研究，随着工业化进程的发展，进入工业化发展后期，第一产业就业比重逐渐减少，第二、三产业就业比重逐渐增加，并且第三产业就业人数超过第二产业。2008年，杭州市三次产业从业人员的结构比例分别为14.1%、46.3%、39.6%，第三产业比重明显改善，较2007年提高了1.4个百分点，发展势头良好。杭州市工业发展以劳动密集型为主，相应会带动就业人数的增加，这是杭州市特殊的工业发展形势决定的，按照中国的国情，从就业结构分析，杭州市已进入工业化发展后期。

④ 城市化水平。城市化水平也是衡量一个城市工业化发展程度的重要指标。一般城市化水平在30%以下为初期发展阶段，30%~70%为中期加速阶段，70%以上为后期成熟型发展阶段。2006年，杭州市统计局发布杭州城市化进程评价：杭州城市化率为62.1%，即杭州已经进入城市化水平中期加速阶段的后期。

由上述几项主要反映工业化标志的主要指标，我们可以清晰地看出，目前杭州市已具有工业化后期阶段的典型特征，进入后工业化发展阶段。提出标准模式并不是主张工业化标志的唯一性，是为了给研究具体地区的工业化进程提供一个包含国际背景和历史经验的参照系，杭州市对标准模式的偏离并未超出合理范围。

（2）后工业化发展存在的问题

杭州市已进入后工业化时代，先进制造业加速发展，现代服务业迅速崛起；城市化快速推进，城乡统筹发展格局开始形成；消费结构加速升级，消费形态日益成熟；要素配置市场化程度明显提高，改革开放向纵深推进，经济社会发展的内生性机制已稳定在较高水平。

杭州市已进入工业发展的加速转型期，国际经验表明，这一阶段既是工业化加速推进、环境与发展矛盾的凸显期，也是"环境换取增长"向"环境优化增长"的重要转型期。从发达国家和地区走过的历程看，人均 GDP5000 美元到 10000 美元之间，出现了库兹涅茨的"U"形生态拐点（见图 2-2）。[①]

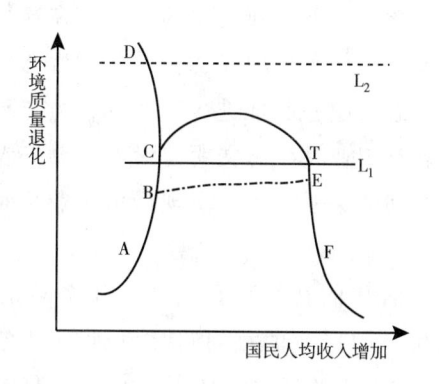

图 2-2 经济增长与环境质量的关系示意图

资料来源：洪阳、栾胜基：《环境质量与经济增长的库兹涅茨关系探讨》，《上海环境科学》1999 年第 3 期，第 112 页。

图 2-2 中，L_2 是环境"承载阈值"，L_1 是环境安全警戒线。当人类活动给环境带来的压力超过环境安全警戒线时，如果政府和民众还不采取有效措施对环境进行保护的话，环境系统有可能崩溃。那么，环境与经济增长的关系是呈 ABCD 曲线走势，而非 ABCTEF 走势。而且值得注意的是，环境"承载阈值"并不是固定的、静态的，它随着环境污染状况的恶化而不断降低。

沿着杭州经济的发展轨迹，在工业化的起飞阶段，不可避免地

---

① Grossman 和 Krueger（1991）通过对 42 个国家横截面数据的分析，发现环境污染与经济增长的长期关系呈倒"U"形，就像反映经济增长与收入分配之间关系的库兹涅茨曲线（Kuznets, 1955）。当一个国家经济发展水平较低的时候，环境污染的程度较轻，但是其恶化的程度随经济的增长而加剧；当该国的经济发展达到一定水平后，其环境污染的程度逐渐减缓，环境质量逐渐得到改善。这种现象被称为环境库兹涅茨曲线（Environmental Kuznets Curve, EKC）。

出现一定程度的环境恶化；但是在人均收入达到一定程度后，经济发展会有利于环境的改善。① 杭州正处在（见图2-2）C点的拐点上，是经济发展与环境治理相结合，还是继续先污染后治理的老路，是后工业化背景下必须关注的问题。在这样一个关键性的拐点上，一定要把握好和处理好工业文明和生态文明的关系，坚持工业文明与生态文明一起推进、产业竞争力与环境竞争力一起提升，统筹好新型工业化生态文明建设，协调好农村经济发展和生态文明建设之间的关系，避免出现后由工业化时代的多米诺骨牌效应。②

由后工业化时代的特征可以看出，服务业的发展，信息与知识技术的运用，制造业的相对可移动性等都将使得产业的迁移成为必然。③ 而产业的迁移，使得在全世界范围内寻找便宜的资源，农村成为城市夺取廉价的土地和资源的主要场所，对经济利益的追求导致了对农村整体生态环境的忽略。派特里克·

---

① 环境库兹涅茨曲线的含义是："沿着一个国家的发展轨迹，尤其是在工业化的起飞阶段，不可避免地会出现一定程度的环境恶化；在人均收入达到一定水平后，经济发展会有利于环境质量的改善。"见沈满洪、许云华《一种新型的环境库兹涅茨曲线——浙江省工业化进程中经济增长与环境变迁的关系研究》，《浙江社会科学》2000年第4期，第54页。
② 在一个相互联系的系统中，一个很小的初始能量就可能产生一连串的连锁反应，人们就把它们称为"多米诺骨牌效应"或"多米诺效应"。
③ 后工业化的概念最先被引入对城市的思考应该见于派特里克·盖迪斯（Patrick Geddes，1885-1932）在"Cities in Evolution"中的论述。未来学家阿尔温·托夫勒（Alvin Toffler，1980）把后工业化看做给人类带来社会巨变的第三次浪潮——即人类社会从狩猎采集的生活方式过渡到农业，而后又从农业过渡到工业革命之后的巨大转变。美国社会学家丹尼尔·贝尔在他1973年出版的《后工业化社会的到来——社会预测尝试》一书中系统地论述了有关"后工业化社会"的理论，并提出了这种社会的五大特征：①经济上从制造业为主转向服务业为主；②由于经济的变化，使白领工人数量大增，从而导致社会的领导阶层由企业家变为科学研究人员；③理论知识居社会的核心地位，成为社会革新和决策的根据；④未来技术方向应是有计划有节制的，技术评价占有重要地位；⑤制定各项政策都要通过智能技术，"理论知识的积累与分配"已成为革新与变革的直接力量。

盖迪斯写道:"我们被金钱迷住了,却忽略了真正的经济学,真正的生活功能是通过真实的健康而创造出的真实的物质财富。而真正的物质财富只有在一个有效的生活环境中才能实现。"

(3) 城市化进程面临挑战

随着杭州城市化加速推进,相应的生态环境问题加剧,表现在以下几方面。第一,城市空间形态的弊端日益显现。杭州市"三面云山一面城"的城市空间形态,使得杭州市只能"螺蛳壳里做道场",发展空间不足、环境质量下降、道路交通拥堵等"城市病"日益加剧。特别是大量外来人口的涌入,有资料显示,2009年全市常住人口810万人,比上年增长了13.4万人,其中户籍人口683.38万人,比上年末增长了5.74万人;加上城市基础设施配套跟不上、农村变城市和农民变居民工作跟不上,出现并日益凸显了"城中村"问题。第二,城市生态环境面临挑战。工业化、城市化的推进,使得城市在快速发展的同时,生态环境付出巨大的代价,垃圾处理量剧增,水污染和大气污染加剧,光污染和噪声污染也日益严重。第三,历史文化名城面临挑战。作为七大古都之一的杭州,历史文化积淀十分深厚,萧山跨湖桥遗址的发现,更是证明杭州已有8000年文明史。然而,在城市化进程中,保护与发展,保护历史文化遗产与改善人民生活不可避免地发生冲突。城市历史文化的记忆正在逐渐减弱,古村镇也在发展过程中遭到破坏。

(4) 杭州已进入工业反哺农业、城市支持乡村的阶段

在党的十六届四中全会上,胡锦涛总书记首次提出了"两个趋向"的重要论断,即纵观一些工业化国家发展的历程,在工业化发展初期,农业支持工业、为工业提供积累具有普遍性趋向;在工业化达到相当程度以后,工业反哺农业、城市支持农村,实现工业与农业、城市与农村协调发展,也是带有普遍性的趋向。杭州处于后工业化发展阶段,城市化水平高。但是城市化与农村发展没有形成良性循环,一方面城市化水平不断提高,另一方面农村发展越

来越滞后,出现了城市越来越好,农村相对越来越差的"马太效应"。①

杭州已进入城市化水平中期加速阶段的后期;工业部门已经具备了相对完整的体系,工业竞争力显著上升。从以上指标可以看出,除了非农产业劳动力比重这一指标尚未达到外,其余指标均超过工业反哺农业发展阶段的指标。杭州市非农产业劳动力比重之所以严重滞后,是因为长期以来实行城乡分割制度和存在大量农业劳动力兼职工、商业情况的缘故。杭州市工业已形成了较好的基础,已具备了自我发展的能力,工业反哺农业,城市支持农村的条件也已基本成熟,总体上已进入以工促农、以城带乡的发展阶段。②

(三)市情背景

1. 杭州市建设农村生态文明的有利条件

改革开放以来,杭州市利用沿海优势和机制优势,响应国家政策,取得了经济社会建设的显著成就。经济实力迅速增强,社会面貌发生深刻变化,人民生活质量达到较高水平,生态环境保护良好,为杭州市农村生态文明的建设奠定了坚实的基础。

(1)浓郁的农村和谐文化底蕴

杭州有着几千年农业文明和乡村文明的历史传统以及和谐与共、海纳百川的文化底蕴。这种建立在农耕文明基础上追求"天人合一"和"无为而治"的生产方式及生活方式,强调协调、和

---

① 《圣经·马太福音》中有一句名言:"凡有的,还要加给他,叫他有余;没有的,连他所有的,也要夺过来。"社会学家从中引申出了"马太效应"这一概念,用以描述社会生活领域中普遍存在的两极分化现象。
② 根据有关实证考察和理论研究,工业化国家和地区反哺农业发展阶段的标志,一是人均国内生产总值达到3500美元以上;二是非农产业产值占国内生产总值的85%以上;三是非农业部门的劳动力占60%以上;四是城市化水平达到40%以上;五是工业部门已经建立了相对完整的体系,包括拥有比较完整的工业部门、工业产品品种和基础设施等。参见《党的十七届三中全会〈决定〉学习辅导百问》编写组编《党的十七届三中全会〈决定〉学习辅导百问》,学习出版社,2008,第16页。

谐平衡的中华文明，是人类文明生存和发展的最佳选择。

（2）农村经济实力强

杭州作为浙江的省会，在中国发展的大背景下，不断解放思想，抓住机遇，发挥本土优势，农村经济不断增强，农民生活水平显著提高。2009年全市农村农林牧渔业总产值288.84亿元，其中农村居民人均纯收入11822元，比2008年增长10.6%。农村消费品零售额88.44亿元，增长15.0%。

（3）农业产业化结构不断优化

杭州在稳定粮食生产的同时，持续加大农业结构调整力度，以发展特色产业为重点，积极引导优势产业发展，并着力培养一批市场潜力大、科技含量高、竞争力强和辐射面广的农业龙头企业，大力发展休闲观光农业旅游，带动农村经济的发展。

至2008年末，全市已培育市级以上农业龙头企业282家、年销售收入超过亿元的农产品加工企业56家、农村专业合作社850家。农业外向度不断加大，全市协议利用外资6900万美元，内资3.9亿元。实现农产品出口9.47亿美元，增长14.8%。大力发展休闲观光农业旅游，全市已建成休闲观光农业园区（点）和农家乐休闲旅游村297个，实现休闲农业旅游收入7.92亿元。

2009年，茶叶、花卉苗木、水产品、节粮型畜禽、蔬菜和竹业等"六大优势产业"同步发展，水果、干果、蚕桑、药材和蜂业等"五大特色产业"实现产值36.43亿元，比上年增长14.3%，合计占农林牧渔业总产值比重为68.8%，比上年提高0.9个百分点。

（4）农业科技文化不断发展

近年来杭州坚持"农业推广普及"与"加快农业科技成果转化"相结合，不断加大农业科技投入力度，农业科技不断发展。2008年，全市良种覆盖率达97.03%以上。创建无公害基地面积28.18万亩，新建安全农产品品牌产品282只，基地农产品质量安全抽查平均合格率达99.1%。实施科技成果转化及产业化项目79

项，新认定省农业企业研发中心9家，省农业科技企业高科技园区16个。有序实施"农民信箱万村联网工程"，全市679个村建立网页，农民信箱注册用户达18万户。2009年末，广播电视"村村通"已实现全覆盖。

(5) 农村基础设施建设加强，社会事业受到重视

杭州坚持统筹城乡发展和统筹经济社会发展等五个统筹，坚持全面建设小康社会的奋斗目标，不断加大社会事业投入力度，加强农村基础设施建设，生态环境进一步改善。2008年末，建立高效生态农业示范区10个；完成中小型水库除险加固60座；积极开展万里清水河道建设，全市13个小流域完成整治，水土流失治理面积142.45平方公里。2009年末，农村自来水普及率由2008年的99.48%提高到99.72%。联乡结村共建活动稳步推进，参与结对企业2817家，联系乡镇167个、结对村2103个，实施项目2497个；"百村示范、千村整治"工程深入实施，已累计创建市级以上示范村224个。农民素质培训工程继续实施，培训农民22.6万人，转移就业5.8万人；建立农村生活垃圾长效保洁制度，全市90%的乡镇建立了垃圾中转设施；大力开展农村生活污水治理，生活污水处理农户6.28万户，新建生活污水处理池7.11万立方米。

(6) 农村工业化、城市化水平高

2006年杭州市城市化率62.1%，已进入城市化水平加速发展的后期。城市对农村的辐射带动力进一步增强，农村工业化和城镇化步伐加快。新型工业化道路的推进使第三产业成为经济发展的主引擎。2009年，杭州市第一、二、三产业比例分别为3.7%、47.8%、48.5%。二、三产业成为农民就业和增收的主要渠道，为工业反哺农业、城市支持乡村提供了强有力的保证。

(7) 日趋完善的农村政策法规和强力的资金支持

2000年至今，杭州市陆续出台了一系列农村政策法规，特别是"十一五"以来，杭州市围绕"覆盖城乡、全面共享"的"生活品质之城"目标，全面深入开展农村生态建设与环境保护工作。

建立农村生态环境保护建设专项资金，从 2004 年起至 2008 年，杭州市每年安排 1500 万元资金，专项用于市"百村示范、千村整治"工程，积极运用市场机制，建立以集体和农民自筹为主、政府补助为辅、社会各方力量支持的多渠道筹集建设资金的有效机制。

三　国内外农村生态文明建设经验借鉴

（一）国外农村生态文明建设经验借鉴

1. 韩国新村运动

韩国人多地少，资源贫乏，人口密度大、农业基础薄弱、农村教育落后、农民文化素质有待于提高、城乡收入差距大、工农业发展严重失调等一系列问题威胁着韩国的经济和社会发展。

韩国新村运动始于 20 世纪 70 年代初并延续至今，是韩国在城乡失衡的背景下由政府实施的一个实验性项目，受到世界上众多国家关注，已列入《大不列颠大辞典》，被称为"江汉奇迹"。

韩国的新村运动从每村发放 300 袋水泥开始，主要做法可以概括如下。

第一，"新村运动"发展初期主要采用"政府主导型"的发展模式，60 年代一直集中力量于农业生产设施建设方面；从 70 年代开始，韩国开始把工作重心放到改善农民的生产和生活环境上，如修建公路、桥梁，帮助农民接通自来水等，政府通过对改善农民居住环境和生活质量，充分调动了农民建设新村的积极性。

第二，70 年代中期以后，新村运动中政府开始注重"社会跟进"。以政府培育、社会跟进的发展模式，政府把工作重心转移到鼓励发展畜牧业、农产品加工业、特色产业等上，注重加大对农作物生产的补贴力度，逐步培育出社会发展实体。

第三，80~90 年代特别是 90 年代以后，新村运动开始逐步转入"国民主导型发展模式"。农业科技推广、农村教育机构、农村经济研究等组织机构在新农村运动中发挥主导作用,政府只是通过制定规划、组织协调、服务等手段,为国民的自我发展创造更有利的环境。与此同时,韩国开始制定一系列扶持农业和发展农村经济、社会、文化、教育的政策措施。这些举措在韩国掀起了新一轮农村建设高潮,并逐渐演变为民间团体为主的群众运动。

2. 借鉴与启示

农村生态文明建设的背后是城乡二元体制导致的一系列环境问题,农村生态发展不平衡。国外一些国家的政策措施已经趋于成熟,韩国地少人多、资源稀缺、经济发达等特征与杭州市市情极为相似,对杭州市农村生态文明建设具有重要的启示作用。

第一,确立农村与城市生活等值的理念。解决城乡生态发展二元结构问题的核心理念是实现"农村与城市生活不同但是等值"。所谓等值,指的是不通过耕地变厂房、农村变城市的方式使农村在生产、生活质量上与城市逐渐消除差异,包括劳动强度、工作条件、就业机会、收入水平、居住环境等与城市一样。这种城乡生活等值理念是现代化的理念,有助于解决城乡之间过大的差距。

第二,完善的政策法律制度是农村生态建设的保障。首先,应建立一套完整的政策体系。农村生态文明建设是一个艰巨的系统工程,为避免"内耗"和"空转",必须形成一套完善的政策法规。其次,建立一套行之有效的工作方法和工作机制,比如,建立农村生态文明建设指导机构、研究机构、培训机构和督察机构等,改善各项指标政策,建立完整的法律机制,通过政策激励、投入拉动、发展引导等为农村生态文明建设提供保障。最后,由于不同的地区有不同的特点,要因地制宜地根据不同地区特点设计相关的农村生态文明建设模式。

第三,公众的积极参与和广泛支持提供了群众基础。农村生态文明的建设,没有农民的参与是不可能实现的。注重对农民信念的培养,激发农民的热情与活力,启发农民、激励农民,充分调动广大农民的主观能动性。注重农民主体意识、公民意识、民主意识、法律意识，特别是生态意识的培养与形成，不断启蒙农民思想，提高农民素质，培育新型农民，真正发挥农民作为一个国家公民的主体作用，为农村生态文明建设提供群众基础。

第四，重视对景观和生态的保护。要求农村在发展的同时，重视对自然景观和传统文化风貌的保存和发展，实现传统保护与现代建设的统一。

第五，增进文化内涵来促进农村生态文明的建设。韩国、德国巴伐利亚州等在农村建设中自始至终都贯穿着农村文化建设的理念。杭州市的农村生态文明建设也要从提高人的素质入手，首先，加强农民职业技能的培训和文化素养培养，充分利用农校、乡镇农民技术学校以及广播电视等经常性的培训机构或方式。其次，要加强农业科技推广，提高农民的科技观念和技能，鼓励创办以科技推广为纽带的专业农民技术协会和其他农村服务性组织。再次，加强农村基础公共文化教育事业的投入，采取政府投资、民间集资、社会赞助等多种方式加快农村文化教育事业的发展。

第六，加大对农村生态文明建设的财力投入。农村生态文明的建设需要庞大的资金支持，应不断增加财政支农的比重，引导企业和个人对资金的投入，特别是要引导农业龙头企业参与新农村建设。进一步体现公共财政支持农业和农村发展的性质，对农村生态文明的建设资金投入，不搞平均主义，奖勤罚懒，奖优罚劣，激发村民的责任感和荣辱意识。

（二）国内农村生态文明建设经验借鉴

1. 临泽模式

临泽县地处甘肃省河西走廊中部。很长一段时间里，农民生活质量和农村文明程度等与广大农民的期望有较大差距，基础设施落后，人居环境"脏、乱、差"的现象比较普遍。

县政府立足现实，深化对县情的再认识，带领全县艰苦奋斗，于1997年率先基本实现小康。2000年以来,又顺应群众提高生活质量的要求,因势利导,以富在农家、美在农家、乐在农家、和谐在农家为内容稳步推进生态文明新村建设,使广大农村呈现出一幅生机盎然的景象,探索出了具有推广价值的"临泽模式",被誉为"西部新农村建设的标本"。

临泽模式的主要做法有以下几点。

第一,制定规划,从自然着眼,将生态建设放在首位,采取"统一规划、分步实施、政府引导、农民自愿"的策略。通过试点示范、普及、巩固提高三个阶段,到2010年,85%的行政村基本建成生态文明新村,并根据三种情况有步骤地分类实施,梯次推进。在规划过程中,不是政府一厢情愿,而是积极征求乡镇村社村民的意见,体现出规划的民主,坚持做到"三个优先、两个不搞",即农户申报率高的优先,动作快的优先,自筹资金多的优先,不具备条件的不搞,群众没有积极性的不搞。

第二,整合资金,集中力量办大事。对项目资金,通过"规划引导、统筹安排、明确职责、项目带动"等方式,把争取到的涉农项目及资金优先安排在生态文明建设上来,坚持"五统一",[①]实行定向投放。临泽县创造性地整合资源,将全县各单位涉农项目统一规划,创建新的资金运作机制,拓宽资金筹措渠道,整合的资金集中起来办大事,主要用于基础设施和公共设施建设。将农村沼气、卫生厕所、村舍道路、乡镇文化站、村文化室、社文化大院、农村水利等项目资金集中投放,以五位一体建设为载体,以六区建设为重点,加大综合配套力度,建设农村基础设施,聚集多方资源,产生了聚合效益,为农村生态文明建设搭建了很好的

---

① "五统一"是:对申请上级扶持项目统一申报;对批复下达的项目统一安排;对涉农部门的项目和县级财政项目统一协调;对项目资金和县级配套资金统一管理,专门储存,封闭运行;对竣工项目统一组织验收,审核报账,并有审计、监察部门对项目资金到位、使用情况进行定期与不定期的检查,促使整合的项目资金得以集中高效使用,确保项目顺利进行和如期发挥效益。

平台。

第三，发展是基础。将生态文明扩展为"自然舒适的人居环境、循环发展的产业体系、节约高效的资源利用"于一体的全新生态理念；建成村级信息中心，整合资源平台，创建村级文化广场；建立农村环境卫生自我管理、自我约束、自我教育、规范运行的长效机制。

临泽县把农村生态文明建设同加快农业和农村经济发展结合起来，立足增加农民收入，积极调整产业结构，按照"龙头带基地，基地连农户，订单促农业，支部加协会"的产业化经营模式，大力发展白（乳制品、柠檬酸、棉花）、红（红枣、加工番茄）、黄（玉米制种）、绿（生态农业、草畜）等特色产业，形成了在全国具有竞争优势的制种产业，农民的收入逐年稳步增长，生态文明建设也就有了根本保证。

第四，强调科技的支撑作用。按照"打特色牌，走品牌路"的培训思路，通过整合培训资源，切实增强培训的针对性和时效性，进一步拓展了全县劳务输出的空间，以培训促输出，千余农民拿到了职业资格证。

2. 借鉴与启示

临泽为国家级贫困县，却基于自身优势，从实际出发，通过规划、教育、资金支持、政策引导等一系列途径，解决了当地农村的经济发展和环境问题，其相关政策对杭州市的农村生态文明建设具有极大的参考价值，特别为杭州市欠发达地区提供了可借鉴的经验启示。

第一，政府主导、规划先行。临泽立足于实际，从自然着手，建立统一运作、相关部门齐抓共管的领导机制，通过试点示范、普及、巩固提高三个阶段，逐步推进，并充分发挥农民的主人翁地位，坚持农民不需要的不搞、不符合实际的不搞等。杭州市应该搞好规划编制工作，明确任务和目标，以生态村建设为突破口，推进农村生态文明建设。

第二，注重发展、强化科教。经济基础决定上层建筑，农村经济发展是农村一切工作的出发点和着力点。农村生态文明建设应加快同农业和农村经济发展相结合，增加农民收入，积极调整产业结构。加强科技的支撑作用，注重对农民的职业技能培训，加大绿色技术的引进、吸收和消化力度，积极发展绿色科技，促进循环经济的发展。

第三，整合资金、加强支撑。加大财政支持力度，创建新的资金运作机制，积极拓宽污染治理、生态保护与建设等项目的投融资渠道。整合资金集中起来办大事，主要用于基础设施和公共设施建设。充分发挥政府、企业、个人的积极性，强化资金的支撑作用。

四　杭州市农村生态文明建设改革实践

1958年人民公社化后的20年间，杭州农村发展走过了曲折的历程。以政社合一、集中劳动、按劳分配为特征的人民公社制在很大程度上压抑了广大农民的主动性、积极性，阻碍了农村的发展。

改革开放以后的20年间，因为实行了以家庭联产承包责任制为主要内容的改革，农村经济结构发生明显变化，农业生产得到较大发展。但是农村工业化，这种低技术含量的粗放型经营模式，以牺牲环境为代价的反积聚效应的工业化，村村点火、户户冒烟的状况，不仅造成污染治理困难，还直接导致污染危害，并在一定时期曾经形成"一镇一品""一村一品"的地域性污染特点，如20世纪末富阳环山的小炼铜、临安乐平的小印染以及桐庐的小制革、建德的小化工等。

为解决农村迫在眉睫的环境问题，杭州市从2000年开始，加大对农村生态环境的治理力度，从整体上把握建设布局，取得了巨大的成效。

（一）杭州市农村生态文明建设改革实践

1. 杭州市农村生态文明建设的成效

（1）生态文明建设从"要我建"向"我要建"转变

在"千村示范万村整治"工程开展之初,由于群众的认识不到位,对工程有抵触情绪,工程实施发生了诸如猪栏牛舍的拆迁、农民权益的维护等矛盾。经过几年的努力,整治工程使农民切实得到了实惠,群众的建设意识不断提高,加上素质培训、污水处理等一系列工程的陆续实施,农民的建设意识真正从"要我建"向"我要建"转变。

（2）创建资金主要由政府出资向社会、企业集资转变

杭州农村生态文明建设最初主要由政府出资,随着建设工作的推进,资金来源转变为政府资金投入、企业捐助、村民个人捐款、社会各界捐助、县乡镇配套补助相结合,2007年全面开展"百团连百乡,千企结千村"活动,更是加强了城市带动工程,实现了政府主导力、市场配置力、农民主体力、企业参与力四力合一,缓解了建设中的资金问题。

（3）建设从笼统性、表面性向合理性、规划性、深入性转变

农村生态文明建设要推进必须要有一个好的规划。建设之初,只注重对环境的整治,哪里脏就治哪里,哪里乱就整哪里,不注重规划,建设的笼统性、表面性十分明显。后来,从实际出发,杭州市结合村庄、地域特征和村情民意,以自然地理条件和生态景观为基础,从宏观、中观、微观各层面进行了生态空间格局划分,使得农村生态文明建设越来越合理化、科学化。

（4）农村生态文明建设的经济构成从传统的农业经济向生态循环经济转变

杭州的农村多丘陵山地,多采用传统的种植形式,加上地少人多的资源制约,使得农村经济的发展依托肥料、农药等化学物质,水土富营养化严重,农村经济发展可持续性低。农村生态文

明建设实施以来，杭州市注重发展农业循环经济，大力发展农产品精深加工业，发展蔬菜、茶叶、花卉苗木、水产等优势产业和水果、干果等特色产业，打响"杭都品牌"，并使生态经济逐渐成为杭州农村的主打产业和农民增收的亮点，促进了农村经济的发展。

（5）创建的重点从注重农村生态环境的改善向注重教育旅游宣传等功能转变

在创建过程中，利用杭州市旅游名城的特色，大力发展文明生态村的旅游教育功能特色。依托农村生态旅游资源，先后有临安、安吉等生态村成为农村生态环境建设标本，不仅增加了农民收入，还通过开展乡村旅游，推广农村生态文明建设经验，促进了其他地区农村生态文明建设的发展。

（6）创建的主体由政府主导向政府引导、农民主导转变

农民是农村生态文明建设的主体，农村的建设和农民密切相关。最初的创建工作依托政府的主导，政府指向哪里，农村建设就推向哪里，容易出现一刀切带来的严重后果，不能因地制宜。现在杭州农村生态文明建设充分发挥农民的主导作用，各村镇通过信箱、网站面向群众征集信息和对策，提高农民的参与意识，做到群众不喜、不愿、不需要的政府不做，使得农村生态文明建设更具针对性和科学性。

2. 杭州市农村生态文明建设的经验

（1）健全组织、责任落实为建设基础

由市规划、县指导、镇主导组建生态建设领导小组和专门的建设办公室。建立联席会议制度，及时研究解决各种问题。建立生态文明建设工作责任制，形成各司其职、齐抓共管、相互配合、合力推进的工作机制；在规划引领上，形成以村镇总体发展规划为龙头，村庄布局规划和建设规划、乡镇村生态建设规划等配套衔接的协调配合机制。抓好指导工作，拓展生态文明建设内容，攻克建设难关，积极借鉴特色经验。

(2) 制定规划、完善机制为科学依据

在《杭州生态市建设规划》和《杭州市农村环保规划》的基础上，根据《生态功能区划暂行规程》和《生态功能保护区规划编制大纲》，编制镇一级的生态建设规划，并延伸到村一级，形成村镇两级生态规划体系，按照科学规划、统筹安排、尊重规律、分类指导、突出重点、扎实推进的原则，制定相应的生态文明建设引导机制、激励机制、科学决策机制和生态投入机制等，依照《杭州市2005~2007年生态乡镇、村的推进计划》《杭州市生态乡镇、村考核验收办法》，借鉴《杭州市城区型生态街道建设指标体系》《杭州市城镇型生态街道建设指标体系》，按照《杭州生态乡镇建设规划编制技术指导》，推进生态文明建设向纵深发展。

(3) 加大投入、推进建设为突破口

每年安排一定的环境污染整治专项资金，采取补助和贴息相结合的办法，专项用于农村生态文明建设，以加快重点流域、重点区域的污染防治，重点加大对欠发达地区和古村镇的资金投入力度；逐步完善生态补偿机制，推进杭州市农村生态文明建设，建立财力补助政策、环境整治与规划补贴政策、生态公益林建设补助政策和生态目标责任制考核奖励政策等生态建设补偿办法。

(4) 宣传推动、理念引导为长期工作

在宣传手段上，利用《杭州环境》和《环保之窗》等宣传媒体，加强新闻报道力度，扩大环保影响力。同时，进一步完善杭州生态网站——杭州绿网，利用网络进行宣传，注重实效性和针对性；在宣传形式上注重灵活多样、生动活泼，开展环保知识竞赛、环保宣传报道、环保知识宣传等形式多样的活动，引导全民共同参与。坚持做到面向领导抓关键、面向群众抓普及、面向青年抓未来，形成生态文明建设的良好氛围，掀起生态文明建设的热潮。

当然，杭州市在农村生态文明建设过程中还存在着一些问题，比如农业资源匮乏，生产多以小规模的家庭经营为主，组织化程度低；技术水平和管理模式不健全，存在治理面不全、治理深度不够、单向突击的现象，未能统筹农村污染防治，形成农村循环经济体系；农业基础设施建设依然滞后，综合治理能力相对薄弱；高素质人才仍然紧缺；对农村生态环境保护的投入，无论是数量还是投资的力度都远远不能满足其经济及社会各项事业发展的需要。杭州市农村生态文明建设任重而道远。

五 杭州市农村生态文明建设的路径选择

农村生态文明建设是系统工程，是事关全局和长远的战略任务，中国传统的农村建设思想行不通，农村生态文明建设已经不单单是农村环境问题，不能单纯从环境的角度进行考虑；生搬硬套国外的模式行不通，杭州市的农村生态文明建设必须立足于杭州实际，必须在杭州市经济、政治、社会发展的大背景下综合考虑，必须全面规划、统筹兼顾，运用行政、法律、经济、科技、教育等手段，从加大宣传发动、完善政策法规、拓宽融资渠道、推广先进科技等方面，切实采取有效措施，加强农村生态文明建设，走一条规划科学、管理民主、政策到位、资金充足、环境良好的农村生态文明建设道路。

（一）政策制度上，落实"两个趋势"要求，加强城乡统筹

农村环境监管基本处于盲区和半盲区状态，既缺乏配套的法律法规，又缺乏必要的资金投入和环保常识教育与宣传，杭州应加大对农村生态文明建设的关注力度，要在农村牢固树立生态文明观念。首先，改变当前社会上存在的重城市、轻农村的观念，打破"城市发展，农村买单"的不合理格局，从制度层面上向农村倾斜。其次，建立工业反哺农业、城市支持农村的机制和体制，改变社会制度中不利于农村环境保护的政策和规范，建立自觉保护环境的机制。再次，加强现有政策措施落实情况的督察，确保现有的各

项政策措施落实到位，深化完善农村生态文明建设扶持政策，包括各项优惠政策、贴息政策及其扶持方向、分配比例和补贴方式等，落实好重点龙头项目的实施、监管等。

（二）建设规划上，搞好生态规划，确保农村生态文明有序发展

农村生态文明建设是持续而系统的工程，因此必须运用全面系统的生态学观点来搞好规划。一是制定和完善农村发展规划，如《杭州市农村环保规划》和《杭州生态市建设规划》等，明确不同发展阶段的综合性指标，依照杭州生态功能区分化图，杭州市农村环境保护重点工程项目一览表，杭州市农村环境保护目标指标体系，杭州市生态村镇建设基本规划，避免农村生态文明建设无章可循、无序发展。二是完善生态功能区划、村庄布局规划，搞好村庄布局，保留农村风貌，彰显地域特色，确保生态文明建设工作顺利推进。

（三）法律法规上，要加强科学决策与立法，完善执法与监督机制

1. 要把环境保护和经济发展有机结合

根据不同区域的环境承载能力确定不同农村地区的发展模式，拟定有利于农村生态文明建设的各项政策；加大政府的宏观调控力度，引导生态建设的积极性。建立和完善反映市场供求关系、资源稀缺程度、环境损害成本的生产要素和资源价格形成机制，推动资源有偿使用制度、生态补偿制度和污染者付费制度的形成，彻底改变农村资源低价和农村环境无价的状况。

2. 完善生态立法，建立健全农村环保法律法规体系

要在宪法和各种地方性法规中，加入关于农村生态环境保护的规定；制定、完善农村环境保护各项法规，实现立法中有生态，生态上不违法的要求，并积极参考先进国家和地区的法律法规，实现与外界的接轨。

3. 完善监督与执法机制，加强监督与执法力度

法的有效性与否，关键在于执行，监督是保护执行的条件。要在保证各部门上下级之间垂直监督的同时，完善公众监督，建立健全执法机构体系，实现统一部署协调；加强对执法人员队伍素质的建设，加大环保执法的力度和对违法行为的处罚力度，减少地方性因素的干扰，实现有法必依、执法必严、违法必究，使污染环境的行为受到处罚，使公民环境权受损得到补偿。

（四）思想观念上，强化宣传教育，切实提高农民生态素质

生态文明建设是一项综合性、系统性工程，是需要全民参与的伟大事业，因此要通过广播宣传、开辟宣传专栏、发放资料、张贴标语、悬挂横幅等多种形式广泛动员，积极做好村民的思想政治教育工作，提高对生态文明建设的认识，破除过去"等、靠、要"的落后观念，培育生态文化，引导他们自觉培养健康文明的生产、生活方式，增强他们的生态环境意识，提升他们生态环境保护的综合决策能力，充分发挥主观能动性。订立相应的乡规民约，制止不文明举止或破坏生态环境等行为的发生，逐步提高村民自身的素质，引导群众积极参与生态文明家园建设。倡导绿色消费，注重消费过程中对环境的保护。通过多层次、多形式的农民教育培训，增强农民的科技文化素质和职业技能水平，使他们成为农民发展和农村生态文明建设的骨干力量。从娃娃抓起，通过学校、家庭、社会多方努力，培养幼儿的环境意识，使生态文明观念深入人心。

（五）经济发展上，加大科技兴农力度，大力发展循环经济

1. 发展循环经济

按照节约型、循环型、生态型的要求，在生态文明家园建设过程中注重保护和改善农业生态环境，坚持开源与节流并重，预防与治理结合，以高新技术为基础，将绿色生产、资源综合利用，生态设计和可持续消费融为一体，合理持续地利用自然资源，注重经济

效益，社会效益和生态效益相统一，实现经济、社会又好又快发展。

2. 提倡清洁生产

实施清洁生产，以节能、降耗、减污为目标，以技术改造和加强管理为手段，大力开展圈舍、厕所、沼气池一体化建设，发展清洁能源，彻底解决生活垃圾乱堆放、污水乱流、蚊蝇满天飞的环境污染问题，逐步建成节约型、循环型、环保型社会主义新农村。

3. 推广绿色科技

使科技的应用既有利于生态环境保护又能促进社会经济发展，加强对生态农业技术、生态工业园区和生态城镇建设等领域的技术研究以及开发引用；不断壮大环境保护科研机构和研究队伍，组建高水平的生态专家队伍；关心农业科技工作者的工作条件、工资待遇、生活条件，让他们能全身心投入到农村生态文明建设的大潮中；大力引进各类绿色新科技、新工艺、新产品，推广成熟的绿色农业技术，如畜禽粪便和秸秆综合利用技术、土壤污染控制技术、农药残留速测技术等，同时推广污染处理技术如防治乡镇工业废水、废气新技术，污灌区污染控制的治理技术等，关注生物技术、无公害农业技术、经济施肥技术、节水技术等的发展。

4. 加强乡镇企业生态化、避免工业企业污染

农村生态问题很大程度上来自于工业化和城市化的影响，农村的建设必须解决好工业污染和城市污染问题，要通过命令、控制、引导等方式减少城镇污染。而立足于农村的乡镇企业产业生态化是农村发展的根本方向，要在生态化的基础上实现多功能的农业联合。近年来，一些地区乡镇企业利用太阳能取暖、制酱、酿醋、干燥木材、谷物、鱼肉、药材、养护混凝土制品、低温发酵、温室育苗、养鱼等，取得了显著成效，建立了多功能的农工联合生产系统，更有效地促进了农村的生态文明建设和可持续发展。要继续推进乡镇企业发展和污染防治工作，使得农村经济发展和生态文明建设同步推进。

（六）设施建设上，加大农村基础设施投入力度，抓好家园建设

农村的基础设施建设包括道路硬化、给排水、文体设施、公共绿地、供电设施及通信和治安、环卫等，不断改善农村的生产生活条件，提高农村人民群众的生产生活环境和生活质量。生态家园建设的基本要求是实现农田林网化、水渠洁净化、庭院立体化、乡村花园化。乡村道路畅通、森林繁茂、花草点缀、环境优美，农房前屋后栽花种草，果、畜、禽、鱼、菌、沼立体化循环种养配套，发展庭院生态经济。通过营造绿色环境，发展绿色产业，开发绿色产品，构建乡村美景，使农民享受绿色生活，实现人与自然的和谐发展。

（七）职责建构上，建立绿色 GDP 核算制度，打破政府"职责同构"

绿色 GDP 核算制度建立在以人为本、协调统筹、可持续发展的观念之上，现有的 GDP 核算体系在很大程度上主导着各个层面经济主体的经济行为，这一核算体系在引导经济活动最大化的同时，也导致了资源占用和生态破坏的最大化。当务之急是将这种考核体系纳入农村环保核算体系之中，把农村生态文明建设纳入干部考核机制，对绿化不达标的要实行"问责制"和"责任追究制"，引导政府的发展目标和发展方向。打破职责同构，合理调整政府纵向间职责配置，倡导建立伙伴型政府间关系，科学规划上级与农村基层的关系，以全面推动环境政策的落实。

（八）资金运作上，加大投入，长效监管，完善生态补偿机制

1. 加大污染治理资金投入，形成资金长效监管机制

根据国际经验，当治理环境污染的投资占国内生产总值的比例达到1%~1.5%时，可以控制环境污染；当该比例达到2%~3%

时，环境质量可有所改善。我国环境保护的投资少，无论政府、企业还是民间，环境投入都远远不够。

每年安排一定的环境污染整治专项资金，采取补助和贴息相结合的办法，加快重点区域的污染防治，深化对农村环境的综合整治。按照统一分类、明确目标、目标考核、分次补助的原则，采取"以奖代补"的办法，重点向钱塘江流域和欠发达地区倾斜。

杭州农村生态文明建设不可能全部由政府出资，资金主要来源一是政府财政资金投入，二是企业捐助，三是村民个人捐款，四是社会各界捐助，五是县（市）区、乡镇配套补助。应跳出由农村来建设农村生态文明，切实落实城乡统筹理念，拓宽资金渠道。一是用足用好政策资金，创新方式，集成政策，将产业发展与基础设施建设资金集聚捆绑起来干大事；二是用足用好银行资金，抓住城乡一体化发展新机遇，运用好农业担保公司平台，从机制上解决贷款难的问题；三是用足用好社会资金，积极创造宽松的投融资环境，抓住城市支持农村的新契机，最大程度吸引社会资金参与产业发展和生态文明建设。

2. 完善生态补偿机制，促进农村生态环境的可持续发展

生态补偿机制是指通过一定的政策手段实行生态保护，让生态保护成果的"受益者"支付相应的费用，对于生态保护"实施者"给予补偿的一种机制。通过有效的制度措施，解决发展过程中的"搭便车"问题，避免公共物品出现带来的生态破坏，是促进农村地区生态文明建设和经济可持续发展的必要手段。杭州市建立了一系列财政补助和奖励政策组成的生态建设补偿办法，主要包括：财力补助政策、环境整治与规划补贴政策、生态公益林建设补助政策和生态目标责任制考核奖励政策。通过"生态环境保护与治理""千万农民饮用水源保护""千村示范、万村整治""万里清水河道""生态公益林建设"等重点工程，尤其是要加大对欠发达地区的倾斜政策，以更加清晰地体现生态补偿的要求，进一步完善财政对生态建设的投入机制，较好地促进城乡协调。还可以使政府在决策和施政过程中，综合考虑经济社会发展与生态环境保护的协调问题，实现"政府行为的生态化"。

3. 健全和完善财政专项资金管理制度

为积极推进财政资金管理，浙江省曾先后出台了《浙江省排污费征收使用管理办法》《浙江省排污费资金收缴使用管理办法》《浙江省省级环境保护专项资金管理办法》等政策条例，坚持专项资金专项管理，在资金安排上，着重体现对欠发达地区和重要生态功能区的倾斜政策，并对重点环境整治与保护项目进行重点支持，以引导和促进全省环境保护的发展。继续完善资金管理制度，在上述制度的基础上，建立长效、多面的政策条例，有效治理专项资金。

（九）确保农民各层次需求的逐步满足

农村作为农村生态文明建设的主体，其需求的满足有着至关重要的作用。

第一，应满足农民的生理发展需要。加快农村经济发展，引导和鼓励先富带动后富，实现共同富裕，确保农民基本生存条件的满足，通过增加收入，加强基础设施建设，改善劳动条件等保证农民的健康，促进农民生活质量的提高。

第二，强化食品安全整治及农村综合治安治理，强调规章制度、职业保障、福利待遇，并保护农民的基本利益，通过相关政策制度的制定和有效实施确保农民的安全需要。

第三，提供农民社交往来机会，开展一系列形式多样的农村文化活动，如体育比赛和集体聚会等，加强科技培训和投入，推进农村扫盲工程的有效运行，鼓励农民的相互协作与共同发展，建立和谐温馨的农村人际关系，满足农民的社交需要。

第四，公开奖励和表扬，对于生态文明建设取得卓越成效的村集体和个人，大力进行表彰，颁发荣誉奖章，设置光荣榜等；对于建设实施不到位的村集体和个人，给予专门的教育和培训，鼓励他们继续发展，实现尊重的需要。

第五，加强农民的生态伦理意识建设，让农民充分认识到生态文明建设的现实意义和长远意义，促进农民思想认识本质上的转变，具体包括对生态文明建设的认知、审美、创造等等，使农民最终形成正确的生态价值观、道德观，认识到生态伦理的发展胜过金钱、地位的意义，实现自我实现的需要。

农民生理、安全、社交、尊重、自我实现的五种需要像阶梯一样，从低到高。一般来说，低层次的需要满足后，便不再是激励因素，只有更高层次的需要才会有足够的活力和驱动力。根据农村实际，根据不同的需要，有效实施不同的激励措施，保障生态文明建设的层层推进。

参考文献

[1] 陈雯：《环境库兹涅茨曲线的再思考——兼论中国经济发展过程中的环境问题》，"2005年中国经济学年会"论文，http://www.cenet.org.cn/cn/CEAC/2005in/de006.doc。

[2] 陈玉梅：《海南省文昌市"文明生态村研究"》，华中师范大学博士学位论文，2007。

[3] 程正明：《临泽经验》，《甘肃农业》2009年第2期，第21~26页。

[4] 程志强：《从韩国新村运动看我市新农村建设》，《杭州通讯》2007年第3期，第40~41页。

[5] 冯雨、朱磊：《后工业化时代的农村社区建设》，《小城镇建设》2007年第2期，第49~52页。

[6] 《2009年杭州市国民经济和社会发展统计公报》，http://www.hzstats.gov.cn/web/ShowNews.aspx?id=KqbMp/OsWUI，2009年2月16日。

[7] 《2009年杭州市国民经济和社会发展统计公报》，http://www.hzstats.gov.cn/web/ShowNews.aspx?id=XV0qO0UittI，2010年2月1日。

[8] 杭州市统计局：《2009杭州统计概况/经济结构》，http://hznews.hangzhou.com.cn/xinzheng/tongzhi/content/2010-02/01/content_3033930.htm，2010年2月1日。

［9］孙玉红：《从日本、韩国有关情况看我国农业发展及社会主义新农村建设》，《现代农业》2008年第3期，第46~48页。

［10］田青华、安慧娟、古荣芳等：《"临泽模式"对新农村建设的启示》，《山东省农业管理干部学院学报》2007年第6期，第30~31页。

［11］吴成全：《关于密云县推进新农村建设思路及措施的研究》，《北京农业职业学院学报》2009年第5期，第8页。

［12］徐玉明：《积极推进新农村生态文明建设》，《中国农学通报》2009年第2期，第287~290页。

［13］中国期刊网全文数据库，http：//dlib.cnki.net/kns50/Brief.aspx?ID＝1 &classtype＝&systemno＝&NaviDatabaseName＝&NaviField，2010年2月1日。

［14］朱少鹏、曾刚：《从国际经验看中国农村发展路径的选择》，《经济论坛》2007年第17期，第121~122页。

第二部分

城市教育

杭州社区教育运作模式：
以杭州市下城区为例

⊙程 骁[*]

【内容摘要】 社区教育是终身教育的主要组成部分，也是实践学习型社会理论的重要环节。杭州作为一个正迈向现代化大都市的城市，民众已经认识到了教育对于自身发展和社会发展的重要性，对于学习有着前所未有的热情和渴望。外来务工人员的教育、老年人的教育等都在呼吁和要求政府加快社区教育体系的建设和发展。地处杭州市中心的下城区在近几年的社区教育事业中累积了许多的经验，形成了一套独特的运作模式。本文将对下城区社区教育运作模式进行剖析，总结其发展经验，并且将结合《杭州下城区社区教育情况调查问卷》的调查结果和对下城区社区教育的调研成果，指出下城区社区教育运作模式中存在的宣传系统问题、课程设置问题、成人教育问题以及管理体系的问题，并提出解决这些问题的可行性措施。

【关键词】 社区教育　运作模式　终身学习　学习型社会

---

[*] 程骁，杭州师范大学教育学原理方向研究生，指导老师金岳祥（杭州师范大学教育科学学院副教授）。

引 言

(一) 问题的提出

终身教育发展至今,从最初的终身教育理念到其后的终身学习理念,正一步步由理论分析走向实践研究。在近 20 年的时间里,社区教育成为了实践终身教育理念的重要环节。欧洲各国的特色社区教育、美国的社区学院等向我们证明了社区教育是终身教育理念的重要实践平台和载体。社区教育是教育和社会的大融合,社会各个成员和职能部门应将教育视为自己的一部分,对其负责。同时,教育随着社会的发展不断地调整其内容、方法、模式,以最适应社会的形式,为社会的发展培养人才,回馈社会。在社区教育的体系之下,终身教育不再是一个遥远的理想,而是每个人终身都在作为所属社区的社会环境中学习,社区教育应该为社区成员创造终身学习机会。当前,我国也开始了轰轰烈烈的社区教育实践,涌现出了一批社区教育实践基地,历数其中真正做得出彩出色的却是寥寥无几。这使我们认识到社区教育在向本土化和区域化发展的道路上还有很长的一段路要走。再者,《国家中长期教育改革和发展规划纲要》中提到要构建体系完备的终身教育,到 2020 年现代国民教育体系更加完善,终身教育体系基本形成,促进全体人民学有所教、学有所成、学有所用。《纲要》还提出了终身教育体制机制建设试点,要求建立区域内普通教育、职业教育、继续教育之间的沟通机制;建立终身学习网络和服务平台;统筹开发社会教育资源,积极发展社区教育。面对我国教育改革的需要和民众对于教育的需求,教育学界提出了要加强社区教育,并将下一个阶段的社区教育研究重点放在本土化和区域化上。

(二) 研究意义

1. 理论意义

社区教育是终身教育的重要组成部分,也是实践学习型社会理论的主要环节。对社区教育的研究不仅丰富了终身教育的研究内容，还使终身学习由理念逐渐走向实践。

首先，社区教育理论强调受教育的空间和受教育者的范围。社区教育承担了一部分青少年课外教学的任务，有助于丰富青少年的业余生活，培养他们的动手能力，更为重要的是，这些课外教学有助于培养青少年的优良道德品质。此外社区教育还包括了职业培训、成人教育、老年人教育、流动人口教育等等。所以，对于社区教育的研究使终身教育的研究内容突破了时间的限制，达到了时间和空间的完美结合，使社会大众"时时处处"都能接受教育。

其次，社区教育不仅扩展了终身教育的研究内容，更重要的是社区教育解放了被束之于高阁的终身教育，使其真正走入了民众的视野之中。

最后，随着学习型社会理论的提出，社区教育成为了建构学习型社会的重要途径。

2. 实践意义

（1）杭州市下城区的社区教育实践从1989年开始至今屡获殊荣，2001年被国家教育部命名为首批"全国社区教育实验区"，2004年被评为全国成人教育先进集体，2007年被评为杭州市先进社区学院，2008年被确定为首批34个全国社区教育示范区之一。近20年来，下城区坚持科学规划、保持先发优势、软硬件并重、建管研训齐抓共进的原则，依托社区教育全员、全程、全面的特点，创造性地总结出了"五力合一、六线并举"的工作模式，开拓性地实施了"1765"工程和教育局后备干部进社区挂职锻炼等重要举措。本文希望通过对下城区社区教育运作模式的介绍和分析，能总结出创建优质社区教育的方法，为社区教育的发展作出绵薄的贡献。

（2）下城区的教育发展是整个杭州教育发展的缩影，对于下城区社区教育运作模式的研究将直接有利于杭州社区教育的发展。

(三) 研究方法

本文主要采用了问卷调查法、访谈法和文献法等研究方法。

为了解杭州下城区社区居民对社区教育的认知程度及对社区教育内容的需求和期望，笔者于2010年6月至8月期间，深入下城区各街道和社区或通过网络和邮寄的方式向下城区社区居民发放《杭州下城区社区教育情况调查问卷》1020份，回收975份，回收率为95.5%，有效问卷为961份，占发放问卷的94.2%。调查结束后，及时进行了相关资料的整理和分析工作。

文献调查的内容包括：（1）与主题相关的理论专著。（2）中国期刊网全文数据库，通过检索关键词为"社区教育"，笔者获得了2043篇相关文献；以检索主题词"社区教育运行机制"，获得了5篇相关文献；同时在超星电子图书馆中以"社区教育"为书名获得12本书。（3）下城区教育局、下城区社区教育中、街道和社区居委员会所提供的相关文字资料和文件材料。

为了获得下城区社区教育更详实、更具体的资料，笔者又对下城区社区学院、市民活动中心以及街道展开了实地调研，并对区教育局、社区教育中心、各街道办事处、社区居委会、学校的有关负责同志进行了深入访谈。

（四）理论基础

1. 终身学习理论

最先提出终身教育概念的是法国成人教育理论家和实际工作者、曾任联合国教科文组织终身教育局局长的保罗·朗格让先生，他在发表的一篇名为《终身教育展望》的论文中提出了"任何阶级的所有人都能得到学习机会"的观点，随即引起了教育学界的强烈反响。1968年，在联合国教科文组织的教科文大会上，"终身教育"作为改革教育制度、制定教学计划的思想首次被提出。两年后，保罗·朗格让出版了《终身教育导论》一书，系统化了终身教育的思想。同年，美国学者哈钦斯提出学习型社会的主张，终身教育理论体系至此正式形成。

终身教育作为一种现代教育思潮，是指教育系统为个人提供一生参与有组织的学习的机会，使其不断学习、提高素质，以适应社会发展的需要。如果说终身教育理论是从教育的角度来阐述的话，那么终身学习理论则是从学习的角度。1994年在罗马召开的首届全球终身学习大会对终身学习的定义是：终身学习通过一个不断的支持过程来发挥人类的潜能，它激励并使人们有权力去获得他们终身所需要的全部知识价值、技能理解，并在任何任务、情况和环境中有信心、有创造性和愉快地适应它们。

终身学习理论的实施需要一个载体，而这个载体则落脚在了社区学习上。当代社会学家认为人的一生大多数时间都生活在社区中，开展社区教育成为实现居民终身学习的最有效的途径。终身学习强调了居民学习的时间特性，提出了居民时时学习的可能性和必要性，而社区教育则补充了终身学习理论中关于空间的限制。社区教育为居民提供处处学习的可能性，当居民产生了学习的意愿时，只要走进社区教育中心便能实现学习的意愿。

2. 学习型社会理论

"学习型社会"概念属于教育哲学的范畴。1968年，美国著名的学者哈钦斯首先提出了建设学习型社会的概念。《中国教育与人力资源问题报告》指出：学习型社会是以学习者为中心，以个人的终身学习、社会的终身教育体系和学习型组织为基础，以保障和满足社会全体成员多样化的学习需求，实现社会的可持续发展。其本质特征就是全民学习、终身学习，根本目的是促进人的全面发展。人的全面发展，有助于丰富社会的物质文化财富，随之带来社会全面、持续地发展。

3. 人的社会化理论

人的社会化是指人接受社会文化的过程，即自然人（或生物人）成长为社会人的过程。刚刚出生的人，仅仅是生理特征上具有人类特征的一个生物,而不是社会学意义的人。在社会学家看来,人是社会性的,是属于一种特定的文化,认同这种文化并且在这种文化的支配下存在的生物个体。刚刚出生的婴儿不具备这些品质,因此他(她)必须渡过一个特定的社会化期,以熟悉各种生活技能、获得个性和学习社会或群体的各种习惯,接受社会的教化,慢慢成人。

从文化角度看,人的社会化是文化延续和传递的过程,个人社会化的实质是社会文化的内化。社区教育在人的社会化中起到了重要的作用。在青少年时期,人的社会化主要在学校中完成,但社区教育以自己的特色成为青少年课余活动的重要组成部分。人类社会化中年期,社区教育成为了人们不断增加社会生存能力的重要方式。而在人类社会化的老年时期,社区教育成为了老年人安度晚年、享受生活的重要场所。特别是在全球都面临着老年化的问题时,社区教育就凸显出其非凡的作用。

(五) 概念界定

1. 社区教育

当代社会有许多学者试图从不同的角度定义社区教育。英国学者德·朗特里在其编写的《西方教育词典》中对社区教育下了这样的定义:"它是一种教育工作计划,它跨出学校或学院的范围,并让社区其他人参与,这些人既可以作学生,也可以作教师,或兼任两者,教育意图完全是为了整个社区利益服务的。比如:设法使本地区成为一个更令人感兴趣的居住地。"日本的《世界教育事典》中,社区教育被赋予了两种含义:"一是指在学校教育中加入有关社区活动、社区问题的内容,使学生对社区具有科学的认识和乡土情感;二是指学校作为社区的教育文化中心向所有居民开放,并组织其教育活动。"《国际教育大百科词典》则认为:"社区教育普遍地被认为是一种将学校和大学当作向所有年龄层开放的教育娱乐中心的过程,是义务教育与其他福利事业的结合体。"从以上的定义可以看出，社区教育是居民为了追求更高的知识和精神生活主动参与的教育活动。根据我国近年来推出的创建学习型社会理念中的一些政策和指导思想，可以将社区教育定义为：社区教育是由地区住民自发产生的，为追求精神生活的充实及对终身学习的需求，由政府提倡并与地方基层组织共同推进的自下而上的群众性教育活动，其宗旨是提高地区住民的精神与文化素养，满足自我完善的要求，切实保障地区居民的自主学习权利。

2. 运作模式

所谓"运作"，《现代汉语词典》对它的解释是运行和操作，指进行中的工作状态是具有一定动机和目的并指向一定客体的运动系统。

所谓"模式"，在《现代汉语词典》中的定义为：某种事物的标准形式，或是使人可以照着做的标准样式。模式强调的是形式上的规律，而非实质上的规律。简单地说，就是从不断重复出现的事件中发现和抽象出的规律，似解决问题的经验的总结。

从"运作"和"模式"的定义上可以看出运作模式有着运动性、周而复始和协调管理的特性。因而可将运作模式定义为：已经形成一定标准样式的，具有一定动机和目的并指向一定客体的运动系统，是引导和制约决策并与人、财、物相关的各项活动的基本准则及相应制度，是决定行为的内外因素及相互关系的总称。

3. 我国社区教育的运作模式

要解释何为我国社区教育的运作模式，就应首先指出社区教育区别于其他教育的特性。

第一，我国社区教育的实施带有鲜明的地域性。社区教育区别于社会教育最大的特点就是社区教育带有明显的区域性。社会教育强调的是一个国家全社会的教育，而社区教育则是指代某一地区的教育。

第二，我国社区教育的教育对象是该区域所有住民。社区教育不同于家庭教育和学校教育，它的教育对象是区域中所有的住民。

第三，我国社区教育的教育目的是指住民终身学习体系的建构。社区教育的本质是在住民需要再学习的时候提供各种学习的资源，使住民时时处处都能得到学习的机会。因而社区教育的教育目的是从学员的一生的学习上思考，开发学员在社会生存中所需要的技能和知识，并且要随着时代的步伐而不断发展，不断更新课程和知识。

上文的论述总结了社区教育区别于其他教育的特征，下面将由此出发定义社区教育的运作模式。社区教育的运作模式是指在一定的社区内，以建构全体住民的终身学习体系为目标，在教育与其他社会实体双向运行中，诸要素的合理组合以及解决处理其关系的一切方式、方法和手段的总和，是实现教育、社会一体运行化程序。[①]简单来说社区教育的运作模式就是使社区教育高效运转的方法。

二 杭州市下城区社区教育运作模式研究

（一）研究对象的基本情况

下城区地处杭州市中心，交通便利，商贸发达，是目前杭州的金融、文化、新闻中心。区域面积31.46平方公里，下辖8个街道，71个社区，常住人口37万，加上外来人口共约56万。[②]

下城区的社区教育实践始于1989年，至今已获得许多殊荣：2001年被国家教育部命名为首批"全国社区教育实验区"，2004年被评为全国成人教育先进集体，2007年被评为杭州市先进社区学院，2008年被确定为首批34个全国社区教育示范区之一。在20多年对社区教育的精心培育中，下城区逐渐开发出了"五力合一、

---

① 孙宝珍：《城乡一体社区教育模式与运作模式》，《现代中小学教育》1995年第3期。
② 统计数字来自2010年下城区统计中心资料。

六线并举"的工作模式，开拓性地实施了"1765"工程和教育局后备干部进社区挂职锻炼等重要举措，先导性地成立了社区教育督导中心，开发了涵盖0~3岁的亲子教育、青少年校外教育、职业培训、学历教育、流动人口教育等多元化的教育培训课程，形成了具有下城区区域特色的社区教育运作模式。

（二）下城区社区教育运作模式研究

下城区通过多年的发展实践形成了体系完备的运作模式。作为新生的社区教育，下城区社区教育运作模式可以借鉴国外的经验，但关键问题是如何解决本土化和区域化的问题。下城区的做法是不断地创新社区教育的内容，在国外社区教育的框架下，用本土化的行政手段、区域化的教育内容和特色的社区教育活动，形成带有杭州特色的社区教育。

1. 筹备阶段

在此阶段主要是确定社区教育运作模式中的目的、对象、政策以及组织协调建设所需的各项资源。

（1）社区教育的决策

发展初期，政府组织人力物力完成社区教育实施过程中所需的组织框架、设施建设、资源开发等，帮助社区教育在实践的过程中逐渐总结经验并形成属于自己的运作模式。

发展中期，政府的主要任务是指引社区教育的实践发展。政府的职能不再是全局管理而是分流出实践过程中一部分，任其自主发展，但在经费的投入和制度的完善上仍保留着主导权。

发展后期，由于社区教育在各方面都已具备了独立面对社会和市场冲击的能力，因而政府将全面退出在社区教育实践上的主导地位，角色定位由管理型转向服务型。

（2）社区教育的主体

下城区社区教育运作模式的主体始终定位于社区的全体住民，并且一直以构建全体住民的终身学习体系为己任。根据不同年龄层的住民开设不同的课程，以适应不同群体的学习需要。

（3）社区教育的目标

下城区社教育运作模式中的目标设定有两个基本要求：一是完全符合社区教育的发展规律，二是逐渐形成了比较完善的组织实施、基础设施、条件保障、监测评估等体系。

如2010年制定的《下城区社区教育十二五发展规划》规定了在2011~2015年切实落实好《品质下城·社区教育三年行动计划》，探求全国社区教育示范区发展思路，继续普及终身学习意识和提升社区居民素质，推进"五个一"工程，即打造一批具有示范作用的特色性项目，建设一批贴近民生的精品课程，推进一批社区教育"学校联络人"专业队伍建设，创建一批特色鲜明的学习型组织，形成一批有下城特色的载体品牌，加快数字化学习的建设，进一步推进下城区社区教育工作和学习型城区建设再上一个新台阶。

（4）社区教育的计划

下城区社区教育工作者运用科学发展观的理论制定了社区的发展规划，将社区教育的计划带入了社会的发展规划中。下城区社区教育自从诞生以来，就一直紧跟国家和浙江省五年发展规划，以建立健全服务优质、办事高效、运作协调、制度完善的服务工作机制为目标，以提高社区教育规划服务水平为内容。

如在2002年，出台了《杭州市下城区人民政府关于下城区社区教育实验方案（2001~2005年）》，《把下城区建设成为全国一流的学习型城区》等大力发展社区教育的规划和文件。2006年，在"十一五"规划开局之年，又制定了《下城区社区教育事业"十一五"规划》。2008年推出《品质下城三年行动计划》，2010年出台了《示范引领·下城区社区教育十二五发展规划（2011~2015）》。

（5）社区教育实施所需的条件

下城区通过政府的力量，整合社区内现有的资源，打造出较为完善的供给体系。以人力资源、物质资源和教育资源形成了社区教育运作模式的资源平台。随着下城区社区教育运作模式的发展和成熟，下城区开始探索新的资源平台。在网络时代，充分地利用网络的便捷、迅速和无边界化开发出了社区教育的网络资源平台。

① 人力资源

下城区通过教育局内部机构改革的契机，将青少年活动中心、健体中心和学前教育指导服务中心并入社区教育中，成立了下城区社区教育中心，并以此为中心开始建设辐射式的社区教育网络。为了与此网络相匹配，下城区社区教育将精力集中在了三支队伍的建设上。

第一，专职队伍。下城区教育局通过组织"后备干部进社区"的活动，以制度的形式规定了区教育局每年以轮换的形式下派8位后备干部到区属各个街道进行挂职锻炼，协助区属各街道开展社教工作。2007年，又推出了覆盖全区71个社区与辖区所有学校的《下城区学校"社区教育联络人"制度》。

第二，兼职队伍。各街道面向社会选拔了一批热爱社区教育工作，组织活动能力较强，具备一定教育学知识的年轻干部，并通过相关的培训，派送到社区专职负责社区教育工作，担任社区教育专职管理人员或教师。

第三，志愿者队伍。下城区通过"区社区教育志愿者招募"活动，建立了完善的社区教育志愿者信息网。社区学院在招募志愿者活动中，还推出了广受欢迎的"时间银行"举措。

② 物质资源

第一，实体物质资源。下城区社区教育运作模式中对于实体物质资源的开发主要集中在对已有资源的合理配备和利用上。在运作模式中将实体物质资源分成了场地资源和经费资源。其中场地资源主要集中在社区学院、市民学校。通过"1765工程"，发展了1所区社区学院、9所社区分院（包括8个街道社区分院和1个专为流动人口服务的明珠社区分院）和71个社区市民学校。

在经费来源上，下城区的运作模式主要是依靠制度的力量。按照常住人口人均不低于1元的标准设立社区教育专项经费，对社区教育的专项拨款能够保证每年按时按量拨付45万元。目前下城区正在努力将人均1元的标准提高到人均3元，届时每年将有147万元的区财政专门拨款。同时各街道、社区积极筹措经费，仅2009年各街道、社区筹措（拨款+筹款）社区教育经费合计达532万元，主要用于社区教育三级网络专兼职教师和管理人员经费、社区教育三级网络基建设施等的投入。

第二，虚拟物质资源。下城区社区教育运作模式充分重视网络虚拟平台的建设，运作模式中的虚拟物质资源几乎都是来自亚太地区CLC资源中心。其中最为突出的是社区教育数字化学习平台——享学网（www.apclc.com）。平台以"享受学习""分享学习"为理念，以成为国内外社区教育的实践研究和经验推广服务的综合资源平台和学习中心枢纽为目标，确立了"政府搭台、百姓参与，以兴趣爱好、自我展示为引领"的互动模式，包括社区教育、百家集萃、知道、博客、视频、比赛六大板块，致力于为社会全体民众的教育与自主学习服务，为各社区学习中心（CLC）项目服务。

第三，教育资源。为了弥补社区教育发展时间短，教育资源稀缺的问题，通过出台《下城区学校室外体育活动场地向社区开放的管理规定》《下城区学校场地向社区开放的试行意见》一系列行政文件，使得除个别寄宿制学校及特殊学校外，全区所有中小学都向社区开放，部分学校还进一步开放了阅览室、电脑教室等。

在此基础上，2009年下城区推出了《下城区社区教育资源全域共享方案》的设想，对于自愿参与的社会机构和单位，由区社教办与之签订共建协议，悬挂共享开放的统一标识，社区居民只要凭身份证或市民卡就可在开放的场地活动，参与其开放的教育培训和学习活动。

2. 实施阶段

在此阶段，下城区社区教育运作模式要处理好课程的开发、运作模式组织体系的建设和运作模式管理体系的组成等问题。

(1) 课程的开发

下城区社区教育运作模式的课程体系力求囊括早教培训、青少年课外活动教育、成人教育和老年教育。以社区学院、社区分院以及市民学校作为开展社区教育活动的主要载体,并且通过与大学学院和共建单位的合作成立了一批培训中心,形成了以知识培训和技能培训两类为主的教学内容体系。

第一,学前教育。下城区率先发现了杭州学前教育的开展潜能,通过多年的实践发展,学前教育成为了下城区教育体系中的亮点。在下城区社区教育发展之初便将学前教育、社区教育和基础教育并称为下城区教育的"金三角"。下城区社区教育中的学前教育课程主要是针对教养人员的学前教育理论和实践工作的培训,使家庭和社会通过"亲职教育"的形式,共同承担起0~3岁婴幼儿主要养育人员的培训辅导工作。

第二,青少年校外教育。下城区拥有全国小学教育的模范先锋安吉路小学以及一批极具优势的教育资源,加之地处杭州市市中心,拥有如陆游故居、浙江省科技馆等浓厚的文化底蕴,因而下城区立足优势,充分开发青少年课外教育课程,将社区教育打造成青少年课外实践的第二课堂。课程主要目的是增加青少年的动手能力和科技知识,开展了仿真驾驶、魔幻厨房、百变电子、吉姆的工坊等一系列特色劳技课程。此外下城区的青少年校外教育活动还格外关注进城务工人员子女,为了使他们享受到和其他青少年相同的待遇,特别发展了"同在蓝天下,携手共成长"为主题的真情关爱工程。

第三,老年教育。下城区是杭州的老城区,老年人口所占的比例一直很高,并且随着社会老龄化的步伐,老年人口的教育问题变得越来越重要。针对这一问题,下城区很早就开始探索社区教育体系中的老年教育,开发了一批老年人喜爱的课程,组织了丰富多样的实践活动,如在老年活动(培训)中心开设10多个班,内容涉及电脑、舞蹈、戏剧等。为了方便老年人学习,下城区还在每个社区设有老年俱乐部、老年活动室等。通过成立社区学院老年学堂,形成了戏曲、摄影等一批老年教育的品牌课程。在 2009 年全国社区教育特色课程评选工作中，老年学堂系列课程、精美纸艺、玲珑串珠、老年群众歌咏培训实用课程、老年群众英语口语培训实用课程等 6 门课程被确定为全国社区教育特色课程。

第四，流动人口教育。下城区的流动人口课程分为法律教育、道德教育和职业培训三大块。通过成立流动人口培训教育直属分院——社区学院明珠分院，有针对性地组织外来务工人员进行岗前技能培训、素质教育；通过推出主题服务活动，重点做好了流动人员的安全法制教育和文化、维权服务；通过成立"新杭州人"学校，大力开展了流动人口宣传教育。此外还开展了如外来务工人员创业培训和女性美容师培训等丰富多彩的常规职业文化教育。

第五，在职在岗人员教育。下城区社区教育的在职在岗人员教育是通过发展共建单位组建起来的。下城区在职在岗人员教育课程以职业技能和等级证书考试培训为主，社区学院与区人事局、民政局、国税局等单位合作，举办公务员电子政务、普通话、社区建设、企业会计等专业培训班。

（2）社区教育的组织

下城区的社区教育采取的是三级递进的组织形式，由政府、社区教育中心、社区学院和社区教育共建单位共同组织实施社区教育。

下城区的社区教育还处在发展阶段，社区教育组织的各个部门都还在学习和建设的过程中。因而政府仍处于主导地位，为社区教育设立基本方针，制定阶段目标，提供社区教育一定的运作经费，对社区教育进行指导和监管，任命、监督和撤销社区教育的负责人，选派或是审核社区教育工作者，批准审核社区教育的项目，评估社区教育的工作情况。

社区教育中心在政府的指导下，开发项目，管理教育实施，负责行政工作，任用工作者，扩展共建单位，及时处理社区教育中出现的问题，思考和解决社区学院和社区教育共建单位反馈的问题。

社区学院和社区教育共建单位负责具体执行社区教育中心下达的任务，组织社区教育工作，及时发现社区教育过程中产生的问题并向社区教育中心汇报，举办社区教育项目，接受政府对社区教育工作的监督和评价。

此外，近几年来下城区政府与中央教科所通力合作。由教科所向政府提供社区教育理论上的最新成果，担任社区教育工作的顾问，负责向社区教育工作者提供咨询服务，协助政府和社区教育中心组织和承办各类社区教育的会议。

（3）社区教育的管理

① 领导体制

下城区社区教育三位一体的领导机构模式由区社区教育委员会、社区教育实验工作领导小组和区创建学习型组织领导小组构成。由区委常委、宣传部部长兼任主任，区四套班子领导任副主任，区委办、区政府办、区纪委、区委组织部、区委宣传部、区关工委等部门和各街道共33家成员单位组成。

在管理网络上，社区教育委员会下设办公室，区教育局局长兼任办公室主任，负责具体落实社区教育各项工作任务；8个街道71个社区成立了由街道、社区单位组成的社区教育工作领导小组，下设办公室，配备专职社区教育干部或指定专人，全面实施社区教育实验工作。

在制度建设上，下城区确立了机构工作制度和目标责任制度以确保责任的落实。社区教育委员会每年定期召开领导机构会议和部门之间联席会议。区社教办与区属8个街道建立了联系制度，规定每月定期召开例会，并通过建立专属QQ群对日常工作进行布置、交流并给予适当的指导。在目标责任制度建设方面，下城区建立了工作目标责任制度以推动《下城区社区教育五年规划》的实施。

② 教学管理和学生管理

在教学时间管理上，下城区从不同学习对象的不同需要出发，尽量将授课时间安排在晚上和双休日，随着网络平台的开发，在不久之后将推出网络课程，为住民学习提供更多的时间便利。在培训费用上，下城区一直致力于设置更多的免费课程，为住民提供各种不同的学习内容。因而，主要采取以"训"养"训"策略，用其中盈利比较大的培训去开拓更具个性化、公益性的培训项目，把服务对象的数量、范围最大化，最后实现经济效益和社会效益的双丰收。但在收费的培训项目上采取的也是低学费的策略，如针对流动人口的教育，会计培训班标准收费是每年2600元，明珠分院把费用降低到每年1500元。在评价模式上，下城区开展的培训中有些采取学分制，有些则是单纯地向住民传授生活技能。学分制中，如果学员因为种种原因间断学习，可以保留成绩，一定时间内可以继续学习。考试采用笔试和实际操作结合的形式，一次考试不及格，可以补考，不收取补考费用。

③ 教师管理

下城区社区教育的教师队伍由专职人员、兼职人员和志愿者队伍组成。专职人员多为教师骨干和政府行政部门的精英成员；兼职教师多为高校和科研单位的业务骨干；志愿者队伍则由社会上热心公益事业和社区教育的市民组成。

（4）信息反馈机制

下城区正在着力建设双向的信息反馈系统。如在享学网上建立住民反馈平台，定期编辑《社区教育信息》向住民传递社区教育的最新资讯，使住民了解社区教育的具体活动，并吸引他们参与到社区教育中来。

3. 评估阶段

作为新生的社区教育，下城区社区教育运作模式的评估体系还有待于发展完善。但可喜的是下城区并没有忽视评估体系的建设，在力所能及的范围摸索着前进。2002年6月，推出了学习型社区、学习型企业、学习型家庭评估指标体系。2003年，学习型机关、学习型校园的评估指标体系也相继出台。之后，这五项评估体系成为教育部和省市教育部门制订考核指标的重要参考依据。2004年9月，与区文明办联合下发了《下城区社区市民学校评估细则》。2004年10月筹建了"下城区社区教育督导中心"，并起草和制定了《社区教育督导室职责和评估细则》《下城区社区教育督导室工作实施意见》《关于下城区社区教育督导室工作人员的安排》《关于下城区社区教育督导室工作任务与制定的规定》等文件。2008年在对街道、社区调研的基础上对评估细则进行了修订，使之更具操作性和指导性。总的来说，下城区社区教育建设过程是个探索与完善的过程，也是该区努力通过实践形成既有实效性又能反映下城特色的评估体系的过程。

(三) 下城区社区教育运作模式中的亮点

1. 资源保障方面

对于我国刚起步的社区教育来说，下城区的社区教育很好地解决了在社区教育现有人力资源的开发和后备资源的培养问题。通过将政府职员和中小幼教师引入社区教育中，解决了社区教育起步时人力资源缺乏的问题，这些人有很好地协调、沟通和组织策划能力，有助于社区教育的发展。"联络人"制度很好地发挥了学校在校、社互通中的主观能动性，并且辅以制度的形式明确了联络人的职责与权利，实现了区域内教育资源更大程度的整合。此外，下城区还引入了志愿者制度，志愿者来自各个年龄层和各个工作岗位，他们承担着社区教育的许多工作，是社区教育的中坚力量。

物质资源的匮乏一直是阻碍我国社区教育发展的主要原因，纵观国外社区教育的发展，无不把解决物质资源的问题当成发展社区教育的首要任务。下城区从发展社区教育之初就认识到了物质资源的重要性，从过去尽可能地压缩社区教育所需要的资源到现今主动地投入和创造性地开发社区教育资源，下城区已经建立起一套较完整的社区教育物资投入体系，社区教育的资源配置呈现整合化、配套化和网络化的特色，为后面的社区教育发展提供了良好的物资保证。

2. 社区教育开展的特色活动

各种具有下城特色的项目和活动，一直是下城区社区教育的亮点。下城区发展了各种丰富多彩、契合住民生活实际且富有下城特色的活动，其目的就是为了增加住民对社区教育的认识，鼓励住民主动参与社区教育，从而在一定程度上弥补了社区教育课程内容较少的缺点。这些社区教育活动，不仅体现了下城区的区域特色，还极具创造性，对于建设区域优质社区教育有着重要的借鉴意义。

（1）"一街一品"特色项目

下城区在2006年初推出了"一街一品"特色项目推进工程，包括：天水街道的社区礼仪教育工程；长庆街道的社区终身教育集团；文晖街道的家庭文明素质提升工程；潮鸣街道的民工子女假期免费托管班；东新街道的社区教育博览会；武林街道的老年教育兴趣特色班；朝晖街道的民间艺术走进社区艺术课堂；石桥街道的失土农民再教育工程。2009年，下城区从34家社区教育委员会成员单位和辖区8个街道中筛选出了13个特色项目立项进行重点扶持，其中长庆街道的"青少年空间"荣获省社区教育实验项目，天水街道的"社教场馆七色花"、石桥街道的"社区教育文化灵通卡"荣获杭州市社区教育实验项目。

（2）"教育超市"与"教育公园"

"教育超市"设在区社区学院，内容包括各中小学提供的入学咨询，专家关于法律、青少年教育的专题讲座和各街镇的才艺表演。"教育公园"设在街道，由各街镇与辖区单位、学校共同策划组织，提供了包括春假、入学升学、学科辅导、家庭教育、心理健康、家庭盆景护养、失业人员就业技能提高等多项教育咨询服务。

（3）学习型社团活动

下城区社区教育中心组织过"快乐厨房""社区教育志愿者""戏曲戏迷"等社团活动，协助辖区内风筝爱好者组建风筝社团，并举办了"首届学习型社团风筝节"。同时通过网络载体——享学网挖掘了一批摄影爱好者，创办了社区摄影社团，组织了"我爱我家"社区网络摄影大赛，开展赴安昌水乡古镇"寻找冬日里的色彩"的摄影采风活动。

（4）经典学堂

经典学堂是下城区社区学院和《杭州日报》（教育版）联合推出的一个面向全体青少年，以提供优质课程体验为目标的活动。其理念是努力使社区所有的青少年都享有最优质的教学资源，实现教育的公平。

（5）青少年才艺体验营

青少年才艺体验营是下城社区学院和《每日商报》联合举办，以挖掘青少年天赋为目标，免费培训为手段的体验活动。同时为了解决青少年盲目地参加培训而造成学习负担过重的问题，社区学院还向家长提供了如何选择合适的才艺培训项目、如何为孩子创造才艺培训所需的条件等方面的指导。

（6）"智慧家教"直通车

"智慧家教"直通车由下城区家长学校和下城区社区学院主办，是一个面向家庭的教育专线，为家长提供面对面的家庭教育专题对话平台。此平台针对家长的不同需求，围绕热点、难点问题，通过交流互动的形式为居民提供家庭教育指导。

三 《杭州下城区社区教育情况调查问卷》分析

此份问卷是在综合以往社区教育研究者的问卷样本和下城区社区教育特殊性的基础上自行制定的。问卷主要针对下城区下辖8个街道71个社区的所有住民对下城区社区教育的认知情况、学习方式取向、学习内容取向、教学方式取向和组织形式取向等问题展开调查。问卷的发放主要通过现场发放、网络发放和邮寄的形式进行，共发放问卷1020份，回收975份，回收率为95.5%；有效问卷为961份，占发放问卷的94.2%。

(一) 住民背景情况分析

1. 性别结构统计

表 3-1 受访者性别结构

性别	人数(N)
男	479
女	482

2. 年龄结构统计

以往的调查采用的是在社区现场发放问卷的形式，因而造成了青年人和中年人偏少（由于工作时间的关系），老年受访者人数偏多的结果。鉴于此，本次调查还采用了网络发放问卷的形式，在杭州专业的调查网站——问道网和杭州的门户网站19楼——上向中青年人群发放了大量的问卷，以此来扩大调查的对象，使社区教育的另一主要受众也参与到调查中来。从表 3-2 中可以大致看出本次问卷的年龄构成情况基本呈现正态分布。

表 3-2 受访者年龄分布

年龄	人数(N)	年龄	人数(N)
18 岁以下	107	46~55 岁	110
18~25 岁	244	56~65 岁	221
26~35 岁	113	65 岁以上	76
36~45 岁	90		

3. 文化水平统计

表 3-3 表明拥有高中以下学历的占总受访者的 40.2%，具有大专和本科学历的受访者超过了总人数的一半，占 50.4%，具有本科以上学历的占 9.2%。

表 3 – 3　受访者文化水平情况

文化水平	人数(N)	文化水平	人数(N)
初中以下	52	大　专	241
初　中	107	本　科	244
高　中	228	本科以上	89

4. 职业结构

表 3 – 4　受访者职业结构调查情况

职业结构	人数(N)	职业结构	人数(N)
在职在岗	237	在校学生	225
下　岗	56	退休人员	246
流动人员	197		

从表 3 – 4 可知，退休人员、在职在岗人员和在校学生是此次调查的主要人群。

(二) 住民社区教育知晓率的分析

1. 对继续学习意愿的统计

表 3 – 5 反映的是下城区住民继续学习的意愿，有 54% 的受访者有强烈的继续学习意愿，还有 35.4% 的受访者表示有继续学习的意愿但苦于没有学习的条件，只有 10.5% 的受访者表示没有这种意愿。

表 3 – 5　受访者继续学习意愿情况

继续学习意愿情况	人数(N)
有学习意愿,很强烈	519
有时有学习意愿,但没学习条件	341
没有学习意愿	101

此外通过和住民背景分析的结果综合，发现了以下现象（见图 3 – 1）：

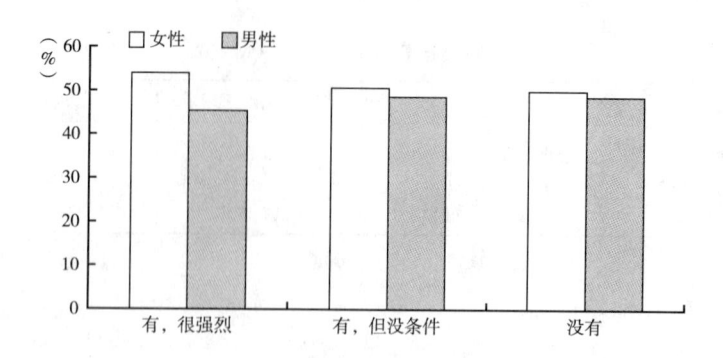

图 3-1　男女受访者继续学习意愿情况

（1）女性的继续学习意愿高于男性，但是性别不是住民继续学习意愿强烈与否的主要原因，产生此项差异的原因更主要是年龄结构、文化结构和工作结构。

（2）通过与年龄结构统计数据综合分析发现，受访者继续学习的意愿基本上随着年龄的增加而递减，但高龄受访者存在数值不降反升的现象（见图 3-2）。

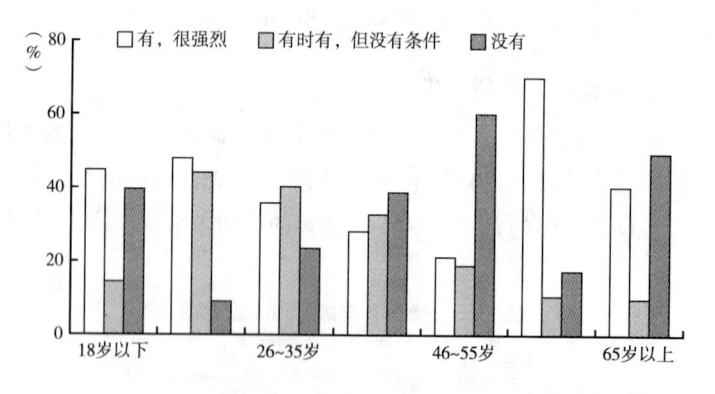

图 3-2　不同年龄层受访者继续学习意愿情况

（3）通过与学历结构综合分析后，发现受访者继续学习的意愿和学历结构呈现"V"字形态势，而受访者没有继续学习的意愿和学历结构呈现倒"V"字形态势（见图 3-3）。

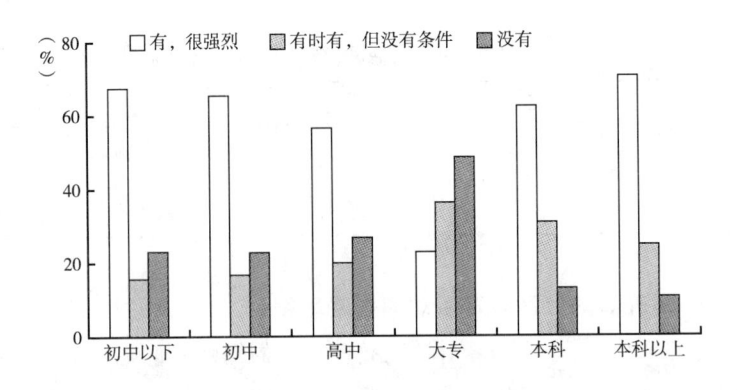

图 3-3 不同文化水平受访者继续学习意愿情况

（4）通过与职业结构的综合分析发现，在职在岗人员继续学习的意愿最弱，而在校学生的继续学习意愿最强烈。此外，下岗人员、流动人员和退休人员都表现出了对继续学习一定的热情。退休人员的继续学习意愿呈现出了两个极端（见图3-4）。

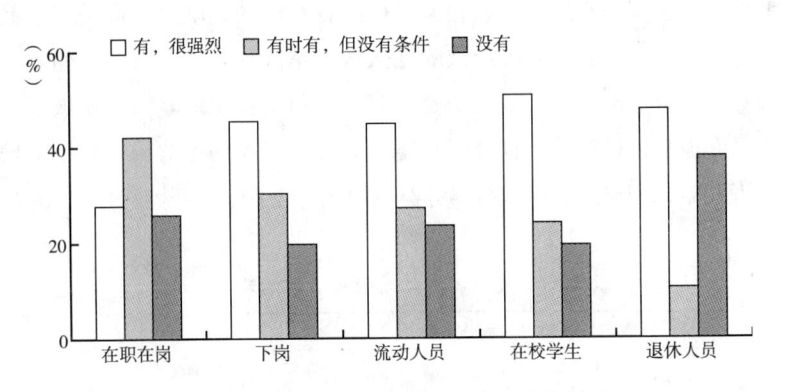

图 3-4 不同职业受访者继续学习意愿情况

2. 对"社区教育"名词知晓率的统计

表 3-6 统计了下城区住民对"社区教育"名词的知晓率，有 74.7% 的受访者表示不知道"社区教育"这个名词，16.3% 的受访者表示他们曾听过这个名词但不了解其具体内容，只有 8.9% 的受访者表示知道这个名词并且清楚它的内涵和意义。

表3-6 受访者对"社区教育"的知晓情况

情　况	人数（N）
不了解	718
了解一点	157
很了解	86

3. 对开展的社区教育活动的知晓率统计

表3-7统计了受访者对社区教育活动的知晓率，略高于受访者对"社区教育"名词的知晓率。其中不知道的人数占了总人数的60.8%，了解一点的占了总人数的21.5%，很了解的占了总人数的17.5%。从图3-5可以看出在职在岗人员对社区教育活动的知晓率是最低的，最主要的原因是繁重的工作压力使他们没有时间自我学习充电，因而较少关注教育发生的变化。其次是在校学生，教育专业、师范类院校的学生对社区教育的了解相对较多，综合性大学和非教育专业的学生很少知道社区教育。对社区教育活动知晓率最高的仍然是退休人员，这与其他城市所做的社区教育情况调查相一致，说明现阶段社区教育活动的最大受众仍是老年人。值得指出的是，下城区下岗人员和流动人员对社区教育的知晓率呈现了可喜的态势，说明了下城区近几年来开展的针对城市弱势群体的社区教育活动开始初显成效。

表3-7 受访者对社区教育活动的知晓情况

对社区教育活动的知晓情况	人数（N）
很了解	169
了解一点	207
不知道	585

（三）住民乐见的社区教育组织形式

1. 学习时间

表3-8统计了受访者对社区教育开展时间的意愿，其中

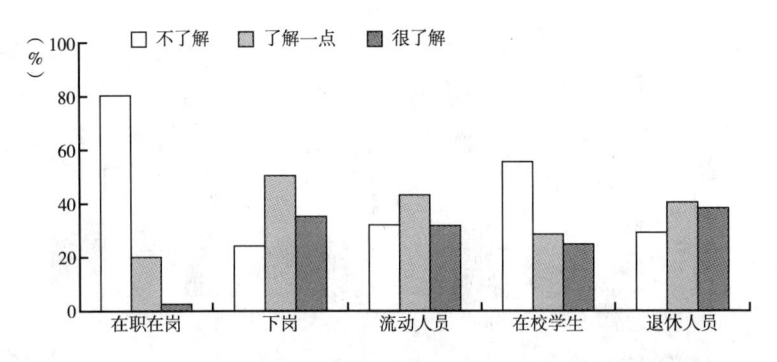

图 3-5 不同职业受访者对社区教育活动的知晓情况

42.3%的受访者倾向于在双休日接受社区教育；37.2%的受访者愿意在晚上接受社区教育；14.1%的受访者愿意在白天接受社区教育；6.2%的人倾向于选择其他时段。

表 3-8 受访者对社区教育开展时间的意愿

倾向于选择的时间段	人数(N)
双休日	407
晚　上	358
白　天	136
其他时段	60

2. 学习形式

表 3-9 统计了受访者乐于接受的社区教育学习形式。其中，选择社区培训班的受访者占总人数的 29.7%；选择学校教育的受访者占总人数的 10.9%；选择自学的受访者占总人数的 24.7%；选择网络学习的受访者占总人数的 33.7%；选择其他形式的受访者占总人数的 16.4%。从中可以看出，网络是受访者选择最多的社区教育学习形式，调查中近八成成年人选择网络作为他们的学习形式。他们认为网络没有时间和空间的限制，能打破他们工作时间和家庭负担的限制，使他们充分利用有限的空余时间去学习。

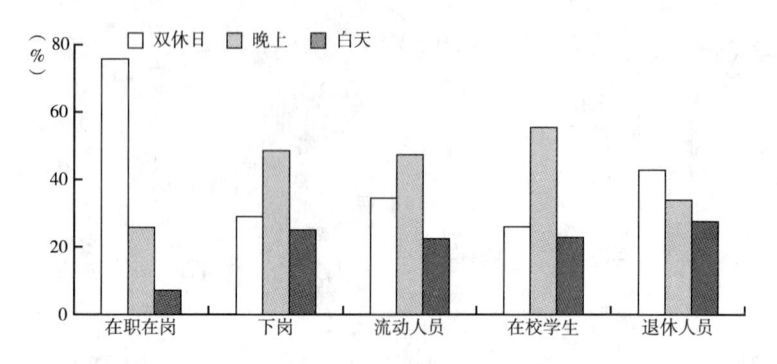

图3-6 不同职业受访者对社区教育开展时间的意愿

需要指出的是,选择社区培训班形式的受访者大多是退休人员以及部分下岗人员和流动人员。大部分的在校学生选择了自学,因为他们已经获得了较多的学习资源,自学可以提供给他们更多时间上的便捷。

表3-9 受访者倾向与选择的社区教育学习形式

学习形式	人数(N)
社区培训班	286
学校教育	105
自　学	238
网　络	324
其他形式	158

3. 学习场所

表3-10统计了受访者倾向于选择的社区教育学习场所。此项统计中受访者基本上根据自身的年龄结构和职业结构来选择学习的场所,因而各选项统计结果基本是受访者的年龄结构和职业结构统计结果的综合。

4. 举办单位

表3-11统计了受访者比较认可的社区教育举办单位。其中,32%的受访者认为社区教育应该由区政府举办;25.2%的受访者认

表 3 – 10　受访者倾向于选择的社会教育学习场所

学习场所	人数（N）
老年学校	128
民工学校	99
市民学校	110
社区学院	186
社区服务中心	106
社区文化活动中心	97
社区家长学校	3
青少年活动中心	85
就业培训中心	132
其他	15

为应由街道办事处举办；16.5%的受访者认为应由居民委员会举办；14.1%的受访者认为社区教育应是以上机构合力举办；还有少数的受访者认为应由民间组织举办。由此可见，多数的受访者希望社区教育能由具有一定公信力、统筹力和财政力的政府部门举办。

表 3 – 11　受访者比较认可的社区教育举办单位

举办单位	人数（N）
区政府	308
街道办事处	243
居民委员会	159
民间组织	115
合办	136

（四）住民在社区教育教学方面的意愿

1. 能力培养

表 3 – 12 统计了受访者社区教育培养的能力的元素。专业操

作能力是受访者最想培养的能力，占总数的24.5%；其次分别为分析解决问题能力（20.6%），团队协作与社会活动能力（16.5%），语言文字能力（15.2%），收集处理信息、获取新知识的能力（12.9%）；创新能力的培养最为受访者所忽视，只占总数的10%。

表3-12 受访者希望通过社区教育获得的能力

希望获得的能力	人数(N)
分析解决问题能力	198
专业操作能力	236
收集处理信息、获取新知识的能力	124
创新能力	97
语言文字能力	147
团队协作与社会活动能力	159

2. 教学内容

在对社区教育教学内容的调查上，笔者在问卷的设置上采用多选题的形式，以最大限度地了解社区住民希望获取哪些方面的知识和哪些具体学习内容，进而为将来社区教育课程的设置提供参考（见表3-13）。

表3-13 受访者对社区教育教学内容的期许

	具体教学内容	人数(N)
学前教育	孕前辅导	224
	早期教育指导	198
	亲子教育	217
老年教育	音乐与舞蹈	279
	书画与摄影	296
	英语口语	197
	医疗保健	302
	手工培训	286

续表

	具体教学内容	人数（N）
外来务工人员教育	法制法规	290
	市民守则	264
	计划生育	278
	普通话培训	285
职业技能教育	电脑培训	298
	家政护理	231
	餐饮管理	243
	家电维修	275

从表3-13可以看出，在学前教育方面，受访者最为关注的是孕前辅导，其次是亲子教育和早期教育指导。

在老年教育方面，受访者最关注的是医疗保健类的课程，其次是各类发展老年人兴趣的课程。

从受访外来务工人员的回答可以看出，他们目前最迫切想学习的知识就是法制法规。因为现代社会是法制社会，不懂法将使他们在面对一些问题时处于劣势地位，所以他们希望通过法律知识的学习使他们以合法的途径解决问题，获得本应属于自己的利益。此外在调查过程中发现了一个现象，外来务工人员和老年人对社区教育的课程都有一定的认识，反而一些在职在岗人员，甚至有一些本科学历的在职人员根本没有听说过社区教育。但当学历水平达到硕士和博士时，这一现象又有所缓解，不过这类受访者多表示他们是从国外的报刊中了解到社区教育的。

表3-13还显示，在职业技能教育方面，电脑培训是目前住民最想学习和获得的技能。

3. 教学方法

表3-14统计了受访者在接受社区教育时愿意采用的教学方法。32.6%的受访者选择了以学员学习为主的教学方式，29.2%的受访者选择了以社会实践为主的教学方式，23.8%的受访者选择了

以师生互动为主的教学方式，只有 14.2% 的受访者选择了以教师传授为主的教学方式。根据图 3-7，不同年龄层的受访者对社区教育教学方法有不同的选择，但存在两个基本趋势：一是 36 岁以下的受访者较少选择以教师传授为主的教学方式，而较多选择以学员学习为主的教学方式；二是 36 岁以上的受访者较少选择以学员学习为主的教学方式，而较多选择以师生互动为主的教学方式和以教师传授为主的教学方式。

表 3-14　受访者比较认可的社区教育教学方法

认可的社区教育教学方法	人数(N)
以教师传授为主的教学方式	137
以学员学习为主的教学方式	314
以师生互动为主的教学方式	229
以社会实践为主的教学方式	281

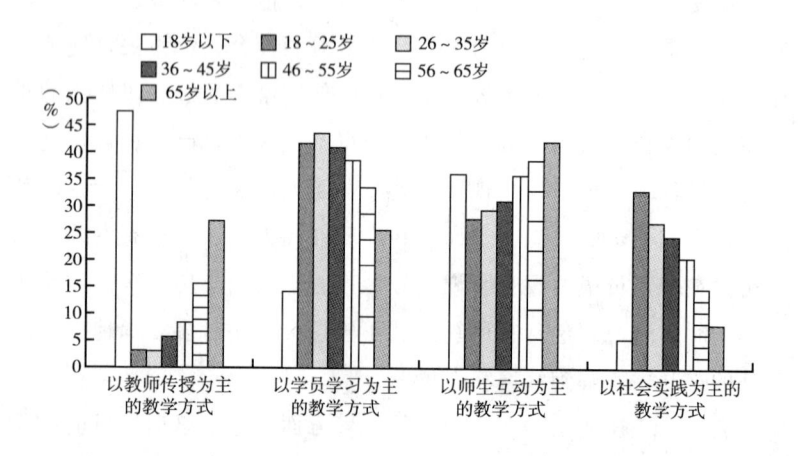

图 3-7　不同年龄层受访者比较认可的社区教育教学方法

4. 教学功能

表 3-15 反映了住民对社区教育教学功能的了解。统计显示大多数的受访者仍认为社区教育主要是针对老年人的休闲娱乐，其次

是针对外来务工人员和下岗人员的再就业技能培训。选择这两项的受访者占到总人数63.5%。而认为社区教育是针对在职人员继续教育的只占总人数的7.7%。可见在住民的认识里，社区教育仍然以老年大学的身份存在。可喜的是，通过几年的努力，下城区的社区教育获得了广大外来务工人员的认可，有些外来务工人员表示，社区教育是他们真正融入城市生活最有效的方法。

表3-15 受访者对社区教育教学功能的认识

对社区教育教学功能的认识	人数(N)
青少年成长教育	136
在职人员的继续教育	74
学前教育	140
老年人休闲娱乐	335
外来务工人员和下岗人员的再就业技能培训	276

（五）住民对当前社区教育的评价

1. 当前社区教育的优点

本次调查借鉴了其他城市和地区所做的社区教育调查并结合下城区社区教育的特色，罗列了六项吸引住民接受社区教育的优点（见图3-8）。其中，多数受访者表示社区教育最吸引他们的是其课程应社会需求设计教学，也有受访者表示社区教育向大众提供了接受高等教育的机会。

2. 当前社区教育的缺点

图3-9显示制约受访者接受社区教育原因的分布。调查共罗列了13项原因，其中影响受访者接受社区教育的主要原因是社区教育的不正规性，而不能获得学历证书成为住民忽视社区教育的首要原因。许多受访者表示不能获得学历证书的教育只能成为一种休闲娱乐式的教育。特别是一些在职在岗人员在工作之余接受社区教育要花费大量的精力和时间，如果不能获得学历证书，他们就不会

城市生活品质与文化：以杭州为例

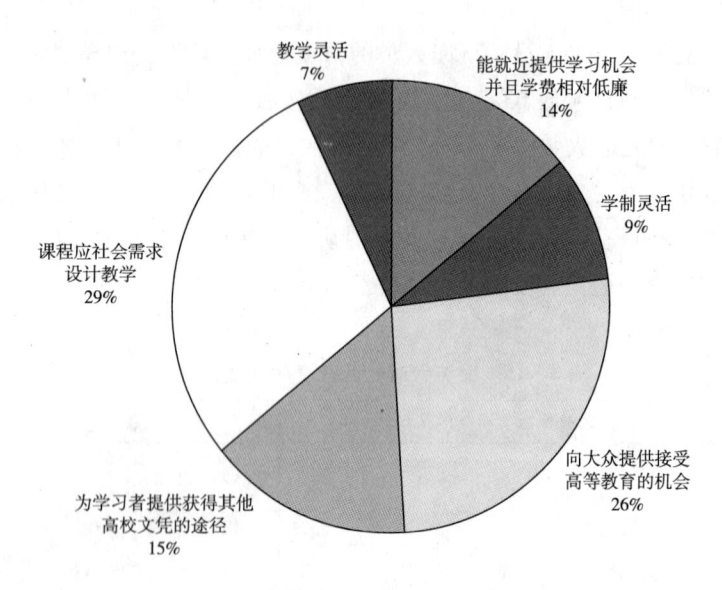

图 3-8 受访者对社区教育的正向评价情况

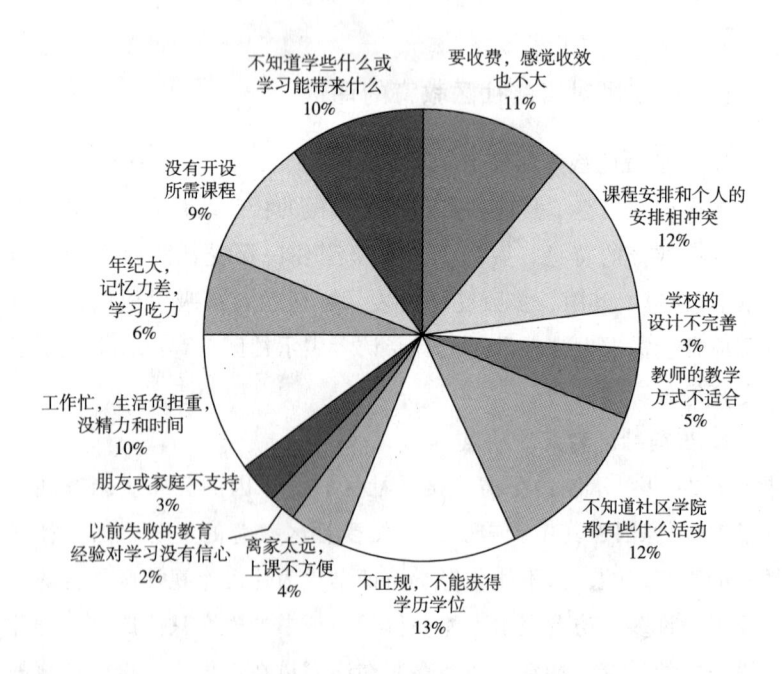

教学灵活 7%
能就近提供学习机会并且学费相对低廉 14%
学制灵活 9%
向大众提供接受高等教育的机会 26%
为学习者提供获得其他高校文凭的途径 15%
课程应社会需求设计教学 29%

图 3-9 受访者对社区教育的负向评价情况

不知道学些什么或学习能带来什么 10%
要收费，感觉收效也不大 11%
课程安排和个人的安排相冲突 12%
没有开设所需课程 9%
学校的设计不完善 3%
年纪大，记忆力差，学习吃力 6%
教师的教学方式不适合 5%
工作忙，生活负担重，没精力和时间 10%
不知道社区学院都有些什么活动 12%
朋友或家庭不支持 3%
以前失败的教育经验对学习没有信心 2%
离家太远，上课不方便 4%
不正规，不能获得学历学位 13%

- 150 -

选择这一类的教育。再者，有成人自考、夜校等等一批可以获得学历证书教育的受教育渠道，为何要选择社区教育呢？受访者对社区教育的不了解也成为制约他们接受社区教育的原因。许多受访者表示他们不知道社区教育到底有哪些课程，具体是如何操作的等等，他们也不知道应从何渠道了解社区教育。住民自身的原因也是制约他们接受社区教育的因素之一。调查表明受访者特别是在职在岗的受访者大都是由于课程安排和个人的安排相冲突，没精力和没时间而放弃了接受社区教育的机会。

下城区社区教育运作模式之所以得到了学界的认可和社会大众的支持，有以下几点原因：第一，下城区的社区教育运作模式具备一定的完整性；第二，下城区为运作模式的有效实施提供了充分的条件；第三，下城区充分发挥主观能动性，积极开发出一批具有下城区特色的实践项目和活动。

四 下城区社区教育运作模式问题与对策研究

（一）下城区社区教育运作模式问题分析

1. 宣传系统上的问题

经过一系列的访谈和求证，笔者发现下城区社区教育运作模式的宣传存在部分问题。

下城区社区教育的宣传目标本应着重在宣传社区教育、激发住民的学习意识上，但在具体的执行过程中却出现了问题。下城区社区教育具体工作是交由社区所辖的街道和成员单位实施的，但这些工作人员社区教育的理论水平参差不齐，在宣传上过分关注吸引住民的目光，而忽略了社区教育相关信息的宣传。

此外下城区社区教育的宣传力度也不够强。通过调查发现，下城区并没有主动地宣传过社区教育中心的地点，所辖街道地区内的社区学院、市民中心学习资料多属于内部资料，普通住民无法获得。最后，下城区社区教育的网络平台仍在建设中，住民和社区教育中心的联系没有专门的人员负责，住民的问题往往要很长时间才能得到回答等等。

2. 课程设置上的问题

下城区当前的社区教育运作模式中，将一些非教育系统的教育内容也纳入了社区教育中，在目前的形势下，这一类的活动成了群众参与最为广泛的"社区教育活动"。下城区的社区教育工作者从一开始就想方设法地吸引住民参与社区教育，也借鉴了国外社区教育的经验，开发了从0～100岁的终身教育体系，但这些工作的收效始终不大。调查结果反映出大部分的社区住民仍然不了解和不接受社区教育，相反，一些社区组织的具有极强娱乐性的活动则得到住民的广泛关注和积极参与。一些在教育理论知识方面薄弱的工作者于是开始思考是否能将这些活动引入社区教育，扩大社区教育对住民的影响。他们认为文化体育活动从某种程度上来说对住民也有一定的教育意义，所以将这些非教育系统的教育内容也纳入了社区教育中。但是他们忽视了长此以往可能产生的严重后果，即住民模糊了教育系统的教育内容和非教育系统的教育内容之间的界限，在本质上对社区教育产生误解。如此就形成了这样一个矛盾：本应是处于社区教育核心部分的教育系统的教育内容不能调动起住民的学习积极性，反而是本不该成为社区教育核心部分的非教育系统的教育内容，却是目前吸引群众参与社区教育的有效手段。

此外，下城区社教育运作模式也存在着课程设置过广的问题。从现阶段的社区教育发展情况来说，想要开发符合社区全体住民需求的课程，已经超出了下城区目前的社区教育能力范围。

3. 忽视在职人员的教育需求

下城区社区教育在理念上存在一定的偏差，出现了社区教育模糊泛化的现象，因而针对在职在岗人员的培训其实很大一部分并非真正的社区教育。

下城区主要针对社区教育成员单位的工作人员实施的"万名

职工培训工程"并没有真正辐射到社区中的每一位在职在岗人员。可以说,尽管下城区在在职在岗人员教育方面做了许多的尝试,但仍然不能掩盖社区教育运作模式中在职在岗人员教育活动稀少、教育需求得不到满足的事实。

此外,下城区社区教育在具体实施过程中也忽略了不同文化水平住民不同的社区教育需求。例如,学历低的住民希望通过社区教育增加生存必需的知识和技能,而学历高者则是希望通过社区教育增加生活的质量。

4. 管理体系上的问题

在教学管理和学生管理上,下城区社区教育目前的学员由老年人、流动人口、下岗人员和部分青少年与在职在岗人员组成。这几类学员群体本应都是教学管理的主要对象,但下城区目前的注意力主要放在了流动人口和下岗人员的教学管理上,老年人和学生的管理则处于真空地带。

在教师管理上,下城区的社区教育工作者主要由专职教师、兼职教师和志愿者组成。在兼职教师管理上,下城区还处于空白,仅仅是在实践中遇到问题再处理问题,尚未形成针对兼职教师管理的体系。

在社区教育管理体系中还存在政府行政管理过重、相关协作机构和成员单位主动参与不够的问题。

5. 信息反馈的问题

目前下城区社区教育建立的仅是自上而下的渠道,所以社区教育只是从社区教育的角度或是政府的角度发展建设,忽视了来自社区住民的意见,而这明显与社区教育为社区住民服务的理念相悖。

(二) 针对下城区社区教育运作模式中相关问题的对策研究

1. 出台相关的法律条款,使社区教育有法可依

在各界强烈呼唤的声音下,政府可以考虑根据《中华人民共

- 153 -

和国教育法》《面向二十一世纪教育振兴行动计划》等一系列法律文件关于建立"终身教育体系"的规定出台地方性的社区教育政策法规,一方面促进社区教育意愿强烈的地区的社区教育健康发展,另一方面可以为将来社区教育大法的出台积累一定的经验。

2. 优化社区教育宣传体系,提高住民终身学习意识

在调查的过程中笔者发现,下城区下属街道人流量集中的地方设有许多宣传栏、温馨提示栏和布告板,但其中几乎都没有张贴与社区教育相关的信息。如果能在这些地方张贴社区教育的宣传海报,势必能引起住民的关注,更好地宣传社区教育。

通过宣传资源的开发建立起下城区教育运作模式立体的宣传体系,将有助于住民更好地了解社区教育、接受社区教育、建构终身学习体系。

3. 解决社区教育的内部矛盾,增强社区教育工作者的理论水平,开发具有特色的社区教育课程

下城区应将文化体育类活动当成普及社区教育知识的前沿阵地,利用这类活动提高群众参与率,在活动的过程中向群众宣传社区教育,例如在活动的标语和显著的位置上标出社区教育,让住民了解参与活动的性质。在活动开始前由主持人向群众传递社区教育的知识等,还可以在这类活动中展示社区教育中的精品课程,吸引群众参加此类课程,但在实施的过程中要谨记这些非教育系统的教育内容并不能成为社区教育的主要工作。

4. 扩展社区教育在职在岗人员培训的合作对象和范围,完善社区教育网络平台

下城区的社区教育存在资金不足的问题,因为目前的社区教育资金基本上属于政府单方面供给。尽管政府每年都在增加下城区社区教育的投入,但就社区教育的专项经费而言,仅仅依靠政府是远远不够的。

下城区要想从根本上解决社区教育经费的问题,就应积极吸纳企业加入社区教育。这样做不仅可使社区教育在经费问题上没有后顾之忧，还可以走出一条有特色的社区成人教育之路。在前文中曾提出社区教育要吸引更多的住民参与，必须要发展具有特色的教育种类。而在已经接近饱和的成人教育市场中，开发直接和企业合作的短期员工培训，将会为社区教育开创一条全新的在职在岗人员教育之路。当然吸引企业投资社区教育并非是一蹴而就的，社区教育机构必须要具备足够的条件，才能吸引企业的投资。

5. 针对性地处理社区教育管理系统中各类问题

在教学管理和学生管理上，首先要处理好老年人教育中的问题。老年人教育不同于其他年龄段的教育，其教学难度、老年人自身存在的种种学习困难等都是社区老年人教育中的难点。处理好这些问题的关键是建立一套适合老年人身心规律的教学管理和学生管理体系。

其次要处理好流动人口和下岗人员教育中的问题。下城区目前有10多万的流动人口和下岗人员，如何保证他们学习的长效性是流动人口和下岗人员教育的关键点。

在教师管理上，加强对兼职教师队伍的管理，设立兼职教师管理档案，减少因为兼职教师的流动所带来的教学问题。继续扩大志愿者的队伍，并建立由志愿者组成的社区教育兼职教师队伍。

在行政管理上，应该建立统筹各部门的机制，积极引进社区教育研究者，使他们站在宏观的角度观察社区教育的发展并根据社会的发展和下城区的实际环境综合性制定行政管理条例。

五 启示

（一）加强工作队伍建设是发展社区教育工作的重要保障

打造一支热爱社区教育的工作者队伍是发展和建设社区教育的先决条件和重要保障。下城区社区教育在建立之初就非常重视工作队伍的建设，从负责人到执行人员，选派的都是具有丰富教育工作经验的人员，并且在社区教育运作模式发展的过程中，不断地吸纳来自全国各地优秀的社区教育专业硕士研究生，同时注重加强和社区教育专家的联系，积极聘请国内著名的社区教育专家为顾问。

（二）创新社区教育教学内容是发展社区教育的根本途径

下城区社区教育秉承了十七大报告中关于创新的理念，在实践过程中不断开发住民需要的教育内容，不断创新社区教育的方式，从而使社区教育成为了最贴近百姓生活需要的教育。同时，下城区在创新的过程中，还时刻关注着住民需要什么，在时代的发展中产生了什么变化，正因为这样下城区社区教育才得以不断地创造出一批批住民喜闻乐见的教学活动，吸引着更多的居民参与社区教育。

参考文献

[1] American Association of Community Colleges and Association of Community College Trustees, *Pocket Profile of Community Colleges*: *Trends & Statistics*, 1995 – 1996, Annapolis Junction, Maryland: AACC Publications, 1996.

[2] M. Cohen, Florence B. Brawer, *The American Community College*, Jossey Bass Inc., 1996.

[3] A. M. Cohen and F. B. Brawer, *The American Community College*, San Francisco: Josses-Bass, 1996.

[4] Don Bagin, Donald R. Gallagher, Leslie W. Kindred, *The School and Community Relations*, Simon&Schuster Inc., 1994.

[5] Stephen Brookfield, *Adult Learners*, *Adult Education and the Community Teachers*, College Press, U. S. A., 1983.

[6] 〔法〕保罗·朗格让：《终身教育导论》，滕星等译，华夏出版社，1998。

[7] 〔英〕泰特·缪斯主编《培格曼国际终身教育百科全书》，职工教育出版社，1990。

［8］陈敬朴：《农村社区教育的基本走向》，《教育研究》1994年第1期。

［9］陈乃林：《现代社区教育理论与实验研究——终身教育理论探索丛书》，中国人民大学出版社，2006。

［10］陈永华：《试论当前我国社区教育的改革与发展》，《继续教育研究》2007年第2期。

［11］傅松涛：《全国社区教育研讨会综述》，《教育研究》1994年第1期。

［12］金辉：《论社区教育的概念界说及其方法》，《上海教育情报》1994年第4期。

［13］金辉：《上海市社区教育理论研讨会综述》，《上海教育科研》1995年第1期。

［14］郝克明：《经济全球化与中国终身学习体系的构建》，《北京大学教育评论》2003年第1期。

［15］黄利群：《关于发展我国社区教育的几点思考》，《教育研究》1994年第1期。

［16］黄云龙：《中国社区教育的两个飞跃》，《上海教育情报》1994年第4、5期。

［17］黄云龙：《关于社区教育本质的思考》，《教育研究》1999年第7期。

［18］黄云龙：《社区教育管理与评价》，上海大学出版社，2000。

［19］李松林：《我国社区教育研究的历史回顾与方法论思考》，《成人教育》2004年第1期。

［20］厉以贤：《社区教育、社区发展、教育体制改革》，《教育研究》1994年第1期。

［21］厉以贤：《论社区教育的视角与体制》，《教育研究》1995年第8期。

［22］厉以贤：《社区教育的理念》，《教育研究》1999年第3期。

［23］厉以贤：《社区教育的推行》，《教育研究》1999年第11期。

［24］厉以贤：《终身学习视野中的社区教育》，《中国远程教育》1999年第5期。

［25］厉以贤：《社区教育的理论与实验》，四川教育出版社，2000。

［26］厉以贤：《社区教育原理》，四川教育出版社，2003。

［27］连玉明主编《学习型社区》，中国时代经济出版社，2003。

［28］连玉明主编《学习型城市》，中国时代经济出版社，2003。

［29］梁春涛等：《中国社区教育导论》，天津人民出版社，1993。

［30］林振春：《台湾社区教育发展之研究》，台北，师大书苑，1997。

［31］刘松枝：《借鉴国外经验发展具有中国特色的社区教育》，《成人教

育》2006 年第 21 期。

[32] 刘幼昕：《重庆城市社区教育发展初探》，《重庆工商大学学报》2004 年第 10 期。

[33] 玛晖：《我国社区教育研究综述》，《伊犁师范学院学报》2006 年第 1 期。

[34] 邵和平：《台湾社区教育考察与思考》，《北京成人教育》2001 年第 5 期。

[35] 邵泽斌：《当代中国社区教育问题与政策建议》，《职业技术教育》2006 年第 22 期。

[36] 沈金荣等：《社区教育的发展和展望》，上海大学出版社，2000。

[37] 苏民：《面向 21 世纪社区教育模式探索》，《北京成人教育》2001 年第 7 期。

[38] 孙玫璐：《境外社区教育若干问题的研究》，华东师范大学，2001。

[39] 台湾社区教育学会主编《各国社区教育》，台北幼狮文化实业公司发行，1982。

[40] 台湾社区教育学会主编《社区营造与社区学习》，师大书苑发行，1998。

[41] 土金云：《我国社区教育的评价及建议》，《天中学刊》2005 年第 20 期，第 4 页。

[42] 王秋绒：《各国社区教育模式与发展》，师大书苑发行，1995。

[43] 王守纪：《论学校在社区教育中的作用》，《基础教育研究》2001 年第 3 期。

[44] 王炎：《也谈社区教育的本质》，《教育理论与实践》2000 年第 2 期。

[45] 武春林、赵华朋：《试论国外社区教育的启发和借鉴》，《教书育人》2006 年第 3 期。

[46] 吴兆颐：《如何创建学习型社区》，人民出版社，2004。

[47] 吴遵民：《现代国际终身教育论》，上海教育出版社，1999。

[48] 吴遵民：《关于对我国社区教育本质特征的若干研究和思考——试从国际比较的视野出发》，《华东师范大学学报》（教育科学版）2003 年第 21 期，第 3 页。

[49] 吴遵民：《现代中国终身教育论》，上海教育出版社，2003。

[50] 谢芳：《美国社区》，中国社会出版社，2004。

[51] 徐勇、陈伟东：《社区工作实务》，高等教育出版社，2003。

[52] 杨晓宏：《教育信息化的目的、要素及意义》，《高等理科教育》2006 年第 4 期。

[53] 杨叙：《北欧社区》，中国社会出版社，2004。

［54］杨应崧：《社区"流"——"教育场"：社区良性发展》，《上海高教研究》1998 年第 1 期。

［55］杨应崧等：《各国社区教育概论》，上海大学出版社，2000。

［56］叶立安主编《社区教育简明教程》，华东师范大学出版社，1998。

［57］叶南客：《中外社区教育比较研究的三个向度》，《学海》2002 年第 5 期。

［58］叶忠海：《社区教育学基础》，上海大学出版社，2000。

［59］张昌波：《我国城市社区教育的行动研究》，《青海民族学院学报》2003 年第 1 期。

［60］张云间等：《关于社区教育若干基本问题的思考》，《教育研究》1995 年第 5 期。

杭州市外来务工人员子女相关教育政策的回顾与反思

⊙田 莉*

【内容摘要】 本文从以下几个方面对杭州市外来务工人员子女教育政策进行回顾、分析、解读和反思。第一，解释"外来务工人员"这一称谓，论述研究外来务工人员子女教育问题的现实意义和理论意义。第二，分析外来务工人员子女教育问题的形成背景、问题表现及形成原因，论述外来务工人员子女教育政策所经历的五个阶段。第三，分析杭州市外来务工人员子女教育问题的形成。第四，对杭州市外来务工人员教育对策的实施效果进行考察。第五，分析杭州市在执行外来务工人员子女教育政策时采取的积极措施；对目前的教育政策进行反思，总结相关政策的不足；提出对现行政策给予调整的建议。

【关键词】 杭州 外来务工人员 教育政策 反思

引 言

(一) 问题的提出

杭州作为中国沿海地区发展较快的城市，改革开放以来，杭州

---

* 田莉，杭州师范大学教育学原理方向研究生，指导老师周志毅（杭州师范大学教育科学学院教授）。

的国内生产总值连续 16 年保持两位数增长，经济总量连续多年居全国省会城市第二位、副省级城市第三位、全国大中城市第八位。伴随经济的迅速发展，杭州的城市化进程也不断加快，越来越多的外来务工人员怀着改善生活的愿望与对城市生活的向往，进入杭州务工。20 世纪 90 年代后期以来，杭州外来务工人员家庭迁移的比重越来越大，大批学龄儿童随父母流入杭州。① 据浙江省教育厅统计，截至 2006 年，浙江全省外来务工人员子女达 65 万人，其中一大部分学龄儿童集中在省会城市杭州。②

伴随大批外来务工人员子女随父母流入杭州，杭州外来务工人员子女教育问题日益凸显。为了保证外来务工人员子女正常入学和接受教育，杭州市政府先后出台了各项相关教育政策，并不遗余力地保证相关政策的执行和完善。本文拟对杭州市外来务工人员子女教育政策进行回顾、思考与总结，希冀为早日妥善解决外来务工人员子女教育问题，推动我国教育公平的进程尽自己的一份绵薄之力。

（二）研究意义

杭州作为外来务工人员集中的地区，进行该研究在目前不仅具有深刻的理论意义而且具有积极的现实意义。

第一，对外来务工人员子女教育问题的研究有利于教育公平的实现。

第二，对该问题的研究体现了"以人为本"的全心全意为人民服务的根本宗旨，体现了高度的人文关怀。

第三，研究这一问题对我国国民素质的提高也具有重大的意义。

---

① 本文讲的"杭州外来务工人员"是指非杭州市区户籍、在杭州市区务工且办理暂住证的所有人员。

② 姜和忠：《基于输入地政府视角的农民工子女教育研究》，《宁波大学学报》2007 年第 2 期。

第四，对该问题的研究有利于社会经济发展大局的稳定，有利于和谐社会的建设。对于改革发展的顺利进行和工业化、现代化、城镇化的推进都具有积极的意义。

（三）研究的文献基础及研究的方法与思路

1. 研究的文献基础

通过查阅资料发现，我国对外来务工人员及其子女的关注大致起始于1994年《社会》发表的龙腾华的《飘落的花朵——打工子女教育备忘录》一文，随后，"浙江村"里的幼儿园，深圳"铁皮房"识字班等关于打工子女的新闻见诸报端。然而，外来务工人员子女教育问题真正进入教育学者视野是始于1995年1月21日《中国教育报》所刊发的记者李建平的文章《"流动的孩子"哪儿上学》，这一报道发表后，引发了社会的关注。同年，国家教委将流动人口子女教育问题列入议事日程。

20世纪90年代末，史柏年从政策层面对流动儿童少年的就学问题进行了理论分析，指出在解决城市流动儿童少年就学问题方面，由于地方政府的职责不够明确，公办学校积极性不高，专门招收流动儿童少年的简易学校地位不稳，所以还存在许多问题。国家教育行政部门相继颁布的《城镇流动人口中适龄儿童少年就学办法（试行）》（1996年4月2日）和《流动儿童少年就学暂行办法》（1998年3月）、《中国儿童发展纲要》（2001～2010年）等有利于流动儿童平等受教育的政策法规，对于解决城市流动儿童少年教育问题起到了一定的作用。相关的文章还有周佳的《农民工子女"义务教育"政策文本的演变》、张乐天的《教育政策观念的变革与更新》、李孔珍和洪成文的《教育政策的重要价值追求——教育公平》、朱晓斌的《流动人口义务教育教育政策的价值分析》等。这些学者在研究中分别从教育政策的不同角度对当前外来务工人员子女的教育问题进行了分析探讨，这对外来务工人员子女教育政策的构建和创新具有非常重要的参考价值。

然而，从目前研究现状来看，明确以杭州市的外来务工人员子女作为研究对象的文章并不多，而关于杭州市外来务工人员子女教育政策的研究更是少之又少。

2. 研究的方法

（1）文献法

通过对外来务工人员子女的相关教育政策、法规进行梳理，对外来务工人员子女教育问题的相关报道、研究成果以及各省市关于外来务工人员子女教育的调查报告进行归类分析，了解外来务工人员的研究现状、各地的研究成果以及仍需进一步深入研究和解决的问题等。

（2）问卷调查法

笔者主要采用走访式调查问卷，走访了外来务工人员子女学校，招收外来务工人员子女的公立学校。另外，还走访了杭州市教育局，了解当地外来务工人员子女义务教育状况，获得第一手材料。

（3）比较研究法

以杭州市外来务工人员子女学校与公办中小学为比较对象，对他们进行了解。分析杭州市外来务工人员子女有关教育政策执行的现状，发现外来务工人员子女入学面临的困难与问题。

3. 研究的思路

（1）在研究对象方面，关注杭州这种省会城市的外来务工人员子女教育情况，分析所存在的问题，剖析产生这些问题的各种原因，针对这些原因，探讨国家采取哪些方针政策，杭州市根据本市的实际情况制定哪些政策以及杭州有关外来务工人员子女教育政策的执行情况。

（2）在研究理论方面，主要从宏观把握、微观探究，找出解决外来务工人员子女教育问题的合理依据。首先，从国家的角度出发来看待这一问题，从全局出发、全面把握解决问题的方法和策略依据。其次，从杭州市的角度出发分析该问题，从杭州市的实际情况出发，有针对性地寻求针对该问题的理论依据。

（3）在研究内容方面，文章的重点集中在三方面：其一，从全国范围内来剖析外来务工人员子女教育问题是在什么样的背景下形成的，表现在哪些方面及该问题的形成原因；国家对于其教育问题采取的政策措施经历了哪几个阶段；其二，主要研究杭州市外来务工人员子女教育问题是在怎样的背景下出现的，其形成经历了哪些过程、具有什么特点；杭州市有关外来务工人员子女教育问题政策出台的背景，以什么样的理念作为指导，政策包括哪些具体内容及有关教育政策实践效果如何；其三，反思杭州市外来务工人员子女教育政策已经取得哪些经验及仍然存在的问题，展望杭州市应该通过哪些路径和措施使其政策进一步完善和发展。

二 我国外来务工人员子女教育政策的演变历程

（一）外来务工人员子女教育问题形成的背景、表现和原因

1. 外来务工人员子女教育问题的形成背景

（1）现代化、城市化进程与农村人口流动

改革开放以后，数千万的外来务工人员流入城市寻求就业机会，他们对城市的建设和发展起到了重要的作用。城市化是我国未来社会经济发展的必然趋势，我国城镇化水平 1990 年为 26.4%，2000 年为 36.1%，2004 年为 41.8%，2000～2004 年期间年均提高 0.4 个百分点。城镇化水平每提高 1 个百分点，农村劳动力转移规模为 1000 万左右。[①]

（2）农村大量剩余劳动力的出现

随着农村以联产承包责任制为主的改革的推进，以家庭为主体

---

① 劳动和社会保障部课题组：《当前农民工流动就业数量、结构与特点》，《工人日报》2006 年 2 月 14 日。

的用工方式把劳动者劳动的好坏与他们自身的利益紧密结合在一起,激发了劳动者的劳动热情,提高了劳动生产率;农业机械化程度提高,出现大量剩余劳动力。随着市场经济的发展和城市化进程的加快,农村耕地面积也在不断减少,农村剩余劳动力不断增多,越来越多的农民开始到城市寻找新的发展机会。

(3) 城乡差距日趋扩大

2006年中国社会科学院发布了《农村经济绿皮书》,其中提到:2005年中国城乡居民之间收入差距比率高达3.22:1。国家统计局数据显示:2006年一季度,我国城乡居民收入保持较快增长,实际增幅均超过10%,但是农民人均现金收入仅为1094元,而城市居民人均收入为3293元。[1]

(4) 人口管理政策的松动为农村人口大规模外出提供了条件

1958年政府正式颁布限制人口自由流动的政策法规《中华人民共和国人口管理条例》,以后又颁布系列配套改革措施,将城乡居民分为"农业户口"和"非农业户口"两种不同的户籍,严格限制人口迁移。[2] 改革开放以来,政府逐步解除限制农村劳动力外出务工的政策。1983年开始允许农民从事农产品的长途贩运和自销,第一次给予农民异地经营合法性。至20世纪80年代中期,中国农村的人民公社和农产品统购统销两大基础性制度基本消亡,这意味着农民既拥有了一定的就业选择权,又拥有了对农村剩余时间的占有权。到1988年,中央政府开了先例,允许农民自带口粮进入城市务工经商。1990年代,中央政府和地方政府分别采取一系列措施,适当放宽对迁移的政策限制,如"蓝印户口"制度的实施,把绝对的户口控制变为选择性的接受。2000年,国家开始取消对农民进城务工就业的不合理限制,逐步实现城乡劳动力市场一

---

[1] 《城乡居民收入近3:1 缩小城乡收入差距24年太久》,《中国劳动保障报》2006年2月28日。

[2] http://www.china-review.com/index.asp.

体化，积极推进就业、保障、户籍、教育等多方面的配套改革，为农村劳动力就业提供了较好的条件；逐渐放开粮油等城市居民生活必需品的价格和供应，为农民的自由流动和从事非农产业创造了良好的制度环境。2001年国务院颁布的《关于推进小城镇户籍管理制度改革的意见》宣布，2001年10月1日起县以下放开户口限制；2002年2月25日，公安部表示，中国户籍管理的基本方向是以"合法固定的住所、稳定的职业或生活来源"为基本落户条件，继续放宽对户口迁移的限制。[①] 随着国家这些措施的实施，一些地方政府也相继出台了一些政策。2003年7月22日，沈阳成为了我国第一个宣布取消"暂住证"的城市。2003年7月27日，浙江德清县公安局也宣布取消"暂住证"。国家和地方政府采取的一系列政策打破了国家户籍制度对外来务工人员的约束，在很大程度上给他们提供了就业的自由和更多选择的权利。

2. 外来务工人员子女教育问题的表现

（1）进入流入地城市的公办学校有"门槛"

外来务工人员子女随父母到城市上学，就读流入地城市公办学校，仍要缴纳一定数量的"借读费"或"赞助费"。

（2）就读外来务工人员子女学校教育质量无保障

外来务工子弟学校又称流动人口儿童学校或流动人口子弟学校、打工子弟学校，是一种主要面对外来务工人员子女而设立的学校，一般收费比较低。此类学校大多未经当地教育行政主管部门批准办学，因此不同的学校办学差异很大。这类学校多数设施简陋，缺少必要的办学条件，教学不规范，教师流动频繁，教学质量低。

（3）就读私立学校经济压力大

私立学校和外来务工人员子弟学校都属于民办教育，但是私立学校的收费往往是外来务工人员子弟学校的几倍。

[①] 黄少安：《制度经济学研究》，经济科学出版社，2003，第182页。

3. 外来务工人员子女教育问题形成的原因

（1）僵化的户籍制度

从某种意义上来说，城乡分割的户籍制度是外来务工人员子女教育的一大障碍。1958年1月9日，我国第一部户籍制度《中华人民共和国户口登记条例》颁布，该条例将全国公民根据不同的地域划分为农业户口和非农业户口两类，并建立了户籍制度。

（2）教育管理体制改革的滞后

我国教育行政部门在大批外来务工人员子女涌入城市的过程中，始终未正确估计这一现象对城市教育的需求和冲击。在思维模式陈旧的情况下，教条式地执行各种教育制度，在制定教育发展规划、教育资源的分配、学校的布局、学校管理等方面没有充分考虑到现有外来务工人员子女的存在，没有将这一特殊群体纳入城市中。

城乡义务教育投资水平的巨大差异和城乡教育的悬殊差距，使得外来务工人员更倾向于把子女带到城市接受教育，但是我国《义务教育法》明确规定，适龄儿童在户口所在地就近入学，从法律上规定了外来务工人员子女就学的地域限制，也明确了外来务工人员子女的义务教育责任由流出地政府负责。由于外来务工人员子女的教育经费掌握在流出地教育部门手中，所以外来务工人员的子女到流入城市求学首先在制度上就阻碍重重。

近几年我国政府确立了"流入地政府为主"和"公办学校为主"解决流动人口子女上学的"两为主"方针。《流动儿童少年就学暂行办法》也规定外来务工人员子女义务教育的经费由流入地和流出地政府共同负责，然而现实中，仍有不少城市公办学校以各种理由拒收、少收或不收外来务工人员子女入学，虽然一些地方政府指定学校必须招收外来务工人员子女入学，但是这些学校将入校的外来务工人员子女进行单独分班教育，这种单独隔离对外来务工人员子女的心理造成了一定的伤害。公办学校在接收了一部分外来务工人员子女后，可能会出现班级人员超编、小班教学的理念实现不了等问题，再加上来自不同地域的儿童的生活习惯、思维意识等方面存在差异，客观上也使公立学校基于现实的考虑放弃接收外来务工人员子女入学，或者收取高额的费用补充教育经费上的困难。

(3) 外来务工人员子女教育政策不完善、不合理

早在1996年，国家就颁发了《城镇流动人口中适龄儿童、少年就学办法（试行）》，1998年颁布了《流动儿童少年就学暂行办法》，2003年颁发了《关于进一步做好进城务工就业农民子女义务教育工作的意见》等文件，但是这些办法、意见不具有法律的约束力和强制性。由于我国当前还没有制定出一部专门用来保护其权益的法律，因此外来务工人员子女在城市生活的过程中受到各方面的歧视，合法权益得不到保障。

(4) 外来务工人员家庭状况的影响

第一，家庭经济条件影响孩子的教育投入。与外出前相比，外来务工人员的家庭经济收入明显提高，但是外来务工人员家庭与城市家庭相比，其收入还是偏低的。外来务工人员家庭的低收入很难为其子女提供一个良好的教育环境。

第二，家长的文化素养及其从事的职业影响孩子的受教育程度。

第三，家庭居住状况影响孩子的学习环境。据9大城市调查，流动人口中90.47%的家庭租用住房，2.79%借房，在城市已购房的家庭仅占6.63%。

（二）我国关于外来务工人员子女教育政策的演变

自改革开放以来，我国对外来务工人员的流动管理经历了一个从松到紧、从无序到规范、由歧视到公平的过程，外来务工人员子女的教育政策也随之发生变化。

1. 控制、限制阶段（1978~1994）：政策中的空白

改革开放以后，大量的外来务工人员涌入城市，给城市带来了交通运输、社会治安等方面的问题，为了限制农民工大量流入城

市，1989年3月，国务院办公厅发出了《关于严格控制民工外出的紧急通知》，要求各地政府采取有效措施，严格控制当地居民外出。同年4月，民政部和公安部也下发了《关于进一步做好控制民工盲目外流的通知》。1991年2月，国务院《关于劝阻民工盲目去广东的通知》还要求，各地政府要严格控制，甚至暂停办理外出人员的务工手续。20世纪90年代初，伴随外来务工人员"举家迁徙"的现象，出现了外来务工人员子女的教育问题。但是，该问题最初并没有引起国家教育主管部门的重视。《义务教育法》颁布后近10年的时间里，国家教育行政部门颁布了上百种政策法规，但没有一个是针对城市流动人口子女义务教育问题的。①

2. 引起关注阶段（1995~1997）：政策的初步出台

中国国内最早关于外来务工人员子女教育问题的报道是1994年华耀龙发表在《天津教育》第6期的《招收流动人员子女入学全面普及义务教育》，1995年1月21日《中国教育报》刊登了李建平的《流动的孩子哪上学——流动人口子女教育探讨》，随后，诸多媒体对这一问题投入了极大的关注，教育界人士、社会界人士乃至伦理道德学者、国家政策制定者开始关注外来务工人员子女教育问题，逐渐被国家提上决策日程。1995年国家教委制定《城镇流动人口中适龄儿童少年就学办法（试行）》，规定流入地人民政府要为外来务工人员中适龄儿童少年创造条件，提供接受义务教育的机会。这是我国政府出台的第一个规范外来务工人员子女就学的政策，具有重大意义，但该试行办法只在少数省（区、市）试点，实施范围具有较大局限性，对外来务工人员子女教育问题的解决没有实质的功效。1996年国家教委制定印发了《城镇流动人口中适龄儿童少年就学办法（试行）》供各地在工作中参考，也仅仅是选取少数地区作为试点。

---

① 朱晓斌：《流动人口子女义务教育政策的价值分析》，《教育评论》2003年第2期。

3. 认可、允许阶段（1998～2002）：政策的全面启动

1998年3月2日，国家教委、公安部又联合颁布了《流动儿童、少年就学暂行办法》，明确提出流入地人民政府应为流动儿童、外来务工人员子女创造学习条件，提供接受义务教育的机会。这是外来务工人员子女教育政策发展史上的里程碑。

4. 渐趋规范阶段（2003～2006）：政策的逐渐完善

国务院办公厅在2003年1月15日印发了《关于做好农民进城务工就业管理和服务工作的通知》。《通知》第六条规定：流入地政府应采取多种形式，接收农民工子女在当地的全日制公办中小学入学，在入学条件等方面与当地学生一视同仁。同时《通知》也简化了农民工子女（外来务工人员子女）就学烦琐的程序，加强对社会力量兴办的农民工子女简易学校的扶持，将其纳入当地教育发展，帮助其规范办学行为，在办学费用上给予一定的经济支持，政策指向明确，渐趋成熟。2003年9月13日，教育部、公安部、发展和改革委、财政部、劳动保障部联合颁布《关于进一步做好进城务工就业农民子女义务教育工作的意见》，《意见》把占流动儿童少年的绝大多数、处于弱势地位的"进城务工就业农民子女"从"流动儿童少年"群体中单独提出，首次直接把政策焦点对准进城农民工子女（外来务工人员子女），提出建立进城务工人员子女接受义务教育的经费筹措保障机制，《意见》也进一步加大了对进城务工人员子女教育政策的支持力度。

2004年中央一号文件第10条指出：进城就业的农民工已经成为产业工人的重要组成部分，为城市创造了财富、提供了税收。城市政府要切实把对进城农民工的职业培训、子女教育、劳动保障及其他服务和管理经费纳入正常的财政预算，已经落实的要完善政策，没有落实的要加快落实。这是国家在政策层面明确提出，在城市中小学就学的外来务工人员子女学费将与流入地城市学生一视同仁，再也没有额外的、高额的借读费。

2006年1月《国务院关于解决农民工问题的若干意见》第21

条指出：保障农民工子女平等接受义务教育。流入地政府要承担起外来务工人员子女义务教育的责任，将他们的义务教育纳入当地教育发展规划，列入教育经费预算，以全日制公办中小学为主接收农民工子女入学，并按照实际在校人数拨付学校公用经费。城市公办学校对农民工子女接受义务教育要与当地学生在收费、管理等方面同等对待，不得违反国家规定而向农民工子女加收借读费及其他任何费用。流入地政府对委托承担农民工子女义务教育的民办学校，要在办学经费、师资培训等方面给予支持和指导，提高办学质量。

5. 写进国家法律阶段（2006年以来）：政策的法律固化

2006年6月，新修订的《中华人民共和国义务教育法》正式颁布，修订后的义务教育法从原来的18条增加到63条，显示了国家的重视和对此项法律力求精准的态度。修订后的义务教育法第12条规定：父母或者其他法定监护人在非户籍所在地工作或者居住的适龄儿童、少年，在其父母或者其他法定监护人工作或者居住地接受义务教育的，当地人民政府应当为其提供平等接受义务教育的条件。

在处理外来务工人员子女教育问题上，有一个逐步提高认识、理顺思路的过程。在明确了国家行政部门是解决外来务工人员子女教育问题的中流砥柱的基础上，进一步加强了流入地政府的责任。这些都说明我国政府对外来务工人员子女教育问题的处理逐渐从无序走向有序，从随意走向规范，从模糊走向清晰，从笼统走向具体。

三 杭州市外来务工人员子女教育问题及其政策

（一）杭州市外来务工人员子女教育问题的形成

1. 杭州市外来务工人员子女教育问题的出现

杭州处于沿海经济发达地区，近几年外来务工人员数量的增长尤为迅猛，他们进入一、二、三产业的各个领域，已经成为城市生活的一个不可或缺的群体。随着外来务工人员的大量进入，举家迁移已经成为一种趋势，随之而来的是杭州市外来务工人员子女的教育问题：进入公办学校有"门槛"、民工子弟学校办学质量无保证。

2. 杭州市外来务工人员子女教育问题的形成过程

不同地区、不同年龄段的学龄人员的教育问题是杭州市面临的一大难题，学前期儿童入托难，义务教育期入学难，杭州市外来务工人员子女的教育问题进入严峻化阶段。公办学校设"门槛"——各类不合理收费、各种借口把他们拒之门外；农民工子弟学校人满为患且质量不佳。

杭州市政府早在1999年就对外来务工人员子女受教育问题给予了重视。外来人口较多的江干区教育局建立了全省第一所民工子弟学校——天成小学。此后，在下城区教育局和石桥镇政府的支持下，石桥中学利用空闲校舍，招聘浙麻子弟小学的教师，办起了杭州明珠小学。西湖区等也办了民工子女简易学校，较好地解决了外来民工子女入学问题，消除了许多外来务工人员的后顾之忧，为杭州经济发展和社会稳定作出了贡献。

3. 杭州市外来务工人员子女教育问题的特点

（1）问题解决需要大量资金

没有政府的额外财政支持，农民工子弟学校扩大和设施的添置会面临极大的困难。

（2）问题解决涉及的范围广

问题的解决涉及的范围广包括两层含义：其一是指该问题的解决需要杭州市众多职能部门的协调一致、密切配合。其二是指该问题的解决涉及的学生范围广。

（3）问题解决需要一段较长时间的过渡期

我们必须清醒的认识到问题的解决是一项"大工程"，没有现成的方法拿来就用，我们需要在摸索中总结经验和教训，这就可能进一步延长问题解决所需的时间。

（二）杭州市外来务工人员子女教育政策

1. 杭州市外来务工人员子女教育政策出台的背景

为了进一步做好外来务工人员子女在杭接受义务教育、解决好他们的上学问题，根据《中华人民共和国义务教育法》《国务院办公厅转发教育部等部门关于进一步做好进城务工就业农民子女义务教育工作意见的通知》（国办发〔2003〕78号）精神，2004年杭州市制定了《杭州市关于外来务工人员子女在杭就学的暂行管理办法（试行）》。2008年杭州市人民政府出台了《杭州市义务教育阶段进城务工人员子女在杭就学管理暂行办法》。

2. 杭州市外来务工人员子女教育政策的理念

杭州市政府在国家颁布外来务工人员子女的教育政策不久，就出台了相应的地方政策，是为数不多的解决外来务工人员子女教育较好的城市。2004年出台的政策第二条规定：凡在户籍所在地有监护条件的外来务工人员子女，应在户籍所在地接受教育，户籍所在地没有监护条件的，其父母监护人在杭州已经取得暂住证并暂住一年以上，同时与用人单位签订一年以上并由劳动部门认可的劳动合同或取得工商执照，可以申请入学。该条款设置"一年"的门槛，是考虑到外来务工人员流动性较强，如果他们在各方面还不适应的情况下就把孩子带来，不利于孩子的成长，父母居住一年并有一年的劳动合同，可以给孩子提供更好的保障。第七条规定：杭州市各行政部门要将外来务工人员子女的教育问题纳入本地区教育事业发展规划，保障外来务工人员子女接受九年义务教育。

3. 杭州市外来务工人员子女教育政策的内容

（1）保障教育机会均等，促进教育公平

2004年，杭州市教育局出台《关于外来务工人员子女在杭就学的暂行管理办法（试行）》，第一条规定：本办法适用范围为非杭州户籍的外来务工人员子女，年龄在6周岁至16周岁，处于义务教育阶段，并随父母或其他监护人来我市暂时居住的有学习能力的儿童少年。第六条规定：我市各级教育行政部门和学校应本着"育人为本"的思想，维护外来务工人员子女在校的正当权益。要针对这部分学生的实际，改进教育管理办法，做好教育教学工作。在接受教育、参加团队活动、评优评先、参与文体等各项活动及实行奖惩等方面与本市儿童少年同等待遇。要加强与学生家庭的联系，及时了解学生思想、学习、生活等方面的情况，帮助学生克服困难，尽快适应新的学习环境。2008年，杭州市人民政府出台《杭州市义务教育阶段进城务工人员子女在杭就学管理暂行办法》，进一步明确了进城务工人员子女在杭就学的权利。

（2）建立教育经费保障机制，增加财政扶持力度

2004年政策的第九条规定：外来务工人员子女应按照有关规定向所在就读的公办中、小学校缴纳借读费，学校不再收取杂费；家庭确有困难的学生，学校可酌情准予缓缴或减免；同时，可积极鼓励机关团体、企事业单位和公民个人向学校捐款捐物，资助贫困的外来务工人员子女就学。

2008年政策的第九条规定：各区、县（市）要进一步贯彻落实《杭州市人民政府关于实施义务教育经费保障机制改革的通知》（杭政函〔2007〕245号）精神，建立进城务工人员子女就学经费保障机制，保障进城务工人员子女接受义务教育的权利；市财政每年继续安排进城务工人员子女义务教育专项经费，专项用于对市区（不含萧山区、余杭区）接受进城务工人员子女的公办学校和进城务工人员子女学校的补助。

（3）加强对进城务工人员子女学校的监管，促使其提高教学质量

2004年政策的第八条规定：各区、县（市）教育行政部门和教育督导部门应根据有关规定，对独立设置的民工子女学校加强管理和监督，定期对学校办学情况进行检查、指导，进一步规范办学行为、提高教育质量；学校不得随意更改办学层次，随意扩大办学规模。2008年政策第八条规定：各级政府和各有关部门要按照有

关规定，对进城务工人员子女学校加强管理与监督，定期对学校办学情况进行检查指导，进一步规范办学行为，提高教育质量。学校不得随意更改办学层次、扩大办学规模及每班班额。

杭州市在2004年和2008年出台的两个政策是非常重要的，从对两个政策条款的解读发现几点不同。第一，2004年政策第四条规定：有下列条件之一的，在同等条件下可以优先安排；2008年政策第四条规定：进城务工人员子女在杭就学，按下列办法办理手续。可见2008年的政策所包括的群体进一步扩大，限制入学的条件进一步减少。第二，2008年新增第十条中规定：建立进城务工人员学龄期子女的普查和登记制度。该条款要求公安部门要与外来务工人员所在的居委会、街道办做好配合，建立外来务工人员及其子女的登记工作，准确掌握其数量及流动情况，加强对其流动性的把握和监测，以便及时掌握他们的有效信息。通过分析比较，我们可以看到杭州市在外来务工人员子女教育问题上所采取的政策措施正逐步地走向完善。

四 杭州市外来务工人员子女教育政策的实施效果

（一）杭州市外来务工人员子女教育政策实施的基本情况

2001年，杭州市教育系统通过挖潜、拓宽渠道等方式，妥善安排流动儿童少年在杭各类学校就读，全面保证外来务工人员子女顺利入学。根据《2001年杭州市教育年鉴》，杭州市区2001年招收流动儿童少年就学的公办学校达90%。[①]

2002年，杭州市将流动人口子女入学问题纳入义务教育发展规划，坚持以流入地区政府管理为主，以全日制公办中小学为主的

---

① 《2001年杭州教育年鉴》。

原则，采取多种形式，依法保障流动人口子女接受义务教育的权利。①

2004年，杭州市把解决来杭务工人员子女入学问题作为解决"上学难"问题的重点。新增8所独立设置的民工子女学校，累计26所。②

2005年，杭州市教育系统实施《外来务工人员子女在杭就学暂行管理办法（试行）》，坚持"以公办学校为主，民工子女学校为辅"，规范外来务工人员子女到杭就学的入学条件和程序，较好地解决了外来务工人员子女到杭接受义务教育问题。新增外来务工人员子女学校8所，全市已有独立设置的外来务工人员子女学校34所。③

2006年，杭州实施全市城乡义务教育免杂费，全面落实政府对义务教育的保障责任，全市小学和初中共免杂费1.5亿元，其中外来务工人员子女免费义务教育补助经费2200余万元（市本级和8个区为1900余万元）。④

2007年，杭州市从秋季开始取消外来务工人员子女借读费，越来越多的外来务工人员子女进入杭州，90%以上公立学校接纳外来务工人员子女就学。实行就学预告制，发放就学服务卡，认真做好在杭外来务工人员子女入学的有关准备工作，妥善解决符合条件的外来务工人员子女在杭入学问题。⑤

2008年，杭州市新招收进城务工人员子女19316人，其中6城区9153人，占到了6城区小学新生总数的39%；目前在杭就读的进城务工人员子女占义务教育阶段全部在校人数的19.86%，其中城区独立设置进城务工人员子女专门学校15所，在校学生16158人，占进城务工人员子女人数的21.98%。全年杭州新增了

---

① 《2002年杭州教育年鉴》。
② 《2004年杭州教育年鉴》。
③ 《2005年杭州教育年鉴》。
④ 《2006年杭州教育年鉴》。
⑤ 《2007年杭州教育年鉴》。

7所独立设置的进城务工人员子女学校,总计达到54所。

据统计,2002年在杭州外来务工人员为51万多,2004年达170万,2007年达262万(以上数据来源于杭州市公安局)。2002年以来,杭州市解决外来务工子女入学人数为3.3万人,2003年为6.5万人,占杭州8个城区中小学生总数的20%。2004年达到8.3万人,2005年为9.95万人(包括萧山和余杭),其中2005年杭州市6城区共有中小学生18.08万人,其中外来务工人员子女5.17万人,占了6城区中小学生总人数的28.59%。2007年,杭州市符合条件的外来务工人员子女在杭就学人数达到13.5万余人,市区已有90%的公立学校接纳了近9.5万名外来务工人员子女就学,占外来务工人员子女就学人数的70.37%。2008年杭州市新招收外来务工人员子女19316人,其中6城区9153人。[1]

(二) 杭州市外来务工人员子女教育状况的调查及其分析

为了进一步了解杭州市相关教育政策的执行和实施情况,笔者从对外来务工人员子女教育现状的调查和分析来说明其实施效果。以问卷调查为主对杭州市6所学校外来务工人员家长及其子女进行调查,所得数据用百分比进行比较;以访谈为辅助形式,对其结果整理、分析。

1. 对问卷调查的几点说明

(1) 样本的构成

笔者对杭州6所学校的外来务工人员家长及其子女进行了调查。调查问卷分4种:《公办学校外来务工人员子女家长问卷调查》《公办学校外来务工人员子女学生调查问卷》《外来务工人员子弟学校家长问卷调查》和《外来务工人员子弟学校子女学生调查问卷》。

本次调查每种问卷发放300份,共发放1200份,有效回收外

---

[1] 以上数据来源于杭州市教育局基础教育处。

来务工人员家长问卷490份：外来务工人员子弟学校家长230份，其中父亲填写问卷的占73.91%，母亲填写的占26.09%；公办学校外来务工人员子女家长260份，其中父亲填写问卷的占62.69%，母亲填写的占37.31%；外来务工人员子弟学校学生295份，男生占56.61%，女生占43.39%；公办学校外来务工人员子女学生问卷298份，男生占51.01%，女生占48.99%（见表4-1）。

表4-1 外来务工人员子女及其家长有效问卷数量、构成

调查对象	回收有效问卷数	问卷的性别构成 男	问卷的性别构成 女
外来务工人员子弟学校家长	230	170	60
外来务工人员子弟学校学生	295	167	128
公办学校外来务工人员子女家长	260	163	97
公办学校外来务工人员子女学生	298	152	146

学生的年龄情况如下：7～12岁占68.63%，13～16岁占31.37%。

从父母来杭州的时间来看，父亲来杭半年以下的占3.04%，半年到一年的占5.73%，一年到两年的占24.11%，两年以上的占67.12%；母亲来杭半年以下的占5.73%，半年到一年的占7.08%，一年到两年的占22.93%，两年以上的占64.26%。

（2）具体抽样方法

经查阅杭州市教育局资料以及咨询教育局基础教育部工作人员，笔者选取了3个招收外来务工人员子女的公办学校以及3个外来务工人员子弟学校。为便于描述，本研究将各个学校名称全部由字母代码表示。

2. 对外来务工人员子女教育调查结果的分析

（1）外来务工人员子女在学校的学习状况

在问卷调查对象中，有75.71%的学生来自非独生子女家庭，24.29%来自独生子女家庭。

表4-2 家长对子女学习成绩的态度

单位：%

家长态度	认为孩子有所进步	认为孩子没有进步	认为孩子退步了
公办学校就读家长	79.61	12.31	8.08
外来务工人员子弟学校家长	83.48	10.87	5.65

表4-3 学生对自己成绩的认识

单位：%

学生对自己成绩的认识	认为自己有所进步	认为自己没有进步	认为自己退步了
公办学校就读学生	80.20	15.77	4.03
外来务工人员子弟学校就读学生	82.03	13.22	4.75

①外来务工人员子女来杭后的学习成绩

可以看出外来务工人员子女来杭州以后，大部分学生在一定程度上学习成绩都有所提高，也看出杭州市教育主管部门对外来务工人员子女的教育问题相当重视。

②关于转学的问题

外来务工人员是一个具有流动性的群体，随着工作的变动，其子女也要随之转学，这对其子女受教育的连贯性有影响（见表4-4）。

表4-4 外来务工人员子女转学情况

单位：%

转学情况	转过	没有
公办学校就读学生	56.71	43.29
外来务工人员子弟学校就读学生	62.37	37.63

③是否愿意继续待在现在的学校

在调查中，公办学校中89.93%的学生愿意继续待在现在就读的学校读书，也有10.07%的学生不愿意待在现在就读的学校；外来务工人员子女学校中86.78%的学生愿意在现在就读的学校就读，13.22%的学生不愿意在现在就读的学校读书，有转学的想法（见表4-5）。

表4-5　是否愿意继续待在就读的学校

单位：%

是否愿意继续待在就读的学校	愿意	不愿意
公办学校就读学生	89.93	10.07
外来务工人员子弟学校就读学生	86.78	13.22

④在求学过程中是否遭到过拒绝

在调查中，公办学校中68.46%的家长表示在子女求学的过程中遭到过拒绝，21.15%的认为曾受到过不公正待遇，但不严重，10.39%的家长认为受到过不公待遇，很严重；外来务工人员子弟学校中72.61%的家长在子女求学过程中受过拒绝，15.65%的家长认为受到过不公待遇，但不严重，11.74%的家长认为受到过不公待遇，很严重（见表4-6）。

表4-6　求学是否遭到过拒绝

单位：%

求学是否遭到过拒绝	受到过拒绝	曾受到过，但不严重	受到过，很严重
公办学校学生家长	68.46	21.15	10.39
外来务工人员子弟学校	72.61	15.65	11.74

⑤外来务工人员的孩子是否和当地的孩子一样入学

调查结果表明，100%的外来务工人员子女是不能和当地孩子一样无条件入学的，他们的入学是有条件限制的。

（2）外来务工人员子女的家庭教育

①家庭月收入状况

外来务工人员家庭经济状况直接关系到其子女能否入学，关系到能否为子女创造好的学习环境及条件。

表4-7 外来务工人员子弟学校家长收入情况

收入	人数	百分比(%)
500元以下	0	0
501~1500元	115	50
1501~3000元	79	34.35
3001~5000元	17	7.39
5001~10000元	12	5.22
10000元以上	7	3.04

表4-8 公办学校外来务工人员子弟家长收入情况

收入	人数	百分比(%)
500元以下	0	0
501~1500元	86	33.08
1501~3000元	112	43.08
3001~5000元	35	13.46
5001~10000元	14	5.38
10000元以上	13	5

以上数据也显示，在这几所公办学校就读的外来务工人员子女家庭的经济状况比外来务工人员子弟学校就读的子女家庭经济相对好一点。

②家长的文化程度

在对外来务工人员子女家长的文化程度调查中发现，这些家长的学历普遍较低。

表4-9 外来务工人员子弟学校家长学历

单位：%

父母\文化程度	大专或大专毕业以上	高中或中专毕业	初中毕业	初中毕业以下
父亲	7.06	23.53	50.59	18.82
母亲	3.33	20	31.67	45

表 4-10　公办学校就读的外来务工人员子女的家长学历

单位：%

父母 \ 文化程度	大专或大专毕业以上	高中或中专毕业	初中毕业	初中毕业以下
父亲	7.98	27.61	53.37	11.04
母亲	4.12	14.43	46.39	35.05

（3）外来务工人员子女的学校教育

在对外来务工人员家长及其子女的问卷调查以及访谈过程中可以欣喜地看出，他们大部分都觉得老师对他们是关心的、爱护的。在公办学校就读的外来务工人员子女在与当地孩子交往的过程中，关系还是比较和睦、融洽的。在孩子眼里，老师比父母要有威信，教师对待学生的态度非常重要，甚至会影响他们的一生。在与调查学校老师的交流过程中，教师们普遍表示，外来务工人员也是国家的公民，他们都在不同的岗位为社会创造着财富，为杭州的发展进步贡献着自己的一份力量，因此，作为教师对外来务工人员子女进行教育是义不容辞的责任。具体情况见表 4-11、表 4-12、表 4-13 和表 4-14。

表 4-11　公办学校外来务工人员子女在校情况

调查内容	调查情况	占比（%）	调查情况	占比（%）	调查情况	占比（%）	调查情况	占比（%）
有没有被本地学生欺负的经历	有	6.04	没有	93.96				
你觉得学校的老师关心你、喜欢你吗	关心	67.11	不关心	6.38	不知道	26.51		
你在班级曾经担任过职务吗	有	16.44	没有	83.56				
你现在的学习成绩	各门功课成绩都较好	62.75	大部分功课成绩较好	16.11	少数功课比较差	10.74	各门功课成绩都不理想	10.4

续表

调查内容	调查情况	占比(%)	调查情况	占比(%)	调查情况	占比(%)	调查情况	占比(%)
与本地同学的关系	有个别本地同学朋友	10.07	有五六个本地同学朋友	56.71	有很多本地同学朋友	33.22		
本地学生中有看不起外来务工子女学生的言行吗	有	9.06	没有	90.94				
你觉得在杭州上学有趣吗	有趣	71.48	没有趣	9.73	说不清楚	18.79		
你是否愿意一直在杭州读书	愿意	72.82	不愿意	9.06	说不清楚	18.12		
在这所学校上学,你觉得满意吗	非常满意	48.32	比较满意	31.54	不满意	7.72	说不清楚	12.42
教学进度能跟上吗	能	70.13	还可以	17.11	不能	12.76		

表4-12 外来务工人员子弟学校学生在校调查情况

调查内容	调查情况	占比(%)	调查情况	占比(%)	调查情况	占比(%)	调查情况	占比(%)
你愿意待在这个学校吗	愿意	82.37	不愿意	10.85	说不清楚	6.78		
教学进度能跟上吗	能	68.46	还可以	18.64	不能	12.9		
你现在的学习成绩	各门功课成绩都较好	61.36	大部分功课成绩较好	17.97	少数功课比较差	9.15	各门功课成绩都不理想	11.52
你觉得学校的老师关心你、喜欢你吗	关心	78.98	不关心	6.78	说不清楚	14.24		
你在班级曾经担任过职务吗	有	23.73	没有	76.27				

续表

调查内容	调查情况	占比(%)	调查情况	占比(%)	调查情况	占比(%)	调查情况	占比(%)
在班级里和同学们的关系好吗	很好	66.10	还可以	28.14	不好	5.76		
在这所学校上学,你觉得满意吗	非常满意	44.75	比较满意	35.59	不满意	8.14	说不清楚	11.52

表4-13 对公办学校就读的外来务工人员子女家长的调查

调查内容	调查情况	占比(%)	调查情况	占比(%)	调查情况	占比(%)	调查情况	占比(%)
对孩子现在学校状况是否满意	满意	52.31	基本满意	37.69	不满意	10		
您的孩子与同班同学很熟悉吗	很熟悉	11.15	一般	16.92	不清楚	71.93		
您的孩子有没有被本地同学欺负或排斥的经历	有	19.62	没有	13.08	不清楚	67.3		
您觉得您的孩子受到老师的关心、喜欢吗?	是的	46.54	不是	13.46	不知道/没感觉	40		
您认为本地人对外来务工人员子女是否友善	很友善	8.08	比较友善	32.31	一般	52.31	不太友善	7.3
您对孩子学校的教育教学条件	很满意	21.15	比较满意	67.31	不满意	5.38	说不清楚	6.16
您对孩子学校的老师教学水平	很满意	18.85	比较满意	63.08	不满意	9.23	说不清楚	8.84

表4-14 对外来务工子弟学校学生家长的调查

调查内容	调查情况	占比(%)	调查情况	占比(%)	调查情况	占比(%)	调查情况	占比(%)
对孩子现在学校状况是否满意	满意	27.39	基本满意	60.43	不满意	12.18		

续表

调查内容	调查情况	占比（%）	调查情况	占比（%）	调查情况	占比（%）	调查情况	占比（%）
您觉得您的孩子受到老师的关心、喜欢吗？	是的	50.87	不是	11.30	不知道/没感觉	37.83		
您对孩子学校的教育教学条件	很满意	20.43	感觉一般	63.48	不满意	16.09		
您对孩子学校的老师教学水平	很满意	18.26	感觉一般	69.57	不满意	12.17		
您认为本地人对外来务工人员子女是否友善	很友善	6.52	比较友善	26.52	一般	57.39	不太友善	9.57
您的孩子与同班同学很熟悉吗	很熟悉	30.43	一般	12.61	不清楚	56.96		

（4）每个学期的收费

在调查过程中，两类学校的学生家长都表示没有被收取借读费，外来务工人员子弟学校的学生每学期的收费标准是300~400元；公办学校就读的外来务工人员子女的收费不是按每个学期收取的，而是整个义务教育阶段的学费一次性交清，对经济收入不高的外来务工群体来说，这在一定程度上增加了这类家长的经济负担。

（5）杭州市外来务工人员对相关教育政策的认同与期望

调查显示，无论家长还是学生，对杭州市的教育环境、教学条件都有较好的评价。外来务工人员及其子女对学校的情况比较满意，认为学校教师比较关心学生，在公办学校就读的大多数外来务工人员子女与本地学生相处得比较融洽，外来务工人员也大都认为当地人对自己比较友善。

①公办学校外来务工人员子女家长的调查访谈

杭州市2004年11月出台的《外来务工人员子女在杭就学的暂行管理办法（试行）》中规定，孩子的父母或监护人已取得暂住证并暂住一年以上、同时又与用人单位签约一年以上由劳动部门认可的劳动合同或取得工商执照的外来务工人员才可为孩子申请入学。

在访谈中，不少外来务工人员表示要出具《办法》中要求的任何一项证明都要费尽周折，而且有些证明是无法获得的。比如暂住证必须有租赁房屋主人的房产证才可以办理，有些房东是不愿意把自己的房产证拿与别人用的。再比如劳动部门认可的劳动合同，这对于外来务工人员来说也有困难，很多外来务工人员做的是临时工，很难签订劳动合同。如果是在杭州做生意的，要有工商执照，若是没有该执照，孩子还是不能就读的。因此，许多外来务工人员子女被拒于公办学校之外。

②外来务工人员子弟学校家长的调查访谈

在对就读于外来务工人员子弟学校学生的家长进行调查访谈时，当问及对孩子入学最大的愿望是什么时，66.09%的家长表示希望自己的孩子能拥有和城里的孩子一样的待遇；28.26%的家长希望学校能降低收费标准；5.65%的家长是希望能有专门的外来务工人员子女学校。在问及是否希望自己的孩子进入杭州当地的公办学校时，有79.57%的家长表示有过这种想法，希望自己的子女没有任何附加条件就可以在公办学校上学；13.48%的家长表示没想过这种问题；也有6.96%的家长没有这种想法，认为自己的孩子在外来务工人员子弟学校上学非常好，孩子的成长环境是一样的，孩子们相处起来更融洽。在问到为什么把孩子送到外来务工人员子弟学校时，很多家长都选择了多个答案，答案主要集中在学校的接受门槛比较低、孩子比较容易适应、与居住地较近、收费比较低；也有一小部分家长选择了"其他"这个选项，选择"教育教学质量比较好"的也不多。在调查中，26.09%的家长认为外来务工人员子女求学最大的困难是费用太高；20.43%的家长认为最大的困难是户籍制度；41.30%的家长认为最大的困难是学校的学位紧张，因为不论是招收外来务工人员子女的公办学校还是外来务工人员子弟学校，它们自身的资源是有限的，能承受的学生的数量也是有限的；12.17%的家长认为最大的困难是居住的地方没有很好的学校。在"您认为外来务工人员子女最需要杭州政府提供哪些方面的政策支持"这一问题上，外来务工人员子弟学校的家长和在公办学校就读的外来务工人员子女的家长心态是一致的。60.43%的家长希望自己的孩子可以在杭州参加医疗保险，如果孩子参加了当地的医疗保险，父母就没有了后顾之忧。选择需要解决户籍问题的有17.39%；5.21%的家长选择的是其他；16.97%的家长希望政府可以更多地关注孩子的心理，给孩子提供心理咨询/辅导的地方，和在公办学校就读的外来务工人员子女家长相比，外来务工人员子弟学校学生家长在该项上的百分比略低，但也表明了现在的家长对孩子心理能否健康成长给予了一定的关注。通过调查外来务工人员子弟学校发现，28.26%的家长认为家庭经济困难是影响孩子发展的最大障碍，因为家庭经济的原因很难保证孩子多方面的需求；18.26%的家长认为户口是影响其子女发展的障碍，这和17.39%家长在"最需要杭州政府提供哪些方面的政策支持"上的回答相一致；外来务工人员子弟学校53.48%的家长认为自己没有文化，很难为孩子提供学习上的帮助，而公办学校就读的外来务工人员子女家长中71.15%的人也表达了这样的想法。在关于外来务工人员子女的就学收费上，37.39%的家长感到满意，认为这个收费还是可以承受的；33.48%的家长觉得收费上有点高，如果可以降低一点会更好；39.13%的家长对于目前的收费觉得无所谓。笔者采用开放题的形式对外来务工人员子弟学校的家长做了关于外来务工人员子女就学难的主要原因的调查。其中，有的家长进行了作答，有的没有，从作答问卷答案的描述来看，外来务工人员子弟学校的家长和公办学校就读的外来务工人员学生家长一样，都非常重视子女的教育，希望在自己经济条件允许的情况下为子女提供最好的教育条件。

在外来务工人员子女义务教育问题上，杭州市政府还能做些什么，有的家长做了回答，有的家长没有。总结几个答案如下：①希望杭州市能给予外来务工人员子女更多的帮助；②希望杭州市可以建更多的外来务工人员子弟学校；③希望自己的孩子有一天也可以进入当地的公办学校就读。

五　杭州市外来务工人员子女教育政策的回顾与反思

（一）对杭州市外来务工人员子女教育政策的回顾

1. 政府层面取得的主要经验

（1）颁发关于解决外来务工人员子女教育问题的文件

2004年1月1日，杭州市教育局出台《关于外来务工人员子女在杭就学的暂行管理办法（试行）》，对处于义务教育阶段的非杭州户籍的外来务工人员子女入学途径、条件、收费、转学、教育管理以及民工子女学校的规范化管理作出明确规定，这是杭州第一次以文件形式出台的关于外来务工人员子女教育方面的政策。2008年4月18日，杭州市人民政府办公厅颁发了《杭州市人民政府办公厅关于印发杭州市义务教育阶段进城务工人员子女在杭就学管理暂行办法的通知》，这是杭州市人民政府办公厅颁发的文件，显示了政府部门对外来务工人员子女教育的重视。

（2）强化政府职责、加大财政扶持力度，减轻学校及学生的经济负担

2005年全年市级财政安排补助经费260万元，提高外来务工人员子弟学校办学水平。从2006年开始纳入财政预算内教育事业费基数，把外来务工人员子女就学问题纳入城市的教育事业发展规划之中。同年杭州实施城乡义务教育免杂费，小学和初中共免杂费1.5亿元，其中外来务工人员子女免费义务教育补助经费2200余万元，市本级财政拨款390万元补助老城区招收外来务工人员子女

的学校。2007年市财政落实500万元专项经费补助6城区招收外来务工人员子女的学校，杭州市财政每年都安排外来务工人员子女教育专项经费，用于对外来务工人员子女就读的公办学校和外来务工人员子弟学校的补助。

（3）坚持外来务工人员子女教育"公办为主"的办学原则

2002年，杭州市政府就开辟"公办学校为主，进城务工人员子女学校为辅"的渠道，妥善解决外来务工人员子女就学的问题，这一举措也受到了联合国教科文组织的充分肯定，这给其他城市提供了一个解决外来务工人员子女教育问题的新思路。2007年，杭州市从秋季开始取消外来务工人员子女借读费，采取措施开通并强化外来务工人员子女学生向当地公办学校转学的"绿色通道"，对外来务工人员子弟学校给予财政扶持和管理，以促进城市教育一体化的尽早实现。杭州市教育局对外地人办外来务工人员子弟学校实行准入制，租给校舍，市教育局派驻副校长参与管理，保证基本教育质量，统一规定收费，钱可自管，对特别困难的学生减免学费。2008年，外来务工人员子弟学校已达54所，并且全市有90%的公办学校接纳了外来务工人员子女的就读。

（4）关注外来务工人员的生存状态，为其创造良好的就业环境

2008年9月，杭州市率先推出了《外来务工人员特殊困难救助试行办法》，为那些遭遇特殊困难而陷入生活困境的外来务工人员系上"保险带"。2009年1月14日至1月21日，杭州市政府发布了《关于杭州市2008年国民经济和社会发展计划执行情况与2009年国民经济和社会发展计划草案的报告》（简称《计划报告》），并在"中国杭州"政府门户网站和杭州网上向社会公示一周时间，公开征求意见。《计划报告》中写道：探索外来务工人员管理与服务的新机制，按照有收入、有房住、有书读、有医疗、有社保、有安全、有救助、有组织"八个有"的要求，让"新杭州人"安居乐业。

2. 学校层面取得的主要经验

（1）公办学校尝试同班就读，促进交流、学习

截止到 2008 年底，杭州市 90% 的公办学校都接纳外来务工人员子女

（2）外来务工人员子弟学校改善办学条件，尽力提高办学质量

几年来，杭州市政府给予了外来务工人员子弟学校更多的资金支持，每年都有一定的教育经费资助外来务工人员子弟学校的建设、教师的培训。在政府的关心支持下，外来务工人员子弟学校的办学条件得到了很大的改善，教学质量也逐步提高。

3. 社会层面取得的主要经验

（1）各方齐献力、社会总动员

外来务工人员子女的教育问题是牵涉全局的问题，杭州市政府除了尽职尽责外，还加大宣传力度，倡导社会办学，倡导社会团体、慈善机构和公民个人捐款捐物，资助家庭困难的外来务工人员子女就学，多方共同来帮助这一弱势群体，让外来务工人员感受到社会大家庭的温暖和人们的关爱之情。

（2）举办家长学校、丰富学生生活

杭州市教育局开办了家长学校，以实际行动关注每一个外来务工人员及其子女，为外来务工人员子女提供了学习机会，让每一个来杭州读书的外来务工人员子女都能快乐生活，健康成长。

（二）对杭州市政府关于外来务工人员子女教育政策的思考

1. 外来务工人员子女进入杭州公办学校有一定的难度

杭州市教育局颁布的《关于外来务工人员子女在杭就学的暂行管理办法（试行）》及杭州市人民政府办公厅颁布的《义务教育阶段进城务工人员子女在杭就学管理暂行办法的通知》都明确规定：凡在户籍所在地有监护条件的进城务工人员子女，应在户籍所在地接受义务教育；户籍所在地没有监护条件，符合计划生育政策，且

其父母或法定监护人在杭州市已取得暂住证居住一年及以上，同时其父母一方或法定监护人与杭州市用人单位签订一年及以上劳动合同或取得工商部门的营业执照，并按规定在杭州市缴纳社会保险一年及以上的，可以在杭州市申请就学，但要提供相关的资料。

外来务工人员作为一个外乡人，办理政策要求的相关证明遇到的困难不仅仅是花钱的问题，还要面临各种刁难，对于自己的孩子进入公办学校是心有余而力不足，所以多数情况下选择让子女进入外来务工人员子弟学校学习。事实上，杭州市现有的教育资源也已经饱和，但杭州市外来务工人员子女的数量每年仍旧以20%的增速不断增长，这就导致许多外来务工人员子女难以实现"零门槛"入学。

2. 学校学位紧缺，入学有一定的难度

《关于外来务工人员子女在杭就学的暂行管理办法（试行）》《义务教育阶段进城务工人员子女在杭就学管理暂行办法的通知》都明确表示，解决外来务工人员子女就学以公办学校为主，独立设置的外来务工人员子女学校为辅，公办学校要充分挖掘潜力，尽可能多地接收外来务工人员子女就读。但是我国教育行政部门规定，学龄儿童的义务教育由其户籍所在地负责，国家对每个地区的教育经费也是按照学生的人数下拨的。杭州市确实是一个经济发达的沿海城市，每年也都有针对外来务工人员子女就学的补助，但是经费是有限的。事实上，大量外来务工人员子女的进入，也给杭州地方财政造成了一定的压力，给当地的教育事业也造成了一定的冲击。不管是公办学校还是外来务工人员子弟学校，学校资源是有限的，不可能在短时间内就可以增加自己的容量，这也是政府部门不能做到招收外来务工人员子弟学生"零门槛"的一个原因。

3. 外来务工人员子女的政策越完善，来杭就学的学生越多，地方财政越难以承受

4. 外来务工人员子弟学校的力量相对薄弱

5. 外来务工人员子女就学年龄限制在6周岁至14周岁

外来务工人员子女年龄不仅包括6周岁至14周岁的孩子，6

岁以前的孩子怎么办？14 岁以后的孩子怎么办？政策仅仅是保障义务教育阶段的孩子有书读，继续升学怎么办？这些都是亟待解决的问题。

参考文献

[1] 蔡霞：《关于进城务工就业农民工子女教育问题研究的文献综述》，《上海教育科学》2004 年第 12 期。

[2] 陈成文：《社会弱者论》，时事出版社，2000。

[3] 陈恒：《完善城市务工人员子女义务教育政策的思考》，《华东师范大学学报》2007 年第 3 期。

[4] 陈振明：《政策科学——公共政策分析导论》（第二版），中国人民大学出版社，2003。

[5] 程方平：《中国教育问题报告》，中国社会科学出版社，2002。

[6] 成有信等：《教育政治学》，江苏教育出版社，1993。

[7] 杜越、汪利兵、周培植：《城市流动人口子女的基础教育》，浙江大学出版社，2004。

[8] 范先佐：《流动儿童教育面临的财政问题及对策》，《教育与经济》2004 年第 4 期。

[9] 范先佐：《进城务工人员子女的教育公平与制度保障》，《中小学教育》2007 年第 7 期。

[10] 高书国：《中国城乡教育转型模式》，北京师范大学出版社，2006。

[11] 国家教育发展研究中心：《中国教育绿皮书》，教育科学出版社，2005，2006，2007。

[12] 国家教育委员会办公厅：《中国教育改革与发展文献选编》，人民教育出版社，1993。

[13] 国务院研究室课题组：《中国农民工调研报告》，中国言实出版社，2006。

[14] 侯靖方：《杭州市民工子弟学校调查报告》，《教育研究》2002 年第 1 期。

[15] 候锁生：《城市流动儿童的家庭教育》，《中国家庭教育》2002 年第 3 期。

[16] 胡建勇、陈海燕：《民工子女免费义务教育的问题与对策》，《教育发展研究》2007 年第 11 期。

［17］蒋国河：《农民工子女教育问题的政策反思》，《江西财经大学学报》2005年第6期。

［18］教育部政策研究与法制建设司：《现行教育法规与政策选编》，教育科学出版社，2002。

［19］柯兰君：《都市里的村民》，中央编译出版社，2001。

［20］劳凯声：《变革社会中的教育权与受教育权——教育法学基本问题研究》，教育科学出版社，2003。

［21］李志强：《浅谈"免收农民工子女就学借读费"政策的推行》，《当代教育论坛》2005年第8期。

［22］刘复瑞：《我国教育政策的公平性与公平机制》，《教育研究》2002年第10期。

［23］刘怀廉：《中国农民工问题》，人民出版社，2005。

［24］鲁洁：《教育社会学》，人民教育出版社，2001。

［25］罗建河：《城市流动人口子女教育问题探析》，《教育科学》2002年第8期。

［26］吕绍青：《流动儿童教育——逐渐进入视野的研究课题》，《战略与管理》2001年第4期。

［27］马和民、高旭平：《教育社会学研究》，上海教育出版社，1998。

［28］马良：《对流动人口子女学校教育两种途径的评价》，《中小学教育》2007年第5期。

［29］缪建东：《家庭教育社会学》，南京师范大学出版社，1999。

［30］潘孝斌：《杭州外来务工人员子女基础教育及就学情况的调查》，《农民日报》2006年8月19日。

［31］钱再见：《论农民工子女义务教育政策有效执行的路径选择》，《中小学教育》2007年第7期。

［32］阮成武：《小学教育政策与法规》，高等教育出版社，2006。

［33］史柏年：《城市流动儿童少年就学问题政策分析》，《中国青年政治学院学报》2002年第1期。

［34］王丹阳：《外来务工人口子女家庭教育调查报告——以对杭州市下城区XX小学的调查为例》，《新余高专学报》2007年第4期。

［35］王涤：《中国流动人口子女教育调查与研究》，经济科学出版社，2005。

［36］汪明：《聚焦流动人口子女教育》，高等教育出版社，2007。

［37］王新华：《中国户籍法律制度研究》，中国人民公安大学出版社，2003。

［38］吴恒祥：《关于公办学校中流动儿童少年就学状况的调查》，《教学与管理》2003年第8期。

[39] 项继权：《农民工子女教育：政策选择与制度保障——关于农民工子女教育问题的调查分析及政策建议》，《华中师范大学学报》2005年第3期。

[40] 谢晋宇：《流入大城市农村人口子女的教育问题与对策》，《西北人口》1999年第4期。

[41] 杨东平：《中国教育公平的理想与现实》，北京大学出版社，2006。

[42] 杨润勇：《进城务工农民工子女教育政策及其执行中的问题分析》，《当代教育科学》2006年第8期。

[43] 袁振国：《中国教育政策评论》，教育科学出版社，2006。

[44] 张斌贤：《流动人口子女义务教育研究的现状与趋势》，《清华大学教育研究》2001年第4期。

[45] 张劲松：《农民工子女义务教育的公共政策分析》，《云南行政学院学报》2005年第6期。

[46] 张力：《教育政策的信息基础——中国、新加坡、美国教育指标系统分析》，高等教育出版社，2004。

[47] 张秋凌：《流动儿童发展状况调查——对北京、深圳、绍兴、咸阳四城市的访谈报告》，《青年研究》2003年第9期。

[48] 张人杰：《国外教育社会学》，华东师范大学出版社，1989。

[49] 赵学勤：《城市流动人口子女及基础教育问题研究》，《教育科学研究》2001年第2期。

[50] 赵树凯：《边缘化的基础教育——北京外来人口子弟学校的初步调查》，《管理世界》2000年第5期。

[51] 赵晔琴：《城市流动人口子女就学困难的思考——以上海市为例》，《社会》2002年第2期。

[52] 中央教科所教育发展研究部课题组：《中国进城务工就业农民子女义务教育研究》，《华中师范大学学报》2007年第2期。

[53] 周佳：《"农民工子女义务教育"政策文本的演变》，《中国教师》2005年第5期。

[54] 朱晓斌：《流动人口子女义务教育政策的价值分析》，《教育评论》2003年第2期。

[55] 朱小蔓：《对策与建议——2005~2006年度教育热点、难点问题分析》，教育科学出版社，2006。

来杭留学生的异文化适应探析

⊙李 智[*]

【内容摘要】 当前，大量的外国学生选择到中国留学深造，他们由于原文化与中国文化之间的差异，极易产生异文化压力，然而现在还没有适用于中国文化背景下的留学生异文化压力问卷，因此本研究采用探索性因素分析、验证性因素分析、信效度分析，对国外的异文化压力量表进行了修订，并以此为工具测查了来华留学生异文化压力的基本状况。另外，又借助成人心理弹性量表和医用焦虑与抑郁量表以浙江大学华家池校区、浙江理工大学、浙江工商大学、杭州师范大学等四所高校的480名留学生为调查对象，采用T检验及方差分析的方法测查了来华留学生心理弹性及心理健康的基本状况。最后运用相关分析和回归分析较深入探讨了来华留学生心理弹性与异文化压力、心理健康的关系。

【关键词】 来华留学生　异文化压力　心理弹性　心理健康

---

[*] 李智，杭州师范大学发展与教育心理学方向研究生，指导老师唐世明（杭州师范大学教育科学学院教授）。

引 言

(一) 问题的提出

当前,许多外国留学生选择到我国进行留学深造,这一特殊群体引起了研究者的注意。留学生离开自己习惯的文化环境,来到中国,不同的文化差异使其产生了异文化压力,这对他们的心理健康状况也会造成一定的影响,如何通过定量的方法来研究异文化压力,目前还没有一份适用于中国文化背景下的留学生异文化压力问卷,因此,编制来华留学生的异文化压力问卷是当前研究亟待解决的问题;然而并不是所有具有异文化压力的来华留学生都出现了心理问题,这涉及当今积极心理学所提出的心理弹性的概念,心理弹性在异文化压力与心理健康之间扮演着怎样的角色,它们三者之间的关系如何也是需要通过实证研究加以考察的。

(二) 研究内容与目标

目前异文化压力的研究热点主要集中在特殊领域,其测量工具大多是与特定群体相结合而编制的,都有其特定的适用对象,如移民群体等。然而,对来华留学生这一群体还没有一个适合的测量工具。Sandhu 与 Asrabadi 在美国文化背景下以留美学生为研究对象编制出留学生异文化压力问卷(Acculturative Stress Scale for International Students,ASSIS)。该问卷在国外相关研究中使用得比较广泛,而且该量表的信度和效度都很好,操作也简便易行。因此,本研究拟对 Sandhu 等人编制的异文化压力问卷(ASSIS)进行修订,以建立一份适用于来华留学生的异文化压力问卷,为来华留学生异文化压力的研究提供较为有效的测评工具。在此基础上,对来华留学生异文化压力的基本状况进行初步的调查分析,并进一步探询异文化压力、心理弹性、心理健康之间的关系。

(三) 研究的意义

1. 理论意义

国外对于异文化压力的研究起步较早，起初，研究者都把研究对象锁定在移民群体，然而最近几年，一些研究者逐步将研究重点放在留学生这一群体的研究中。国内对异文化压力的研究关注较少，其中的大部分都是对国外研究进行理论综述，可搜索到的实证性研究也只是以华裔移民为研究对象，针对来华留学生的研究几乎没有。本研究在修订留学生异文化压力问卷的基础上，对来华留学生的异文化压力状况进行分析，并对来华留学生异文化压力、心理弹性、心理健康的关系进行了深入探讨，从而丰富了异文化压力的研究内容，具有一定的理论意义。

2. 实践意义

随着我国教育事业国际化进程的发展，大量的外国留学生选择来我国进行学习深造，他们的心理健康状况也引起了研究者的高度关注。本研究通过修订适合以来华留学生为被试的异文化压力问卷，并引入心理弹性的概念，探讨异文化压力、心理弹性、心理健康的关系，不仅为来华留学生心理健康的研究与教育工作提供了一个新的视角和思路，也为来华留学生心理健康的干预工作提供了理论依据；对于全面促进来华留学生的心理健康，促进我国教育国际化的发展具有一定的实践意义。

二　文献综述

(一) 异文化压力

1. 异文化压力的含义

不同的学者对异文化压力有不同的定义。Berry（1974）认为，异文化压力是基于对经历文化适应的生活事件做出反应而产生的压力。Smart（1995）认为，在适应一种新的文化过程中会产生心理上的困难即为异文化压力。Nwadoria 和 McAdoo（1996）认为，异文化压力是在文化适应的过程中产生的，当个体进入到一个新文化时，由于新旧文化之间的差异导致了个体感觉到心理与文化上的压力，这些压力使得个体在心理、身体及社会交往等方面的功能受阻，进而全面影响个体的健康状况。

2. 异文化压力的测量

通过搜索文献可以发现，国外学者已经把异文化压力的研究对象从移民群体逐渐转移到留学生群体。然而我国对于异文化压力的研究还处在起步阶段，为数不多的实证研究也仅限于华侨群体，因此编制一份以来华留学生为研究对象并适用于我国文化背景的异文化压力问卷显得十分必要，如此不仅能更科学地发现影响来华留学生异文化压力的因素，也能为我国的教育机构提供科学有效的对策，以使来华留学生能在我国得到更好的学习与生活。

（二）心理弹性

1. 心理弹性的概念

关于心理弹性的定义很多，目前还没有一个统一的标准。然而，综合已有文献中对心理弹性的定义，大致可以归纳为三类：(1) 作为一种能力或人格特质的心理弹性，如 Garmezy（1991）将心理弹性定义为"个体在面临压力事件时能够恢复和保持健康的心理状态，从而能够良好适应压力情境的能力"；(2) 作为一种积极适应结果的心理弹性，如 Rutter（1990）将心理弹性定义为"个体在逆境中能够克服困难，从而恢复良好适应的结果"；(3) 作为一种适应过程的心理弹性，如 Luther（2000）等人认为"心理弹性是一种功能也是一种动态的过程，它是个体与环境进行交互作用的过程"。

2. 心理弹性的测量

对心理弹性的测量和评估主要采用问卷调查法。目前为止，研究者已经编制了多种测量心理弹性的量表，这些量表既有相似和重叠的地方，又有着根本差别。相关量表主要有以下几种：

（1）特质性心理弹性量表
（2）心理弹性量表
（3）个人保护因子问卷
（4）复原技巧与能力量表
（5）健康青少年复原力评定问卷
（6）自我心理弹性量表
（7）成人心理弹性量表
（8）简易心理弹性应对问卷
（9）贫困大学生心理弹性问卷
（10）企业员工心理弹性量表

（三）来华留学生的心理健康

1. 心理健康的概念

现代学者们较一致地认为，心理健康是指个体在各种环境中能保持一种良好的心理效能状态，并能够在与不断变化的外界环境的相互作用中及时调整自己的内部心理结构，从而达到与环境的平衡和协调，并逐步提高心理发展水平，完善其人格特质。

2. 来华留学生的心理健康状况

从已有的研究来看，来华留学生心理健康由于地理以及研究工具的差异，其研究结果也不尽相同。本研究尝试运用更简洁和可靠的医用焦虑与抑郁问卷对来华留学生的心理健康状况进行测评，了解留学生的心理健康状况。

纵观当前我国的研究，还没有学者深入探讨来华留学生的异文化压力、心理弹性、心理健康之间的关系，本研究在分析前人研究的基础上大胆假设心理弹性在异文化压力与心理健康中具有中介效应，并通过实证的方法予以证明。

三 研究假设与研究设计

（一）研究假设

从上述文献综述的相关研究出发，可以大胆提出以下假设：

（1）修订的来华留学生异文化压力问卷的信度、效度均达到心理测量学的要求；

（2）异文化压力、心理弹性、心理健康各自在某些人口学变量上表现出显著性差异；

（3）异文化压力与心理弹性之间存在显著的负相关；

（4）心理弹性与心理健康之间存在显著的正相关；

（5）异文化压力与心理弹性共同对被试的心理健康有很好的预测作用；

（6）异文化压力是通过心理弹性对心理健康产生影响。

（二）研究设计

1. 研究方法

本研究主要采用问卷调查法收集数据，采用SPSS11.5软件和AMOS4.0软件进行统计分析。通过探索性因素分析和验证性因素分析交叉验证的方法，修订符合统计学要求及我国文化背景下的来华留学生异文化压力量表；通过差异比较，考察某些人口学变量对留学生异文化压力的影响；运用相关分析及回归分析探讨留学生心理弹性与异文化压力、心理健康的关系。

2. 研究设计

根据研究目的，本研究做了以下两项工作：

（1）来华留学生异文化压力量表的修订；

（2）留学生异文化压力、心理弹性、心理健康基本状况及关系的研究。

通过相关分析找出心理弹性与异文化压力、心理健康之间的关系；最后通过回归分析验证心理弹性在异文化压力和心理健康关系中的作用。

四　来华留学生异文化压力问卷的修订

（一）研究目的

本研究拟对 Sandhu 等人编制的留学生异文化压力问卷（ASSIS）进行修订，以期建立一种适用于我国文化背景的留学生异文化压力问卷，为来华留学生异文化压力的研究提供较为有效的测评工具。

（二）来华留学生异文化压力问卷的预测

1. 来华留学生异文化压力问卷项目的拟定

基于来华留学生在英文与中文之间至少通晓一门的实际情况，问卷的英文部分维持原问卷不变，而中文部分采用双向互译法形成量表项目的最终翻译定稿。

2. 问卷预测

随机选取浙江工商大学、杭州师范大学、浙江理工大学来华留学生200人，其中男生125人，女生75人，进行预测调查。最终收回有效问卷183份，有效率为91.5%。根据预测收集的数据进行项目分析，确定正式施测量表。

3. 项目分析

根据心理测量学的一般规则，将全体被试按异文化压力总分排序，分别取高分端和低分端各27%的被试依次为高分组和低分组,并对这两组被试的各个题目进行差异检验。结果发现36个题目的T值均达到显著水平($p<0.05$),而且95%的置信区间均未包含0在内,表明这36个题目的鉴别度良好,均能鉴别出不同被试的反应程度。因此保留这36个项目,作为正式施测量表。

(三) 来华留学生异文化压力问卷的修订

1. 取样

根据本研究的目的,选取杭州师范大学、浙江工商大学、浙江理工大学以及浙江大学(华家池校区)的来华留学生为合适样本。共向450名留学生发放了问卷进行施测,最后回收有效问卷420份,有效率为93.3%。被试的构成情况见表4-1。

表4-1 修订问卷被试的构成情况

		人数(N)	百分比(%)
性别	男	168	40.0
	女	252	60.0
国(洲)籍	亚洲	217	51.7
	欧洲	126	30.0
	拉美、非洲	77	18.3
在读学历	本科	280	66.7
	研究生	140	33.3
来华时间	半年以下	175	41.7
	半年至一年	182	43.3
	一年至两年	49	11.7
	两年以上	14	3.3
专业	文史类	336	80.0
	理工类	84	20.0
学费来源	自费(自费为主)	273	65.0
	公费(公费为主)	147	35.0

2. 研究工具

初始的留学生异文化压力问卷 ASSIS。

3. 统计工具及方法

本研究主要采用 SPSS11.5 及 AMOS4.0 软件进行统计分析，运用探索性因素分析法对项目进行鉴别筛选，探讨量表的结构，并运用 AMOS4.0 软件进行验证性因素分析，以验证模型是否符合统计学要求，最后进行信度与效度检验。

（四）研究结果

本研究对修订的来华留学生异文化压力问卷首先进行探索性因素分析，然后运用验证性因素分析方法加以验证。本研究采取的处理办法为：将调查的被试随机分成两部分，分别进行探索性因素分析和验证性因素分析。

1. 探索性因素分析

在进行探索性因素分析之前，应当首先检验各个项目的相关系数矩阵进行因子分析的适当性，即 KMO 抽样适当性检验及 Bartlett 球形检验结果（见表 4-2）。

表 4-2　KMO 系数和 Bartlett 球形检验

KMO 系数		.895
Bartlett 球形检验	X^2	8462.433
	自由度	630
	显著性水平	0.001

由表 4-2 可知，本样本的 KMO 值为 .895，依据有关学者的观点，KMO 值大于 .80 时表示存在较好的因素分析的可能性。Bartlett 球形检验值为 8462.433，在自由度为 630 时，已达到 0.001 显著水平，表明该数据适合进行因素分析。

本研究的因素分析利用主成分分析法（principal components）

抽取共同因素，再以最大方差法（varimax）进行因素旋转，以使每个项目在尽可能少的因子上有较高的负载（杨彩霞，2008）。根据初步因素分析的结果，按以下标准删除问卷中不合格的项目。（1）项目负荷值。它是指题目与公因素间的相关程度，题目的因素负荷值越大，就表明它与公因素的关系越密切；反之，题目的因素负荷值越小，表明它与公因素间的相关越小。在本研究中，项目负荷值低于 0.3 的予以删除；（2）把在两个以上题目上的因素负荷均高且负荷值近似的题目予以删除；（3）共同度。表示题目在公因素上负荷值的平方和，即题目所代表的变量可以被公因素解释的变异量的百分比。在本研究中，共同度小于 0.3 的予以删除。

根据以上标准，对 36 个项目进行探索性因素分析筛选，先后删除 36、15、25、24、33、5、8 共 7 个项目，最后剩下 29 个项目，包括 6 个因子。探索性因素分析结果表明，6 个因子结构比较清晰，与原量表的维度基本吻合，因此本研究接受探索性因素分析结果，将来华留学生异文化压力问卷建构为 6 个维度。具体结果见表 4-3 和表 4-4。

表 4-3　因素的特征值及解释总变异百分比

因素	特征值	总变异百分比(%)	累计百分比(%)
1	6.150	17.085	17.085
2	5.930	16.471	33.556
3	4.886	13.574	47.129
4	4.143	11.507	58.637
5	2.268	6.301	64.937
6	1.793	4.982	69.919

表 4-4　因素的负荷矩阵

项目	因素					
	1	2	3	4	5	6
29	0.79					
26	0.77					

续表

项目	因素					
	1	2	3	4	5	6
3	0.69					
9	0.67					
14	0.66					
17	0.65					0.47
32	0.58					
28	0.50					
12		0.67				
23		0.56				
11		0.54		0.49		
16		0.50				
4		0.40				
21			0.81			
1			0.78			
35			0.71			
6			0.63			
34			0.58			
10			0.53			
30				0.69		
20				0.65		
19				0.57		
31				0.57		
7					0.61	
27					0.52	
18					0.57	0.43
2						0.64
22						0.58
13						0.44

2. 因素命名

在经过探索性因素分析以后就需要决定最终要保留多少个共同因素。在探索性因素分析中，往往遵照以下两项原则：(1) SPSS会默认保留特征值在1以上的因子为最后的共同因子。(2) 根据陡阶检验的结果。决定的标准可从陡坡图特征值最小的一个因子往右，循着各因子特征值，画出一条近似水平的线，同时由第一个因子的特征值往下，循着各因子特征值，画出一条近乎垂直的直线，两条线交叉点以上的因子就是所该保留的因子数目。

本研究因素分析原则基于以下几点：根据陡阶检验（Screen Plot，见图4-2）；抽取出的因子在旋转前至少要能解释的总变异；考虑因素的可解释性；各个项目意义是否明确；每个因素至少包括3个项目。依据此原则，最终提取6个共同因素，解释总变异69.92%。

第一个因子"受到不同寻常的关注"（Nonspecific Concerns）包括8个项目；第二个因子"思乡"（Homesickness）包括6个项目，第三个因子"感觉被歧视"（Perceived Discrimination）包括5个项目，第四个因子"不被人喜欢"（Perceived Hate）包括4个项目，第五个因子"恐惧"（Fear）包括3个项目，第六个因子"文化冲击"（Culture Shock）包括3个项目。

3. 验证性因素分析

根据探索性因素分析的结果，构建出验证性因素分析的模型，然后选用AMOS4.0统计软件，用最大似然法（maximum likelihood estimation）对来华留学生异文化压力问卷的因素结构进行验证性因素分析。模型结构图以及验证性因素分析拟合指标结果见图4-1及表4-5。

由表4-5可见，模型中的各项指标除GFI=0.89略小于理想标准0.90外，其余各项指标都能达到较理想的水平，说明量表的因素结构具有较高的适配度。

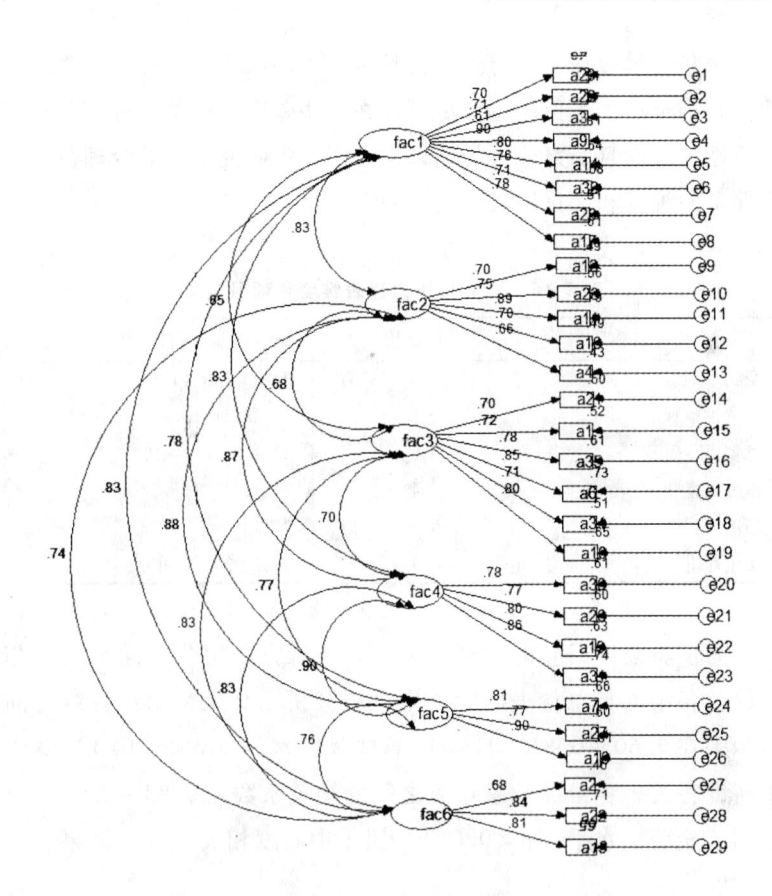

图 4-1　模型结构图

注：fac1 表示受到不同寻常的关注，fac2 表示感觉被歧视，fac3 表示思乡，fac4 表示不被人喜欢，fac5 表示感到恐惧，fac6 表示文化冲击。

表 4-5　留学生异文化压力量表验证性因素分析结果

拟合指标	X^2	df	X^2/df	GFI	AGFI	CFI	TLI	RMSEA
指数	692.92	362	1.91	0.89	0.87	0.91	0.90	0.05

根据因素分析所得的 6 个维度结构与原问卷的 7 个维度结构在很大程度上是吻合的，但是也存在一些差距，主要是"负罪感"这一维度与"思乡"合并组成了一个维度。这两个维度的合并反

映了来华留学生在负罪与思乡上具有很大的联系，也许是因为思乡而在心理上产生了负罪感。尽管存在一些差距，但是这种差距不是实质性的，而且因素分析的结果也证明了本研究模型的合理性。最后保留的维度和项目构成如表4-6。

表4-6 异文化压力量表维度和项目构成

因子名称	项目数	项目编号
受到不同寻常的关注	8	29、26、3、9、14、32、28、17
感觉被歧视	5	12、23、11、16、4
思乡	6	21、1、35、6、34、10
不被人喜欢	4	30、20、19、31
恐惧	3	7、27、18
文化冲击	3	2、22、13

为了验证该问卷的内部一致性，本研究采用各个维度间的相关以及各维度与总量表的相关来进行分析。结果显示：各维度间的相关在0.60~0.81，且达到了显著性水平（$p<0.01$），属于中高度相关；各维度与总量表之间的相关系数在0.83~0.91，也达到了显著性水平（$p<0.01$），属于中高度相关。具体结果见表4-7。

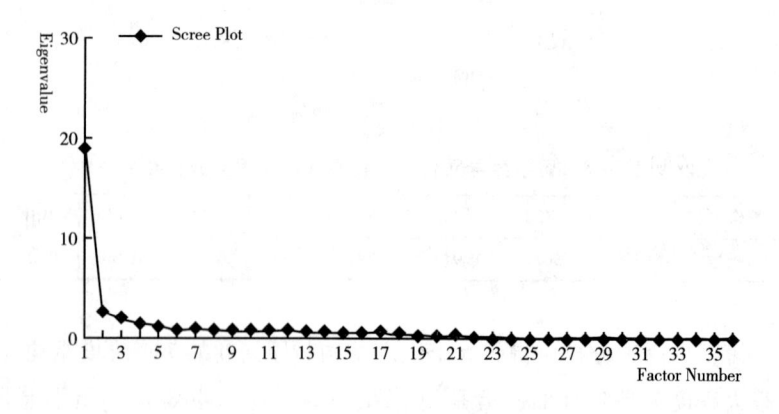

图4-2 探索性因素分析陡坡图

表4-7 留学生异文化压力量表各维度与总量表的相关

	受到不同寻常的关注	感觉被歧视	思乡	不被人喜欢	恐惧	文化冲击
感觉被歧视	0.74**					
思乡	0.66**	0.67**				
不被人喜欢	0.77**	0.75**	0.65**			
恐惧	0.76**	0.76**	0.71**	0.81**		
文化冲击	0.71**	0.64**	0.75**	0.74**	0.69**	
总量表	0.91**	0.87**	0.85**	0.89**	0.88**	0.83**

注：** 表示 $p<0.01$。

五 异文化压力、心理弹性、心理健康基本状况及关系的研究

（一）研究方法

本研究采用问卷调查法。

（二）研究对象

本研究在浙江大学华家池校区、浙江理工大学、杭州师范大学和浙江工商大学四所高等院校，采用整群随机取样的方法，先将问卷及注意事项告诉留学生所在班级的辅导员或班主任，然后由这些辅导员或班主任向留学生发放及回收问卷。总共发放问卷500份，回收487份，回收率97.4%；其中有效问卷480份，有效率96.0%。被试的具体情况见表5-1。

（三）研究工具

1. 来华留学生异文化压力问卷

本研究采用的是本研究修订的来华留学生异文化压力问卷

表5-1 被试的具体分布情况（N=480）

		人数(N)	百分比(%)
性　别	男	195	40.6
	女	285	59.4
国(洲)籍	亚洲	258	53.8
	欧洲、北美	159	33.1
	拉美、非洲	63	13.1
在读学历	本科	306	63.8
	研究生	174	36.3
来华时间	半年以内	189	39.4
	半年至一年	207	43.1
	一年至两年	63	13.1
	两年以上	21	4.4
专　业	文史类	375	78.1
	理工类	105	21.9
学费来源	自费(自费为主)	327	68.1
	公费(公费为主)	153	31.9

（Acculturative Stress Scale for International Students，ASSIS）。修订后的问卷由29个反映留学生异文化压力程度的项目组成，每个项目仍采用5点记分，从1（完全不同意）到5（完全同意），分数越高表示异文化压力越大。全部项目可以归结为6个因素：受到不同寻常的关注（8个项目），感觉被歧视（5个项目），思乡（6个项目），不被人喜欢（4个项目），恐惧（3个项目），文化冲击（3个项目）。本研究中的信效度检验如表5-2。

2. 成人心理弹性量表

本研究采用的是挪威学者Friborg等人于2003年编制的成人心理弹性量表（Resilience Scale for Adults，RSA）。量表共包括33个项目，分成6个维度：自我效能（6个项目）、对将来乐观的态度（4个项目）、社交能力（6个项目）、有序的生活（4个项目）、家庭凝聚力（6个项目）和社会支持（7个项目）。主要测量成人在压力情景下维持心理健康和适应良好所具备的保护机制和因子。该问卷采用5点记分，总分从33到165，得分越高则反映其心理弹性越高。此问卷具有很好的信度和效度，内部一致性（4个月后的）及再测信度分别为 0.76、-0.86 和 0.69、84。Friborg 采用因素分析的方法证实该问卷的效度也符合统计学要求。在本研究中的信效度检验如表 5-3。

3. 医用焦虑与抑郁问卷

本研究测试心理健康情况采用的是 Zigmond 和 Snaith 于 1983 年编制的医用焦虑与抑郁问卷（Hospital Anxiety and Depression Scale，HADS）。该问卷起初是用来评定在治疗中的病人焦虑与抑郁的倾向程度，包括 7 个具有焦虑特征的项目和 7 个具有抑郁特征的项目。当前的研究表明，该问卷不仅适用于躯体治疗、精神治疗中的患者，也可用于正常的人群；同时，研究表明该问卷中焦虑项目的内部一致性系数为 0.68、-0.93，抑郁项目的内部一致性系数为 0.67、-0.90。在本研究中的信效度检验如表 5-4。

4. 数据处理

本研究采用 SPSS 11.5 For Windows 软件对数据进行处理。

（四）研究工具的适用性探讨

1. 来华留学生异文化压力量表信效度检验

来华留学生异文化压力量表 6 个维度及总量表内部一致性检验结果见表 5-2。

表5-2 来华留学生异文化压力量表及各分量表的内部一致性系数

名称	项目数	Alpha 系数
异文化压力量表	29	0.93
受到不同寻常的关注	8	0.92
感觉被歧视	5	0.88
思乡	6	0.91
不被人喜欢	4	0.88
恐惧	3	0.88
文化冲击	3	0.81

如表 5-2 所示，来华留学生异文化压力量表及各分量表的内部一致性系数都大于 0.80，表明其量表的信度符合要求。

采用主轴因素分析法对本研究收集到的数据进行效度分析，通过正交旋转后得到 6 个因子，累计贡献率达到 61.23%，通过分析与观察各因子的项目构成，发现与修订后量表的 6 个维度的构成基本一致，说明本次测验具有良好的结构效度。

2. 成人心理弹性量表信效度检验

成人心理弹性量表 6 个维度及各分量表内部一致性检验结果见表 5-3。

表 5-3 成人心理弹性量表及各分量表的内部一致性系数

名称	项目数	Alpha 系数
心理弹性量表	33	0.88
家庭凝聚力	6	0.81
社交能力	6	0.82
对将来乐观的态度	4	0.81
社会支持	7	0.82
有序的生活	4	0.89
自我效能	6	0.80

如表 5-3 所示，成人心理弹性量表及各分量表的内部一致性系数都大于 0.80，表明其量表的信度符合要求。

采用主轴因素分析法对该量表进行效度分析，通过正交旋转后得到 6 个因子，累计贡献率达到 58.47%，通过分析与观察各因子的项目构成，发现与原量表 6 个维度的构成基本一致，说明本次测验具有良好的结构效度。

3. 医用焦虑与抑郁问卷信度检验

对医用焦虑与抑郁量表的内部一致性系数进行检验，随后又将各题项与问卷总分进行相关分析，其结果如表 5-4，焦虑分量表的内部一致性系数达到 0.816，各题项与问卷总分的相关系数较高且显著；抑郁量表内部一致性系数达到 0.764，各题项与问卷总分的相关系数也较高且差异显著。

表 5-4 医用焦虑与抑郁问卷内部一致性系数

名称	项目数	Alpha 系数
焦虑	7	0.82
抑郁	7	0.76

表 5-5 焦虑、抑郁各项目与总分的相关系数表

焦虑项目	与总分相关系数	抑郁项目	与总分相关系数
1	0.43(**)	8	0.40**
2	0.45(**)	9	0.41**
3	0.57(**)	10	0.50**
4	0.44(**)	11	0.55**
5	0.54(**)	12	0.55**
6	0.38(**)	13	0.45**
7	0.45(**)	14	0.56**

注：** 表示 $p<0.01$。

（五）研究结果

1. 来华留学生异文化压力、心理弹性和心理健康现状

来华留学生异文化压力、心理弹性和心理健康的描述统计结果见表 5-6。由表 5-7 可知：来华留学生异文化压力平均分为 73.09，标准差为 22.78，高低分差距较大。每题的平均分为 2.52（见表 5-7），在异文化压力各维度中，受到不同寻常的关注维度每题得分平均值最高，为 2.81，其次为感觉被歧视（2.67），而不被人喜欢得分最低，为 2.38，总得分的平均值略高于 2.50。

来华留学生心理弹性平均分为122.01，标准差为25.10，高低分差距较大（见表5-7）。每题的平均分为3.70。在心理弹性各维度中，家庭凝聚力的均分最高（3.97），其次为社会支持（3.78），而自我效能（3.49）与对将来乐观的态度（3.63）均分较低。由此可以得出结论，来华留学生所拥有的外部保护因子对心理弹性的贡献要大于内在保护因子。

在来华留学生的心理健康水平上，焦虑的均分为1.88，抑郁为1.82，总分均分为1.85。根据医用焦虑与抑郁量表的理论设计，如果得分≤2则表明被试处于健康状态，因此整体来说，来华留学生心理基本健康。

表5-6 来华留学生异文化压力、心理弹性和心理健康的描述统计

因子	人数（N）	最小值	最大值	平均数	标准差
受到不同寻常的关注	480	9.00	38.00	22.49	7.36
感觉被歧视	480	5.00	24.00	13.34	4.65
思乡	480	6.00	28.00	15.55	5.40
不被人喜欢	480	4.00	20.00	9.53	3.79
恐惧	480	3.00	15.00	7.25	2.95
文化冲击	480	3.00	15.00	7.57	2.71
异文化压力	480	31.00	133.00	73.09	22.78
家庭凝聚力	480	10.00	30.00	23.79	4.63
社交能力	480	9.00	30.00	22.00	5.47
对将来乐观的态度	480	5.00	20.00	14.51	3.39
社会支持	480	11.00	35.00	26.46	5.54
有序的生活	480	5.00	20.00	14.31	3.62
自我效能	480	8.00	30.00	20.93	5.26
心理弹性	480	60.00	159.00	122.01	25.10
焦虑	480	7.00	20.00	13.17	2.75
抑郁	480	8.00	20.00	12.74	3.14
心理健康	480	16.00	39.00	25.91	5.41

表 5-7　每题的平均分

因子	维度平均数	题项数	每题均分	因子	维度平均数	题项数	每题均分
受到不同寻常的关注	22.49	8	2.81	对将来乐观的态度	14.51	4	3.63
感觉被歧视	13.34	5	2.67	社会支持	26.46	7	3.78
思乡	15.55	6	2.59	有序的生活	14.31	4	3.58
不被人喜欢	9.53	4	2.38	自我效能	20.93	6	3.49
恐惧	7.25	3	2.42	心理弹性	122.01	33	3.70
文化冲击	7.57	3	2.52	焦虑	13.17	7	1.88
异文化压力	73.09	29	2.52	抑郁	12.74	7	1.82
家庭凝聚力	23.79	6	3.97	心理健康	25.91	14	1.85
社交能力	22.00	6	3.67				

2. 来华留学生异文化压力的差异分析结果

（1）留学生异文化压力的性别差异

对男性被试与女性被试在异文化压力各个维度的差异进行描述统计及差异分析，结果见表 5-8。结果表明：不同性别的留学生在异文化压力的各个维度均不存在显著性差异。

表 5-8　留学生异文化压力及各维度性别差异分析

变量	男生（N=195） M	男生 SD	女生（N=285） M	女生 SD	T 值
受到不同寻常的关注	23.45	7.56	21.83	7.19	1.37
感觉被歧视	13.60	5.21	13.17	4.25	0.58
思乡	15.35	6.02	15.68	4.96	-0.38
不被人喜欢	9.60	4.63	9.48	3.12	0.19
恐惧	7.25	3.28	7.25	2.72	-0.01
文化冲击	7.46	3.24	7.64	2.29	-0.41
总压力	74.09	25.86	72.41	20.52	0.46

（2）留学生异文化压力的国（洲）籍差异

对不同国（洲）籍的留学生异文化压力及其各维度进行描述统计及方差分析，结果见表 5-9。结果表明：拉美、非洲留学生的异文化压力最大,亚洲留学生的异文化压力居中,欧洲、北美留学生的异文化压力最小。

表 5-9 留学生异文化压力及各维度国(洲)籍差异分析

变量	亚洲 (N=258) M±SD	欧洲、北美 (N=159) M±SD	拉美、非洲 (N=63) M±SD	F 值	事后比较
受到不同寻常的关注	22.03±6.58	19.36±6.02	32.24±5.12	32.69**	
感觉被歧视	14.30±3.55	9.85±4.04	18.23±3.80	43.61**	
思乡	16.48±4.74	12.22±5.06	20.14±3.84	24.45**	
不被人喜欢	10.22±3.40	6.68±2.49	13.90±2.34	48.50**	3>1>2
恐惧	7.88±2.80	5.45±2.50	9.19±2.32	20.30**	
文化冲击	8.05±2.27	5.58±1.95	10.62±2.31	44.72**	
总压力	76.16±18.97	57.15±18.32	100.76±14.28	45.71**	

注: ** 表示 p<0.01;1 表示亚洲,2 代表欧洲、北美,3 代表非洲、拉美。

(3)留学生异文化压力的学历差异

对不同学历的留学生异文化压力及其各维度进行描述统计及差异比较,结果见表 5-10。研究生学历的留学生在异文化压力总得分、受到不同寻常关注、恐惧及文化冲击上的得分都显著低于本科学历的留学生。

表 5-10 留学生异文化压力及各维度学历差异分析

变量	研究生(N=174) M	SD	本科(N=306) M	SD	T 值
受到不同寻常的关注	19.95	6.06	23.93	7.67	-3.40**
感觉被歧视	12.83	3.91	13.64	5.02	-1.06
思乡	14.90	5.28	15.92	5.46	-1.16
不被人喜欢	8.97	3.71	9.85	3.82	-1.43
恐惧	6.53	2.60	7.66	3.07	-2.34*
文化冲击	6.88	2.08	7.96	2.95	-2.47*
总压力	67.62	18.85	76.21	24.27	-2.32*

注: * 表示 p<0.05, ** 表示 p<0.01。

(4) 留学生异文化压力的学费来源差异

对不同学费来源的留学生异文化压力及其各维度进行描述统计及差异比较,结果见表5-11。不同学费来源的留学生只在思乡维度上存在显著差异,表现为自费留学生思乡维度上的得分要显著高于公费留学生。

表5-11 留学生异文化压力及各维度学费来源差异分析

变量	自费(N=327) M	SD	公费(N=153) M	SD	T值
受到不同寻常的关注	22.20	6.93	23.10	8.25	-0.72
感觉被歧视	13.54	4.69	12.92	4.59	0.78
思乡	16.14	5.04	14.29	5.97	2.03*
不被人喜欢	9.41	3.51	9.78	4.36	-0.53
恐惧	7.40	2.73	6.92	3.39	0.89
文化冲击	7.42	2.44	7.88	3.21	-0.91
总压力	73.46	21.46	72.31	25.58	0.28

注:* 表示 $p<0.05$。

(5) 留学生异文化压力的文、理差异

对文、理科不同的留学生的异文化压力及其各维度进行描述统计及差异比较,结果见表5-12。理工类的留学生在受到不同寻常的关注、感觉被歧视、不被他人喜欢、恐惧及文化冲击上的得分要显著低于文史类的留学生。

表5-12 留学生异文化压力及各维度文理差异分析

变量	理工类(N=105) M	SD	文史类(N=375) M	SD	T值
受到不同寻常的关注	18.33	7.12	23.69	7.00	-4.03**
感觉被歧视	11.53	4.51	13.87	4.58	-2.71**
思乡	13.78	6.65	16.06	4.90	-1.92
不被人喜欢	7.97	3.48	9.98	3.77	-2.86**
恐惧	6.03	3.14	7.60	2.81	-2.89**
文化冲击	7.00	2.37	7.73	2.79	-1.44
总压力	62.42	24.25	76.19	21.45	-3.08**

注:** 表示 $p<0.01$。

(6) 留学生异文化压力的来华时间差异

对来华时间不同的留学生的异文化压力及其各维度进行描述统计及方差分析，结果见表 5-13。来华时间不同的留学生在异文化压力总分及其各维度上都存在显著差异。通过事后多重分析发现：来华时间在半年以内的留学生在异文化压力及各维度上的得分较低，来华时间在半年至一年的留学生在异文化压力及各维度上的得分最高，时间超过两年以后其异文化压力及各维度上的得分又呈下降的趋势。

表 5-13 留学生异文化压力及各维度来华时间差异分析

变量	半年以内 (N=189) M±SD	半年至一年 (N=207) M±SD	一年至两年 (N=63) M±SD	两年以上 (N=21) M±SD	F值	事后比较
受到不同寻常的关注	21.71±6.97	24.45±7.90	18.81±5.01	21.14±6.62	3.89**	2>1;2>3
感觉被歧视	12.94±4.85	14.28±4.37	11.67±4.31	12.86±5.49	2.06	2>3
思乡	15.19±4.62	17.42±5.37	11.00±4.31	14.00±6.88	9.25**	1>2;1>3;2>3
不被人喜欢	9.46±3.58	10.19±4.12	8.19±3.19	7.71±2.69	2.15	2>3
恐惧	7.49±2.99	7.52±3.08	5.71±2.03	7.00±2.77	2.30	1>3;2>3
文化冲击	7.61±2.62	8.33±2.73	5.67±1.80	5.29±1.70	7.84**	1>3;1>4;2>3;2>4
总压力	71.84±21.79	79.19±23.17	59.19±18.02	66.00±22.31	4.88**	1>3;2>3

注：** 表示 $p<0.01$；1 表示半年以内，2 表示半年至一年，3 表示一年至两年，4 表示两年以上。

3. 来华留学生心理弹性的差异分析结果

(1) 留学生心理弹性的性别差异

对不同性别的留学生在心理弹性及各个维度进行描述统计及差异分析，结果见表 5-14。不同性别的留学生在心理弹性及各个维度上的得分并不存在显著差异。

表 5-14　留学生心理弹性及各维度性别差异分析

变量	男生(N=195) M	男生(N=195) SD	女生(N=285) M	女生(N=285) SD	T值
家庭凝聚力	23.14	4.73	24.24	4.53	-1.49
社交能力	21.68	6.05	22.22	5.06	-0.60
对将来乐观的态度	14.48	3.83	14.54	3.07	-0.11
社会支持	26.57	6.09	26.39	5.16	0.20
有序的生活	14.28	3.74	14.33	3.55	-0.09
自我效能	21.20	5.88	20.75	4.82	0.51
心理弹性	121.34	27.68	122.46	23.30	-0.28

（2）留学生心理弹性的国（洲）籍差异

对不同国（洲）籍留学生的心理弹性及各个维度做描述统计和差异分析，结果见表 5-15。留学生的心理弹性及其各个维度在国（洲）籍上存在着显著差异。进一步的事后分析发现：除了在家庭凝聚力维度欧洲、北美留学生的得分不显著高于亚洲留学生的得分以外，在心理弹性的总分及其他维度得分上，欧洲、北美的得分最高，其次是亚洲留学生，拉美、非洲留学生的得分最低。

表 5-15　留学生心理弹性及各维度国（洲）籍差异分析

变量	亚洲(N=258) M±SD	欧洲、北美(N=159) M±SD	拉美、非洲(N=63) M±SD	F值	事后比较
家庭凝聚力	24.10±3.96	25.06±4.82	19.33±4.22	13.83**	1>3,2>3
社交能力	22.27±4.56	24.64±4.21	14.24±4.65	41.28**	2>1>3
对将来乐观的态度	14.65±3.13	16.02±2.02	10.14±3.60	31.50**	2>1>3
社会支持	26.26±5.10	29.45±3.91	19.76±4.73	32.31**	2>1>3
有序的生活	14.43±3.22	16.02±2.65	9.48±3.06	35.47**	2>1>3
自我效能	20.95±4.35	23.75±4.20	13.71±4.27	41.19**	2>1>3
心理弹性	122.66±21.39	134.94±18.22	86.67±21.06	42.43**	2>1>3

注：** 表示 $p<0.01$；1 表示亚洲，2 代表欧洲、北美，3 代表拉美、非洲。

(3) 留学生心理弹性的学历差异

对不同学历留学生的心理弹性及各个维度做描述统计和差异分析，结果见表5-16。研究生学历的留学生在心理弹性总得分、社交能力、对将来乐观的态度、社会支持及自我效能上的得分要显著高于本科学历的留学生；家庭凝聚力和有序的生活这两个维度不存在学历上的显著差异。

表5-16　留学生心理弹性及各维度学历差异分析

变量	研究生(N=174) M	研究生(N=174) SD	本科(N=306) M	本科(N=306) SD	T值
家庭凝聚力	24.34	3.98	23.48	4.95	1.21
社交能力	23.07	3.63	21.39	6.22	2.15*
对将来乐观的态度	15.38	2.40	14.02	3.76	2.79**
社会支持	27.53	3.85	25.85	6.23	2.11*
有序的生活	14.83	2.65	14.01	4.05	1.54
自我效能	22.24	3.94	20.19	5.77	2.67**
心理弹性	127.40	16.83	118.94	28.38	2.37*

注：* 表示 $p<0.05$，** 表示 $p<0.01$。

(4) 留学生心理弹性的学费来源差异

对不同学费来源留学生的心理弹性及各个维度做描述统计和差异分析，结果见表5-17。不同学费来源留学生在心理弹性及各个维度上的得分并不存在显著差异。

表5-17　留学生心理弹性及各维度学费来源差异分析

变量	自费(N=327) M	自费(N=327) SD	公费(N=153) M	公费(N=153) SD	T值
家庭凝聚力	24.19	4.39	22.94	5.04	1.60
社交能力	22.20	4.79	21.57	6.74	0.60
对将来乐观的态度	14.72	3.07	14.06	3.99	1.06
社会支持	26.86	4.96	25.61	6.57	1.21
有序的生活	14.61	3.14	13.67	4.44	1.36
自我效能	20.98	4.56	20.82	6.57	0.16
心理弹性	123.57	21.73	118.67	31.07	1.02

(5) 留学生心理弹性的文、理差异

对文、理科不同留学生的心理弹性及各个维度做描述统计和差异分析，结果见表5-18。除了在家庭凝聚力维度上不存在文、理差异以外，在心理弹性及其各个维度上理工类留学生的得分都显著高于文史类留学生的得分。

表5-18 留学生心理弹性及各维度文、理差异分析

变量	理工类(N=105) M	理工类(N=105) SD	文史类(N=375) M	文史类(N=375) SD	T值
家庭凝聚力	24.22	3.37	23.67	4.94	0.63
社交能力	23.61	5.07	21.53	5.52	2.03*
对将来乐观的态度	15.69	3.38	14.17	3.33	2.41*
社会支持	28.36	5.51	25.91	5.44	2.37*
有序的生活	15.69	3.28	13.90	3.62	2.67**
自我效能	23.06	5.47	20.31	5.06	2.81**
心理弹性	130.64	24.07	119.50	24.92	2.38*

注：* 表示 $p<0.05$，** 表示 $p<0.01$。

(6) 留学生心理弹性的来华时间差异

对来华时间不同留学生的心理弹性及其各维度做描述统计和差异分析，结果见表5-19。来华时间不同的留学生在心理弹性总分及其各维度上都存在显著差异。通过事后多重分析发现：来华时间在半年至一年的留学生在心理弹性及各维度上的得分较低，来华时间在一年至两年的留学生在心理弹性及各维度上的得分较高。

表5-19 留学生心理弹性及各维度来华时间差异分析

变量	半年以内(N=189) M±SD	半年至一年(N=207) M±SD	一年至两年(N=63) M±SD	两年以上(N=21) M±SD	F值	事后比较
家庭凝聚力	25.51±3.87	22.16±4.73	25.38±3.44	19.71±5.59	9.76**	1>2,1>4; 3>2,3>4;
社交能力	23.51±4.70	19.94±5.90	25.19±2.71	19.14±5.37	9.06**	1>2;3>2

续表

变量	半年以内 (N=189) M±SD	半年至一年 (N=207) M±SD	一年至两年 (N=63) M±SD	两年以上 (N=21) M±SD	F值	事后比较
对将来乐观的态度	14.94±3.19	13.25±3.62	16.48±1.36	17.29±1.25	8.51**	1>2;3>2;4>2
社会支持	27.40±5.07	24.65±6.10	29.71±3.07	26.14±3.02	6.00**	1>2;3>2
有序的生活	15.06±3.14	13.17±3.98	15.29±3.18	15.71±2.29	4.30**	1>2;3>2
自我效能	21.41±4.54	19.10±5.64	25.33±3.01	21.43±4.58	9.07**	3>1>2;
心理弹性	127.83±21.83	112.28±27.10	137.38±14.66	119.43±21.15	8.23**	1>2;3>2

注：** 表示 $p<0.01$；1表示半年以内，2表示半年至一年，3表示一年至两年，4表示两年以上。

4. 来华留学生心理健康的差异分析结果

（1）留学生心理健康的性别差异

对不同性别留学生的心理健康及其各维度做描述统计和差异分析，结果见表5-20。不同性别的留学生在心理健康及各维度上并不存在显著差异。

表5-20 留学生心理健康及各维度性别差异分析

变量	男生(N=195) M	SD	女生(N=285) M	SD	T值
焦虑	13.48	3.11	12.96	2.47	1.17
抑郁	13.05	3.56	12.54	2.82	0.96
心理健康	26.52	6.29	25.49	4.71	1.12

（2）留学生心理健康的国（洲）籍差异

对不同国（洲）籍留学生的心理健康及各个维度做描述统计和差异分析，结果见表5-21。留学生的心理健康及其各个维度在国（洲）籍上存在着显著差异。进一步的事后分析发现：欧洲、北美留学生在心理健康及各维度上的得分最低，心理健康状况最好，亚洲留学生其次，拉美、非洲留学生心理健康状况最低。

表 5-21 留学生心理健康及各维度国（洲）籍差异分析

变量	亚洲 （N=258） M±SD	欧洲、北美 （N=159） M±SD	拉美、非洲 （N=63） M±SD	F 值	事后比较
焦虑	13.40±2.57	11.83±2.58	15.62±1.88	18.08**	
抑郁	12.90±3.02	11.15±2.37	16.14±2.48	24.98**	3>1>2
心理健康	26.29±5.05	22.98±4.30	31.76±4.13	26.82**	

注：** 表示 $p<0.01$；1 表示亚洲，2 代表欧洲、北美，3 代表拉美、非洲。

（3）留学生心理健康的学历差异

对不同学历留学生的心理健康及各个维度做描述统计和差异分析，结果见表 5-22。在焦虑维度上研究生学历留学生的得分要显著低于本科学历留学生的得分，然而在心理健康总得分及抑郁维度上并不存在学历差异。

表 5-22 留学生心理健康及各维度学历差异分析

变量	研究生（N=174）		本科（N=306）		T 值
	M	SD	M	SD	
焦虑	12.45	2.78	13.58	2.66	-2.54*
抑郁	12.38	2.59	12.95	3.41	-1.19
心理健康	24.83	4.79	26.53	5.67	-1.93

注：* 表示 $p<0.05$。

（4）留学生心理健康的学费来源差异

对不同学费来源留学生的心理健康及各个维度做描述统计和差异分析，结果见表 5-23。不同学费来源留学生在心理健康及各个维度上的得分并不存在显著差异。

表 5-23　留学生心理健康及各维度学费来源差异分析

变量	自费(N=327) M	SD	公费(N=153) M	SD	T值
焦虑	13.32	2.40	12.84	3.38	0.91
抑郁	12.60	2.88	13.06	3.66	-0.80
心理健康	25.92	4.80	25.90	6.59	0.02

(5) 留学生心理健康的文、理差异

对文、理科不同留学生的心理健康及各个维度做描述统计和差异分析，结果见表 5-24。留学生在抑郁维度上不存在文、理差异以外，在心理健康及焦虑维度上理工类留学生的得分要显著低于文史类留学生的得分。

表 5-24　留学生心理健康及各维度文、理差异分析

变量	理工类(N=105) M	SD	文史类(N=375) M	SD	T值
焦虑	12.14	3.17	13.47	2.55	-2.31*
抑郁	11.97	2.88	12.97	3.19	-1.68
心理健康	24.11	5.16	26.44	5.39	-2.30*

注：* 表示 $p<0.05$。

(6) 留学生心理健康的来华时间差异

对来华时间不同留学生的心理健康及其各维度做描述统计和差异分析，结果见表 5-25。来华时间不同的留学生在心理健康总分及焦虑维度上存在显著差异，在抑郁维度上并不存在显著差异，进一步的事后分析发现，来华时间在半年至一年的留学生，心理健康及焦虑得分较高，而来华时间在半年以内及一年至两年的留学生的得分其次。

(7) 留学生的心理健康在学历以及学费来源上的差异

不同学历及学费来源不同的留学生心理健康的描述统计见表 5-26。

表5-25 留学生心理健康及各维度来华时间差异分析

变量	半年以内 (N=189) M±SD	半年至一年 (N=207) M±SD	一年至两年 (N=63) M±SD	两年以上 (N=21) M±SD	F值	事后比较
焦虑	12.62±2.78	14.28±2.52	11.24±2.00	13.00±2.31	9.26**	2>1;2>3
抑郁	12.54±3.47	13.16±3.07	11.81±2.18	13.29±2.98	1.18	
心理健康	25.16±5.86	27.43±5.19	23.05±3.17	26.29±4.54	4.47**	2>1;2>3

注：** 表示 $p<0.01$；1表示半年以内，2表示半年至一年，3表示一年至两年，4表示两年以上。

表5-26 不同学历及学费来源不同的留学生心理健康的描述统计

年级	研究生		本科	
	平均数	标准差	平均数	标准差
自费	26.89	4.71	21.19	1.89
公费	25.42	4.80	29.20	6.71

以留学生的学历及学费来源为自变量，心理健康为因变量进行方差分析，结果见表5-27。不同学费来源及不同学历对心理健康的影响并不存在显著差异，然而学费来源及学历之间存在交互作用，具体来说，学费来源的不同对本科生的影响更大，对研究生的影响更小，即公费本科留学生心理健康的得分要显著高于自费本科留学生心理健康的得分。

表5-27 学历及学费来源对心理健康影响的方差分析

来源	平方和	df	均方	F	P
学历	350.35	1	350.35	14.33	0.11
学费来源	30.19	1	30.19	1.24	0.27
学历*学费来源	738.18	1	738.18	30.20	0.00
残差	3813.11	156	24.44		
总计	112092.00	160			

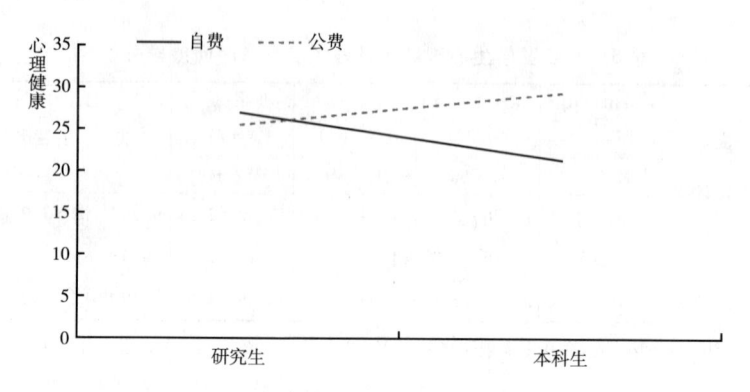

图 5-1　学历及学费来源对心理健康影响的交互作用

5. 来华留学生异文化压力、心理弹性及心理健康之间的关系

（1）异文化压力、心理弹性及心理健康之间的相关关系

由于本研究采用的研究工具评分等级不同，在对异文化压力、心理弹性及心理健康的关系进行研究之前，先将原始数据标准化，都转换成标准 T 分，再探讨变量之间的关系。对来华留学生的异文化压力、心理弹性与心理健康及各个维度进行皮尔逊积差相关分析，结果见表 5-28 及表 5-29。

表 5-28　异文化压力、心理弹性及心理健康总分的相关矩阵

	心理弹性	心理健康
异文化压力	-0.81**	0.83**
心理弹性		-0.84**

注：** 表示 $p<0.01$。

表 5-29（Ⅰ）　留学生异文化压力与心理弹性的相关分析

	受到不同寻常的关注	感觉被歧视	思乡	不被人喜欢	恐惧	文化冲击	异文化压力
家庭凝聚力	-0.49**	-0.42**	-0.36**	-0.52**	-0.37**	-0.42**	-0.50**
社交能力	-0.74**	-0.68**	-0.62**	-0.67**	-0.59**	-0.68**	-0.77**

续表

	受到不同寻常的关注	感觉被歧视	思乡	不被人喜欢	恐惧	文化冲击	异文化压力
对将来乐观的态度	-0.72**	-0.54**	-0.56**	-0.66**	-0.55**	-0.67**	-0.71**
社会支持	-0.75**	-0.69**	-0.62**	-0.73**	-0.68**	-0.70**	-0.79**
有序的生活	-0.73**	-0.57**	-0.57**	-0.70**	-0.56**	-0.67**	-0.73**
自我效能	-0.78**	-0.67**	-0.69**	-0.72**	-0.65**	-0.74**	-0.82**
心理弹性	-0.78**	-0.67**	-0.64**	-0.74**	-0.64**	-0.72**	-0.81**

注：** 表示 $p<0.01$。

表 5-29（Ⅱ） 留学生心理弹性与心理健康的相关分析

	家庭凝聚力	社交能力	对将来乐观的态度	社会支持	有序的生活	自我效能	心理弹性
焦虑	-0.51**	-0.77**	-0.69**	-0.75**	-0.62**	-0.73**	-0.76**
抑郁	-0.58**	-0.76**	-0.63**	-0.75**	-0.69**	-0.72**	-0.77**
心理健康	-0.59**	-0.83**	-0.72**	-0.81**	-0.72**	-0.79**	-0.84**

注：** 表示 $p<0.01$。

表 5-29（Ⅲ） 留学生异文化压力与心理健康的相关分析

	受到不同寻常的关注	感觉被歧视	思乡	不被人喜欢	恐惧	文化冲击	异文化压力
焦虑	0.70**	0.65**	0.61**	0.67**	0.63**	0.64**	0.75**
抑郁	0.67**	0.65**	0.64**	0.73**	0.67**	0.76**	0.77**
心理健康	0.74**	0.71**	0.68**	0.76**	0.71**	0.77**	0.83**

注：** 表示 $p<0.01$。

结果表明：异文化压力总分与心理弹性总分之间存在显著的负相关；异文化压力与心理健康得分之间存在显著的正相关；心理弹性与心理健康得分之间存在显著的负相关。

（2）留学生心理弹性与心理健康的关系

为了探讨不同心理弹性水平留学生的心理健康状况有无差异，

对心理弹性的总分进行高低排序,总分前27%者为高心理弹性组,总分后27%者为低分组,分别对这两组被试的心理健康状况进行T检验,结果见表5-30。从表中可以看出,心理弹性水平不同的留学生在心理健康总得分、焦虑及抑郁上都存在显著的差异。高心理弹性组被试在焦虑、抑郁、心理健康水平上都要好于低心理弹性组被试。

表5-30 不同心理弹性水平的留学生心理健康比较分析

	焦虑	抑郁	心理健康
高心理弹性组	10.71±2.05	10.00±2.09	20.71±3.22
低心理弹性组	16.04±2.16	15.93±2.77	31.98±4.26
T值	12.00**	11.46**	14.17**

注:** 表示 $p<0.01$。

(3) 留学生心理弹性与异文化压力的关系

为了探讨留学生心理弹性与异文化压力之间的关系,同样进一步将高心理弹性组被试与低心理弹性组被试在异文化压力水平上做T检验,结果见表5-31。心理弹性水平不同的员工在异文化压力及各个维度上都存在显著的差异。低心理弹性的被试比高心理弹性的被试体验到了更多的异文化压力。

表5-31 不同心理弹性水平的留学生异文化压力及各维度比较分析

	受到不寻常的关注	感觉被歧视	思乡	不被人喜欢	恐惧	文化冲击	异文化压力
高弹性	16.91±6.56	9.60±4.15	11.51±5.21	6.76±3.18	5.22±2.86	5.60±2.40	53.64±21.07
低弹性	29.80±6.18	17.27±3.99	19.29±4.63	13.00±3.64	9.60±2.67	9.89±2.60	95.40±19.67
T值	9.59**	8.94**	7.48**	8.67**	7.51**	8.13**	9.72**

注:** 表示 $p<0.01$。

(4) 留学生心理弹性对异文化压力和心理健康的作用分析

根据温忠麟等（2005）提出的中介变量的条件和检验方法，中介变量可通过复回归分析来替代路径分析进行检验。中介效应的前提条件是：中介变量 M 与变量 X 和变量 Y 均有显著的相关。本研究中异文化压力与心理弹性、异文化压力与心理健康、心理弹性与心理健康均有显著相关存在，满足中介效应检验的条件。下面进行中介效应检验的复回归分析，结果如下。

第一步，以异文化压力为预测变量，以心理健康为因变量，进行线性回归分析，结果见表 5-32。

表 5-32　心理健康对异文化压力的回归分析

预测变量	因变量	R^2	标准化后的 R^2	Beta	T 值
异文化压力	心理健康	0.65	0.64	0.81	17.05**

注：** 表示 $p<0.01$。

第二步，以异文化压力为预测变量，以心理弹性为因变量，进行线性回归分析，结果见表 5-33。

表 5-33　心理弹性对异文化压力的回归分析

预测变量	因变量	R^2	标准化后的 R^2	Beta	T 值
异文化压力	心理弹性	0.60	0.59	-0.77	-15.37**

注：** 表示 $p<0.01$。

第三步，以异文化压力、心理弹性为预测变量，以心理健康为因变量，进行回归分析，结果见表 5-34。

表 5-34　心理健康对异文化压力、心理弹性的回归分析

预测变量	因变量	R^2	标准化后的 R^2	Beta	T 值
异文化压力 心理弹性	心理健康	0.73	0.72	0.46 -0.44	7.00** -6.75**

注：** 表示 $p<0.01$。

综合以上线性回归分析的结果,可以得到中介检验的分析结果,见表5-35。

表5-35 心理弹性在异文化压力与心理健康之间的中介效应依次检验

	标准化回归方程	回归系数检验	
第一步	Y = 0.81X	SE = 0.07	T = 17.05**
第二步	M = −0.77X	SE = 0.07	T = −15.37**
第三步	Y = −0.44M + 0.46X	SE = 0.05	T = −6.75**
		SE = 0.05	T = 7.00**

注:** 表示 $p<0.01$。

依次检验(指前面3个T检验)都是显著的,所以心理弹性的中介效应成立,由于第4个T检验也是显著的,所以是部分中介效应。这与本研究的假设相一致。根据上述中介效应分析,可以得到中介效应模式图(见图5-2)。

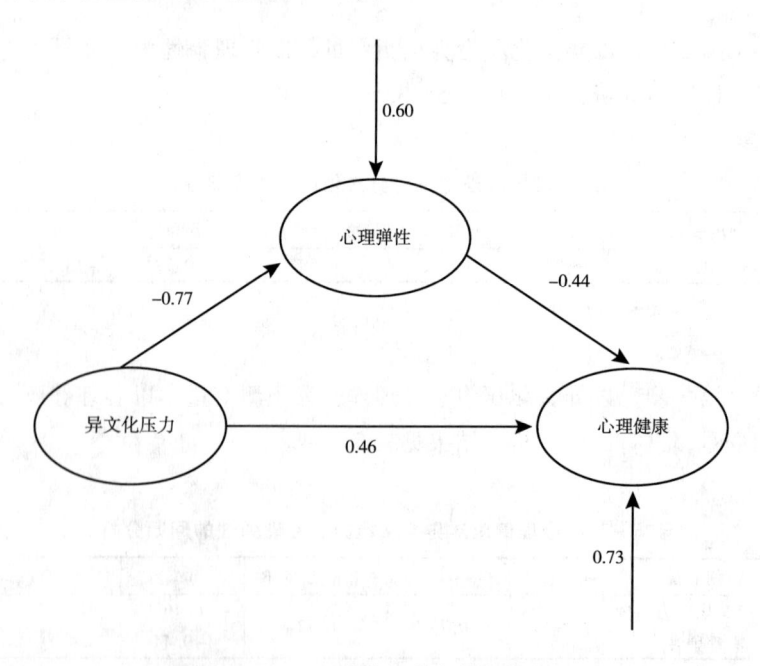

图5-2 心理弹性的中介效应模式图

六　分析与讨论

（一）研究结果的讨论与相应的教育建议

1. 留学生异文化压力的基本情况

研究样本的结果显示，留学生异文化压力总体水平与量表中数大致相等，表明留学生异文化压力水平并不高，然而从各个维度来看，受到不同寻常的关注、感觉被歧视以及思乡这三个维度是留学生产生异文化压力的主要原因；而在不被人喜欢、恐惧这两个维度的得分较低；此外文化冲击的得分与量表中数大致相等。

2. 留学生心理弹性的基本情况

留学生心理弹性总体水平高于量表中数，表明留学生心理弹性的整体水平较好，具体来说，社会的支持与家庭凝聚力的得分最高，这也说明留学生获得了良好的社会以及家庭支持；然而，在自我效能以及有序生活上的得分较低，这也说明留学生需要锻炼其自己规划生活的能力并逐步提高其自信心，从而才能不断提高自身心理弹性的水平。

3. 留学生心理健康的基本情况

留学生心理健康的得分略低于量表中数，表明大多数留学生的心理基本健康，具体来说，焦虑得分略高于抑郁得分。从心理健康的高低分差异情况来看，有些留学生心理健康状况不容乐观，必须对其开展心理教育与咨询，使其能够更好地在我国学习与生活。

4. 留学生异文化压力、心理弹性、心理健康关系讨论

留学生来到我国，不可避免会产生异文化压力，当个体感觉到压力时，会影响到其正常的生活。然而心理弹性水平高的个体不仅可以在压力状态下充分利用外界所提供的社会支持网络，自身还拥有乐观的积极情绪及宽容的态度，这些积极乐观的态度会使他们的思维变得更有概括性、创造性、灵活性和开放性，使得他们能够克服逆境和困难，产生有趣、有意义的行为。同时，乐观积极的情绪还可以使个体构建持久的个人资源，包括体力资源、智力资源、社会资源和心理资源，这些资源可以转化为更好的生存和获得成功的机会，以保证个体的心理健康。

5. 心理弹性的中介效应分析

从中介效应检验结果可知，异文化压力可以直接影响心理健康，也可以通过心理弹性的中介作用间接影响心理健康。

当个体感受到压力时，为了继续维持原有的身心平衡状态，他就会调动起各种保护因素来与压力进行对抗。心理弹性就是这些保护因素的有机组合。本文涉及的心理弹性内部保护因子是个体社会交往能力、对将来乐观的态度、规划有序生活的能力和自我效能，涉及的外部保护因子是家庭凝聚力和社会支持。除了来自外界的支持，个体自身的积极资源也在与压力发生互动，对待压力的乐观态度减小了压力对个体的威胁程度，个体不会消极地认为压力会伴随其一生，而且深知面对压力最有效的办法就是将压力转化为动力，通过这些积极认知的指引，个体的负面情绪会逐渐得以缓解，积极的情绪体验就会占据主导，从而能够更加有效地抵抗压力。心理弹性是积极、主动地面对压力，而不是对压力的回避与退缩，如此更能促使个体机能的完整发挥，维持健康的心理状态。

（二）研究的突破与不足

1. 研究的突破

本研究修订的来华留学生异文化压力问卷的信度和效度都能符合心理测量学的要求，为留学生异文化压力的量化提供依据，同时本研究对心理弹性在异文化压力与心理健康之间的效应进行探索性的研究，深入地解构了异文化压力与心理健康的作用机制。

2. 研究的不足与展望

第一，本研究采用的是问卷调查法，然而由于留学生被试的特殊性，本研究主要是针对浙江省杭州市四所高等院校留学生的抽样调查，样本的取样难免有所局限，量表的广泛适用性以及研究的结果还有待于进一步验证。因此，需要今后研究进一步来检验和完善。

第二，在结果的分析讨论上还存在一些问题，如有些没能抓住重点信息进行说明，分析原因的透彻性也不够深入，因此对于教育对策的建议不能做到有的放矢。

七 留学生心理弹性的培养

由本研究的结论可见，留学生心理弹性与异文化压力、心理健康的关系均比较密切，心理弹性对异文化压力和心理健康都有一定的影响作用。因此，心理弹性对心理健康具有一定的影响作用。尽管留学生心理弹性总体水平较高，但仍有一定比例的留学生心理弹性水平较低，并且内部心理弹性水平低于外部心理弹性水平。为了能让留学生在我国更好地学习与生活，保证留学生的心理健康，广大从事留学生教育工作的人员应该对那些心理弹性水平不高的留学生给予更多的关怀和关注，帮助他们提高心理弹性水平。基于此，我们提出以下建议，期望通过提高留学生心理弹性水平来提高留学生的心理健康状况。

由于心理弹性可以分为内部保护因子和外部保护因子，因此可以从这两个方面来帮助留学生提高心理弹性水平。

其一，通过心理辅导，有目的地提高留学生的内部保护因子。

其二，大力发展家庭和社会支持网络，有目的地提高留学生的外部保护因子。

总之，留学生的心理健康教育工作是一项长期而系统的工程，这个工程的成功与否直接影响我国的教育国际化进程以及我国教育在世界上的影响力。希冀本研究能够为提高留学生的心理弹性，改善来华留学生的心理健康状况提供有益参考。

参考文献

[1] Abe, J. S. & Zane, N. W. , "Psychological maladjustment among Asian and White American college students: Controlling for confounds," *Journal of Counseling Psychology*, No. 37, 1990, pp. 437 – 444.

[2] Bartone, P. T, Ursano, R. J. , Wrigh, K. M. , "The impact of a military air disaster on the health of Assistance workers. A prospective study," *Journal of Nervous and Mental Diseases*, No. 6, Vol. 177, 1989, pp. 317 – 338.

[3] Berry, J. W. , Acculturation, "Living successfully in two cultures," *International Journal of Intercultural Relations*, No. 29, 2005, pp. 697 – 712.

[4] Berry, J. W. & Annis, R. C. , "Acculturative stress: The role of ecology, culture and differentiation," *Journal of Cross-Cultural Psychology*, No. 5, 1974, pp. 382 – 406.

[5] Bonanno, G. A. , "Loss trauma and human resilience: Have we underestimated the human capacity to thrive after extremely aversive events?" *American Psychologists*, No. 1, 2004, pp. 20 – 28.

[6] Bonnie Benard, "Resiliency: What we have learnd. American", West Ed. , 2004. Canady R. B. , Bullen B. L. , Holzman C. , Broman C. & Tian Y. , "Discrimination and symptoms of depression in pregnancy among African American and white women," *Women's Healthy Issues*, No. 4, 2008, pp. 292 – 300.

[7] Castillo, L. G. , Cano, M. A. , Chen, S. W. , Blucker, R. T. , & Olds, T. S. , "Family conflict and intragroup marginalization as predictors of acculturative stress in Latino college students," *International Journal of Stress Management*, No. 1, 2008, pp. 43 – 52.

[8] Choi, C. , "Acculturative stress, social support, and depression in Korean American families," *Journal of Family Social Work*, No. 2, 1997, pp. 81 – 97.

[9] Crean, H. F. , "Social support, conflict, major life stressors, and adaptive coping strategies in Latino middle school students: An integrative model," *Journal of Adolescent Research*, No. 19, 2004, pp. 657 – 676.

[10] Duru, E. & Poyrazli, S. , "Personality dimensions, Psychosocial demographic variables, and English language competency in predicting

level of acculturative stress among Turkish international students," *International Journal of stress Management*, No. 1, 2007, pp. 99 – 110.

[11] Fredrickson, B. L., & Joiner, T., "Positive emotions trigger upward spirals toward emotional well-being," *Psychological Science*, No. 13, 2002, pp. 172 – 175.

[12] Friborg, O., Hjemdal, O., Rosenvinge, J. H. & Martinussen, M., "A new rating scale for adult resilience: What are the central protective resources behind healthy adjustment?" *International Journal of Methods in Psychiatric Research*, No. 12, 2003, pp. 65 – 76.

[13] Hong-Nam, K. & Leavell, A. G., "Language learning strategy use of ESL students in intensive English learning context," *System*, No. 3, 2006, pp. 399 – 415.

[14] Hovey, J. D., "psychosocial predictors of acculturative stress in Mexican immigrants," *The Journal of Psychology*, No. 5, 2000, pp. 490 – 502.

[15] Hunter, A. J., G. E. Chandler, "Adolescent resilience," *Journal of Nursing Scholarship*, No. 13, 1999, pp. 243 – 247.

[16] Jew, Cynthia, L. Green, Kathy E., Kroger, Jane, "Development and validation of a measure of resiliency," *Measurement & Evaluation in Counseling & Development*, No. 32, 1999, pp. 75 – 90.

[17] Kim, B. S. K. & Omizo, M. M., "Asian and European American cultural values, collective self-esteem, acculturative stress, cognitive flexibility, and general self-efficacy among Asian American college students," *Journal of Counseling Psychology*, No. 52, 2005, pp. 412 – 419.

[18] Kim, B. S. K. & Omizo, M. M., "Behavioral acculturation and enculturation and psychological functioning among Asian American college students," *Cultural Diversity & Ethnic Minority Psychology*, No. 12, 2006, pp. 245 – 258.

[19] Klonhnen, Eva C., "Conceptual analysis and measurement of the construct of ego-resiliency," *Journal of Personality and Social Psychology*, No. 5, 1999, pp. 1067 – 1079.

[20] Kuo B. C. H. & Roysircar G., "Adolescents in Canada: Age of arrival, length of stay, social class, and English reading ability," *Journal of Multicultural Counseling and Development*, No. 32, 2004, pp. 143 – 154.

[21] Kuo, W., "Prevalence of depression among Asian-Americans," *Journal of Nervous and Mental Disease*, No. 172, 1984, pp. 449 – 457.

[22] Lee, J., Koeske, G. F. & Sales, E., "Social support buffering of acculturative stress: a study of mental health symptoms among Korean international students," *International Journal of Intercultural Relations*, No. 28, 2004, pp. 399 - 414.

[23] Liebkind, K., "Acculturation and Stress: Vietnamese refugees in Finland," *Journal of Cross-cultural Psychology*, No. 27, 1996, pp. 161 - 180.

[24] Liebkind, K. & Jasinskaja-Lahti, I., "The influence of experiences of discrimination on psychological stress: A comparison of seven immigrant groups," *Journal of Community and Applied Social Psychology*, No. 1, 2000, pp. 1 - 16.

[25] Lisa J. Crockett, Maria I. Iturbide & Rosalie A., Torres Stone et al., "Acculturative Stress, Social Support and Coping: Relations to Psychological Adjustment Among Mexican American College Students," *Cultural Diversity and Ethnic Minority Psychology*, No. 4, 2007, pp. 347 - 355.

[26] Marcos, L. R., "Bilinguals in psychotherapy: Language as an emotional barrier," *American Journal of Psychotherapy*, No. 30, 1976, pp. 552 - 559.

[27] Masten, A. S., "Ordinary magic: Resilience process in development", *American Psychology*, No. 3, 2001, pp. 227 - 238.

[28] Mena, F. J., Padilla, A. M. & Maldonado, M., "Acculturative stress and specific coping strategies among immigrant and later generation college students Special issue," *Hispanic Journal of Behavioral Sciences*, No. 9, 1987, pp. 207 - 225.

[29] Nwadiora, E. & McAdoo, H., "Acculturative stress among Ameriasian refugees: Gender and racial differences," *Adolescence*, No. 31, 1996, pp. 477 - 487.

[30] Oddgeir, Friborg, Odin, Hjemdal, Jan H. Rosenvinge, "Resilience as a moderator of pain and stress," *Journal of Psychosomatic Research*, No. 61, 2006, pp. 213 - 219.

[31] Okazaki, S., "Sources of ethnic differences between Asian American and White American college students on measures of depression and social anxiety," *Journal of Abnormal Psychology*, No. 101, 1997, pp. 52 - 60.

[32] Poppitt, G. & Frey, R., "Sudanese Adolescent Refugees: Acculturation and Acculturative stress," *Australian Journal of Guidance & Counseling*, No. 17, 2007, pp. 160 - 181.

[33] Poyrazli, S., Kavanaugh, P. R., Baker, A. & AI-Timimi, N., "Social support and demographic correlates of acculturative stress in international students," *Journal of Collage Counseling*, No. 7, 2004, pp. 70 – 82.

[34] Richardson, G. E., "The metatheory of resilience and resiliency," *Journal of Clinical Psychology*, No. 3, 2002, pp. 307 – 321.

[35] Rodriguez, N., Myers, H. F., Bingham Mira, C., Flores, T. & Garcia Hernandez, L., "Development of the multidimensional acculturative stress inventory for adults of Mexican origin," *Psychological Assessment*, No. 14, 2002, pp. 451 – 461.

[36] Sandhu, D. S. & Asrabadi, B. R., "Development of an acculturative stress scale for International students: Preliminary findings," *Psychological Reports*, No. 75, 1994, pp. 435 – 448.

[37] Santos, F., "The relationship of stress and loss to the severity and duration of chronic depression in Southeast Asian refugees," *Dissertation Abstracts International, Section B: Sciences and Engineering*, No. 4, 2006, pp. 22 – 42.

[38] Shim, Y. & Schwartz, R., "The relationship between degree of acculturation and adjustment difficulties among Korean immigrants living in a western society," *British Journal of Guidance & Counseling*, No. 35, 2007, pp. 409 – 426.

[39] Shin, K. R., "Factors predicting depression among Korean-American women in New York," *International Journal of Nursing Studies*, No. 30, 1993, pp. 415 – 423.

[40] Smart, J. F. & Smart, D. W., "Acculturative stress of Hispanics: Loss and challenge," *Journal of Counseling & Development*, No. 73, 1995, pp. 390 – 396.

[41] Suniya S. Luthar, Dante Cicchetti and Bronwyn Becker, "The construct of resilience: A critical evaluation and guidelines for future work," *Child Development*, No. 7, 2000, pp. 543 – 562.

[42] Thomas M. & Choi J. B., "Acculturative stress and social Support among Korean and Indian immigrant adolescents in the United States," *Journal of Sociology & Social Welfare*, No. 2, 2006, pp. 123 – 143.

[43] Tomas-Sabado, J., Qureshi, A., Antonin, M. & Collazos, F., "Construction and preliminary validation of the Barcelona immigration stress scale," *Psychological Reports*, No. 3, 2007, p. 1013.

[44] Tran, T. V., "Psychological traumas and depression in a sample of

Vietnamese People in the United States," *Health and Social Work*, No. 18, 1993, pp. 184 – 194.

[45] Vega, W. A., Gil, A. G., Warheit, G. J., Zimmerman, R. S. & Apospori, E., "Acculturation and delinquent behavior among Cuban American adolescents: Toward and empirical model," *American Journal of Community Psychology*, No. 12, 1993, pp. 113 – 125.

[46] Wagnild, G. M. & Young, H. M., "Resilience among older women," Imgae: *Journal of Nursing Scholarship*, Vol. 22, No. 4, 1993, pp. 252 – 255.

[47] Werner, E. E., Smith, R. S., "Overcoming the odds: High risk children from birth to adulthood," New York: Cornell University Press, 1992, pp. 55 – 82.

[48] Willhite, R. K., Niendam, T. A., Bearden, C. E., Zinberg, J., O'Brien, M. P. & Cannon, T. D. "Gender differences in symptoms, functioning and social support in patients at ultra-high risk for developing a Psychotic disorder," *Schizophrenia Research*, 2008.

[49] Yeh, C. J. & Inos, M., "International students' reported English fluency, social support satisfaction, and social connectedness as predictors of acculturative stress," *Counseling Psychology Quarterly*, No. 1, 2003, pp. 15 – 28.

[50] 高登峰：《大学生学习压力、心理弹性、心理健康的关系研究》，华中科技大学硕士学位论文，2008。

[51] 关世杰：《跨文化交流学》，北京出版社，1995。

[52] 胡芳、崔立中、高丽：《在华留学生心理健康状况调查》，《临床心身疾病杂志》2007 年第 1 期，第 40~41 页。

[53] 胡夏娟：《大学生压力知觉、复原力和心理幸福感的关系研究》，河北师范大学硕士学位论文，2009。

[54] 李繁：《80 例留学生心理健康状况及其与 PTSD 关系的研究》，大连医科大学硕士学位论文，2007。

[55] 李海垒、张文新：《心理韧性研究综述》，《山东师范大学学报》（人文社会科学版）2006 年第 3 期，第 149~152 页。

[56] 刘宣文、周贤：《复原力研究与学校心理辅导》，《教育发展研究》2004 年第 2 期，第 87~89 页。

[57] 毛俊青：《离异家庭中学生的复原力及其影响因素研究》，西南大学硕士学位论文，2007。

[58] 王保进：《多变量分析——统计软件与数据分析》，北京大学出版社，2007，第 90~102 页。

[59] 温忠麟、侯杰泰、张雷：《调节效应与中介效应的比较和应用》，《心理学报》2005 年第 2 期，第 268~274 页。
[60] 吴明隆：《结构方程模型——AMOS 的操作与应用》，重庆大学出版社，2009，第 40~51 页。
[61] 伍志刚、向学勇、谢芸：《来华留学生和中国学生心理健康状况及应对方式比较》，《中国临床心理学杂志》2010 年第 2 期，第 252~253 页。
[62] 席居哲、桑标：《心理弹性（resilience）研究综述》，《健康心理学》2002 年第 4 期，第 314~318 页。
[63] 肖三蓉：《美国华人移民的异文化压力与心理健康》，华东师范大学博士学位论文，2009。
[64] 许渭生：《心理弹性结构及其要素分析》，《陕西师范大学学报》（哲学社会科学版）2000 年第 4 期，第 136~141 页。
[65] 严文华：《跨文化适应与应激、应激源研究：中国学生、学者在德国》，《心理科学》2007 年第 4 期，第 1010~1012 页。
[66] 杨彩霞：《大学生复原力与压力事件、心理健康的关系研究》，河北师范大学硕士学位论文，2008。
[67] 阳毅：《大学生复原力量表的编制与应用》，华中师范大学硕士学位论文，2005。
[68] 阳毅、欧阳娜：《国外关于复原力的研究综述》，《中国临床心理学杂志》2006 年第 5 期，第 539~541 页。
[69] 于肖楠、张建新：《韧性（resilience）——在压力下复原和成长的心理机制》，《心理科学进展》2005 年第 5 期，第 658~665 页。

第三部分
城市历史文化

试论南宋临安城格局

⊙毛姝菁*

【内容摘要】 南宋是中国历史上经济、文化高度发展的时期,都城临安是这一时期繁荣发展的一个缩影。由于受政治、经济、文化等因素的影响,临安城市格局别具特色。首先,随着坊(居住区)市(商业区)分离制度的解体,政治区域与商业区域的划分不再明显,官绅区、商业区、居住区交错杂处;其次,"南宫北市"的城市格局,打破了都城建设史上"天下为中"的传统理念,体现出实用主义的浓重色彩;最后,由于宋室南迁、大量的外来移民迁入临安城内,使得日益拥挤的城市向郊区扩展,导致一批市镇群的兴起,从而形成了一个庞大的环都城商贸圈。临安的城市建设是中国古代城市发展的一个典型代表和成功范例,因而在中国都城建设史上具有重要意义。

【关键词】 南宋 临安 城市 格局

引 言

南宋都城临安是在五代十国之一的吴越国首府——杭州的基础

---

* 毛姝菁,杭州师范大学专门史方向研究生,指导老师王心喜(杭州师范大学人文学院副教授)

上营建而成。由于受政治、经济、文化等因素的影响，临安城市格局别具特色。在城市空间结构格局上，突破了传统的城市格局理念，采用了因地制宜的原则，充分体现了实用主义的色彩。临安的城市建设是中国古代都城发展史上一个典型代表，被称为"9～13世纪发生在中国的商业革命、城市革命颇具代表性的一个范例"。[1]

对南宋临安城的发展脉络、城市格局以及形成因素进行初步分析，将有益于中国城市史的探讨，有益于杭州历史文化的研究，并为杭州城市未来的发展提供借鉴。

二 关于南宋都城临安的研究

（一）南宋都城史研究现状述评

近年来，有关中国都城史的研究成果颇多，其中不少论著对南宋都城临安有专门论述。譬如，史念海先生的《中国古都学刍议》等。又如陈桥驿先生主编《中国五大古都》一书，将杭州列入其中，着重分析了历史上西湖的变迁对杭州城址演变的作用。张驭寰的《中国城池史》一书，涉及南宋临安城池的规划与建筑内容。周峰主编的"杭州历史丛编"，对杭州的发展作了详细介绍。

（二）南宋都城临安建筑文化研究现状述评

贺业钜先生的《南宋临安城市规划研究——兼论后期封建社会城市规划制度》一文对临安的城市建设进行了系统整理和研究。徐吉军先生的《南宋都城临安》一书，对临安的建置及南宋宫城做了详实的考证。沈福煦指出，在我国古代所有都城中，南宋临安城的格局比较特殊：一是不规则、不对称，依山、湖、江而成；二是皇宫位置在城的最南端，皇宫之北为都城；三是皇宫、太庙及其

---

[1] 〔日〕斯波义信：《宋代江南经济史研究》，江苏人民出版社，2001，第321页。

他官署位置十分杂乱，没有规章。杨宽先生主编的《中国古代都城制度史》一书，对南宋临安的结构和街市作了深入研究。林正秋先生撰写的《南宋都城临安》《南宋都城临安研究》《古代杭州研究》《杭州历史文化研究》等书，深入剖析了临安城街道及其布局特点。

斯波义信的《宋代江南经济史研究》和施坚雅主编的《中华帝国晚期的城市》这两部书，都对南宋时期商品经济的发展，城市从封闭的坊巷制向开放的厢坊格局转变作了深入剖析。斯波义信认为，南宋临安的城市布局充分体现了实用主义的原则。

（三）临安城的考古发掘及相关研究述评

南宋临安城在中国古代城市发展史上占有极其重要的地位，同时又是一座为现代城市所完全叠压的古代城址，绝大部分遗址地处居民众多、人口密集的旧城区。在此条件下进行大规模的城址考古调查、发掘，其困难之大是其他城址所无法相比的。

经过考古工作者的努力，临安城考古取得令人欣喜的成绩。1983年，临安城皇城范围得以基本廓清；1995年发现太庙遗址；21世纪初，考古工作者相继发现了南宋临安府治遗址、"杭州严官巷南宋御街遗址"，等等。临安城的城市格局及城中遗迹的大致面貌已初现端倪，为研究临安城的格局提供了颇有价值的考古材料。①

（四）历史地图汇编述评

《咸淳临安志》中所附的《京城图》，是目前史学界普遍认为误差比较小的一幅南宋临安图。阙维民撰写的《杭州城池暨西湖历史图说》一书，收集了各个时期南宋临安的道路规划图、坊巷图、京城图等，因而是一部收录齐全的杭州历史地图大全。林正秋

---

① 唐俊杰、杜正贤：《南宋临安城考古》，杭州出版社，2008，第2页。

的《南宋都城临安》一书中所绘制的《南宋临安坊巷分布图》《南宋临安瓦子分布图》以及《中国历史地图集》中收录的关于南宋临安的地图,也具有一定的参考价值。

三　临安城的基本格局

(一) 南宋以前杭州城的基本格局

1. 隋唐以前的杭州

杭州是中国早期文明发源地之一。考古研究表明,从旧石器时代中晚期起,已有人类在杭州生产劳动,繁衍生息。杭州新石器文化肇始于跨湖桥文化早期,依次经历了马家浜文化、崧泽文化、良渚文化等阶段。2007年11月29日,一座290多万平方米的古城在良渚遗址的核心区域瓶窑镇东侧被发现,其年代不晚于良渚文化晚期,其意义不亚于殷墟的发现。

据考古勘探初步判断,良渚古城东西长约1500~1700米、南北长约1800~1900米,总面积约290万平方米。古城略呈圆角长方形,正南北方向,城墙底部普遍铺垫石块作为基础,城墙主体以较为纯净和坚硬的黄土堆筑而成,部分地段残高约4米,城外有护城河。由此看来,"良渚古城"已具备了"城"的基本特征,有城墙、护城河,还有祭坛;从地理位置和堆筑情况分析,"良渚古城"不仅具有政治功能、军事防御功能,同时也具备防洪等其他功能。根据考古调查及勘探的结果来看,"良渚古城"已经具备了中国城市的基本特征,被考古学家认为是杭州城市最早的雏形。[①]

良渚古城的发现,将杭州的建城史向前推到了距今5000年前。

[①] 浙江考古所:《杭州市余杭区良渚古城遗址2006~2007年的发掘》,《考古》2008年第7期。

然而，"良渚古城"仅仅是杭州城市最早的雏形；形态较为健全和建制最早的杭州古城，还要从秦汉时期说起。

秦王政二十五年（前222），秦将王翦灭楚降越后，在现杭州设置了钱唐县，属会稽郡，这是杭州历史上最早的行政建置。[①] 两汉时期杭州之名虽多次更改，但此时的杭州仅属"山中小县时代"。[②] 关于钱唐县治所，具体方位今无定论。杭州市文物保护所杜正贤以考古发掘经验为基础，结合地理环境、交通条件以及文献材料，推断秦汉时期钱唐古城故址就在半山镇的石塘和刘文村之间，但这仅是一家之说，迄今还没有确凿的地下出土文物用以证实县治的具体位置。

六朝时期的钱唐县聚落受当时生产力水平的限制，分布在武林山，即西湖群山的山麓地带，主要沿交通水道线散布；东晋咸和三年（328）又由灵隐山麓移址于凤凰山麓的柳浦。刘宋泰始年间（465～471），钱唐县治所在的聚落已沿江干水运路线自柳浦向北拓展到今吴山东麓的鼓楼地。陈祯明元年（587），置钱唐郡，郡治在凤凰山麓，下辖钱唐、富阳、於潜、新城4县，钱唐县治移址吴山东麓。六朝时期对钱唐县治所的建设及其聚落的拓展，为隋以后杭州的城市建设与发展打下了坚实的地域基础和政治基础。

2. 隋唐时期的杭州

隋开皇九年（589），废钱唐郡，置杭州。"杭州"之名始此。起初，州治"在余杭县，盖因其县以立名"。[③] 十一年（591），隋文帝派杨素移州城于凤凰山麓的柳浦，"依山筑城"，这是杭州历

[①] 关于钱唐县设置的具体年代，有学者认为王翦置钱唐县尚处于谋划阶段；到了公元前221年秦始皇统一中国才正式置县；还有学者认为战国时楚灭越后就已设立了钱唐县，而秦因之。钱唐县的创立可能在此前12年秦取楚江南地，初置会稽郡时，楚已置县。而秦始皇设置的钱唐县仅是楚设的钱唐县的延续和发展。

[②] 周峰主编《隋唐名郡杭州》，浙江人民出版社，1988，第7页。

[③] （宋）乐史：《太平寰宇记》卷93。

史上最早的建城文字记载。① 杭州城区自此从凤凰山脚开始，向北、东、南三面不断延伸发展。后来的唐朝、五代、北宋均照此沿革。到宋时代，朝廷的宫殿大内建在凤凰山坡，这里成为全国政治、经济、文化的中心。

《乾道临安志》对此有详细记载："隋杨素创杭州城，周回三十六里九十步。有城门十二；水门五。"② 由此可见，当时杭州城的范围大致是东至盐桥河（现在的中河），西临西湖，南至凤凰山，北至余杭门（今武林门），东至胥山（今吴山）西侧（该山当年位于城外），西将金地山、万松岭涵纳于城中。

唐初罢郡为州。高祖武德四年（621），改余杭郡置杭州。次年，为避国号讳，改钱唐县为钱塘县。以后历代因之。杭州州治所在的钱塘县治所几经迁徙。

3. 吴越国时期的杭州

隋唐以后，杭州城进入快速发展的阶段，成为"咽喉吴越，势雄江海，骈墙二十里，开肆三万室"的东南名城。③ 吴越国定都杭州后，杭州的地位从州治上升为国都。开国国王钱镠出于政治、经济、军事目的，曾先后三次拓展与营建杭州城。

（1）扩建杭城

唐末，钱镠为了杭州城市的发展和政治、军事斗争的需要，对杭州旧城进行过两次扩建：第一次扩建了隋朝杭州城的西南部；第二次拓展了隋朝杭州城的东北部，形成城外之城，故称罗城。

后梁开平元年（907），钱镠建立吴越国。为防止江潮冲击，开平四年（910），一条从艮山门到六和塔的"钱氏捍海石塘"筑成，为城郭向东南部扩展奠定了基础。④ 钱镠沿钱塘江边第三次扩

---

① （宋）乐史：《太平寰宇记》卷92。
② （宋）周淙：《乾道临安志》卷2。
③ （唐）李华：《杭州刺史厅壁记》。
④ （宋）司马光：《资治通鉴》（卷267）〔M〕，中华书局，1997，第2205、4123页。

建罗城，将杭州城墙的东界从盐桥河（今中河）西侧的罗城向东拓至今东河之西岸。至此，杭州城形成了"南北展而东西缩"的腰鼓形状。①

（2）营建子城

开平四年（910）三月，钱镠命其七子钱元瓘以凤凰山下隋、唐州城为基础，建造"子城"（又称牙城），作为王宫所在地；宫门"皆金铺铁叶"，富丽堂皇。② 至此，吴越国都城内有子城，外有夹城和罗城，城分三重，规模备极宏伟。

至此，吴越国时期的杭州城市空间业已形成。当时杭州城的四至是，东临钱塘江，南达六和塔，西至雷峰塔，北抵武林门外的夹城巷（长板巷）和艮山门一带。城中有朝天门、炭桥新门、盐桥门，此外还建有几座水城门；盐桥河成为贯穿南北的城内主要河道之一。城区内南端为吴越国王宫，北端为市坊民居。至此，杭州形成以城南凤凰山为制高点，以贯穿南北的盐桥河（今中河）及与之平行的主干道为主轴线，"南宫北城""前朝后市"的城市格局。它奠定了古代杭州城市的基本格局，此后南宋王朝又对城的东南面进行了扩建。

（二）临安城的营建与基本格局

1. 临安城的营建

南宋建都临安后，增筑内城及东南的外城。内城即皇城，系宋高宗绍兴元年（1131）于凤凰山东麓在吴越国子城的基础上扩建而成，十八年完成，周围9里。据推测，皇城的四至范围是，北城墙在万松岭路以南和凤凰山北侧余脉的山脊上，今杭州市中药材仓库西墙外西侧，东城墙在馒头山东麓，南城墙大部分与今宋城路平行，南墙东端位于南星桥火车站机修厂院内，西城墙以凤凰山为屏

---

① （清）顾祖禹：《读史方舆纪要》卷90，中华书局，2005，第4123页。
② （清）吴任臣：《十国春秋》卷78。

障，南端与南墙衔接。①

2006年，杭州考古所对临安城的东城墙遗址——望江路与直吉祥巷交界处东侧进行考古发掘，发掘现场呈现了五代、北宋、南宋等三个时期相互叠压的城墙遗迹。从中可以看出，杭州城是自西向东不断扩大的——南宋墙基比北宋的东扩了11.5米。外城共有旱门13座，水门5座。所有的城墙高三丈余，阔一丈多。②

至此，扩建后的临安城成为东西窄、南北长，内跨吴山，西临西湖，东濒钱塘江，南过凤凰山，北到武林门的气势雄伟的大城。总体上，南宋临安城是在吴越国杭州城基础上扩建而成的，城区的基本格局变化不大。此后历经明代张士诚重建杭州及清朝的扩建，现今杭州的主城区基本上还是南宋时期的城区范围。

2. 临安城的街道格局

街道构成了城市的基本框架。临安城内街道基本由中心御街—城内大街—城市普通街道—坊内街巷等多级街道体系组成。

（1）中心御街

纵贯临安城南北的御街（又称天街、大街、禁街），是临安城的中轴线或主轴线。它南起皇城北门和宁门（今万松岭和凤凰山路交叉口）外一直向北，经朝天门（今鼓楼）略向西折，接着又一直向北，经众安桥、观桥（今贯桥）到万岁桥，又折而向西，

---

① 唐俊杰、杜正贤：《南宋临安城考古》，第23页。2007年6月，由中国文物研究所、东南大学建筑设计研究院和中国社科院考古研究所联合编制的"临安城遗址——皇城遗址保护规划"中称，南宋皇城的四面城墙，经考古发掘，位置已基本明确。皇城北墙：现存约710米，在万松岭路南、杭州市中药材仓库西墙外西侧。皇城东墙：现存约390米，宽8.8~12米，位于馒头山东麓，东侧为中河高架，南段地处馒头山路西侧的断崖上；城墙现为民居覆盖。皇城南墙：位于今宋城路北侧，大部分与宋城路平行，目前地表已不见城墙遗迹。皇城西墙：西墙南端与南墙衔接，向北经过宋城路105号住宅东侧，北端抵达凤凰山南麓的一处陡坡，目前地表无遗存。参见陈奕《南宋皇城四墙位置已基本明确》，《都市快报》2009年7月2日，第3版。

② （宋）吴自牧：《梦粱录》卷7。

1. 隋唐时期的城墙范围；
2. 南宋时期的城墙范围；
3. 元末以后的城墙范围；
4. 吴越国及北宋时期的城墙范围。

图 3-1 杭州古城墙的历代沿革示意图*

*曹晓波：《古城墙的历代沿革》，《杭州日报》2007 年 7 月 13 日，第 19 版。

到达新庄桥和武林门前的中正桥（俗称斜桥），全长13500余尺，号称"十里天街"。①

2003年12月到2004年8月，杭州市文物保护管理所在万松岭隧道东面连接严官巷段进行考古发掘，发现了南宋时期的御街、御街桥堍和桥墩基础、道路、殿址、围墙、河道以及石砌水闸设施等重要遗迹。从发掘情况分析，南宋御街仿效北宋东京御街，御街分主道和辅道两部分，主道位于中间，两条辅道在主道东西两侧且与主道相接。

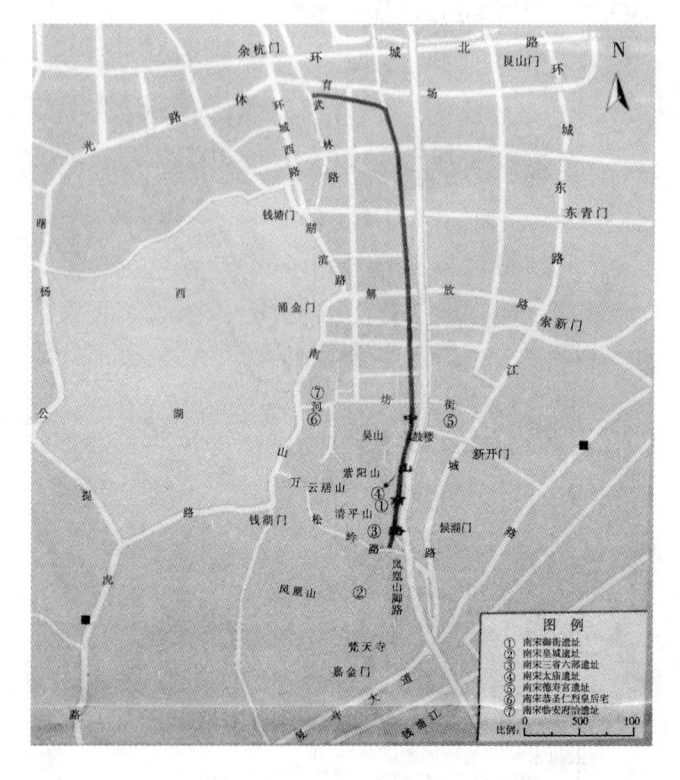

图3-2　御街位置图*

*选自南宋御街遗址陈列馆说明书。

---

① 御街的宽度暂无法确定，但根据考古发掘清理出的供百官和黎民行走的辅道单向就有5.15米宽，且砌筑规整、营建考究。御街之规模可见一斑。

严官巷考古发掘点是临安城遗址的核心地带，保存完好的御街遗迹、御街桥堍和桥墩基础及河道遗迹，是中国古代南方城市中采用河路并行体系格局的典型实例，也是南宋临安城的一大特点，对研究中国古代都城制度的发展和变迁具有十分重要的价值。[1]

（2）城内大街

临安城道路系统，基本上按经纬线进行规划。除御街外，临安城内还有两条与御街走向相似的南北向主要干道：后市街和西大街。后市街位于御街西边，与御街平行，南端起于清河坊，北端止于乐坊。这条路虽然比御街窄一些，但两边皇亲贵戚簇集，十分繁华。西大街（约今天的环城西路），南起钱塘门，北至余杭门，接近城北郊运河大码头，因此成为连接城内外货物运输的主要干道。西大街今已并入武林路。

当时临安城内贯通东西向的大街有三条：从钱塘门至东青门、由丰豫门抵崇新门、由清波门抵新开门。它们以御街为中心，向东西两边延伸，与城内诸城门相通。至于城中各厢坊之间，分布的主要是形态不规则的南北向纵横交错的街衢小巷；其街道以石板铺设而成。

此外，临安城内还有著名的前洋街、后洋街、癸辛街、南新街、三桥街等著名大街。其中，前洋街建有太学、武学及司农排岸司等学校和机关；后洋街多贵族豪宅，建有吴王府、秀安僖王府和史浩、赵密等一些大臣的府第。全城因地制宜，形成大小不一的网格，道路方向多斜向，并以"坊"命名，这些正是里坊制崩溃的佐证。

纵观临安城的街道格局，我们可以看出以下特点。

第一，自然环境影响道路走向。临安地处江南水乡，其道路系统受河网格局的影响而显得纵横交错，呈现自由发展纹理，这标志着隋唐时期规整的方格网状城市空间格局的终结。

---

[1] 参见中国文物报社、中国考古学会编《2004年度全国十大考古新发现》，生活·读书·新知三联书店，2006。

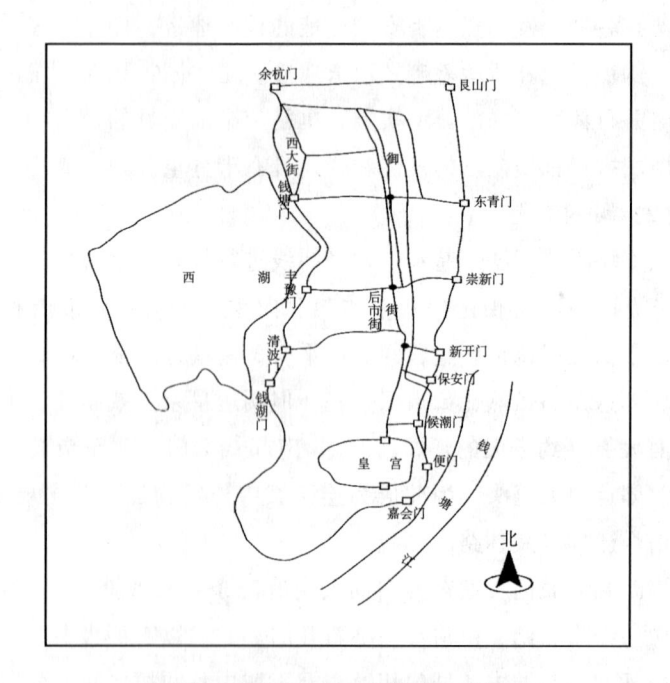

图3-3 临安城主要街道示意图

第二，商业网络渗透城市空间。坊墙制度的瓦解，使临安城的商业开始向城内纵横交错的坊巷扩展，其内的商业网点林立。御街两旁众多的店铺，成为最繁华的商业街。整个城市充满着浓厚的商业氛围。

3. 临安城的坊巷格局

随着坊墙制度的瓦解，临安城形成了城中有坊、坊中有巷的格局，坊市制度逐渐被坊巷制所代替，并在此基础上形成了新一层的管理机构——厢。每厢设厢官，厢下设坊。据《乾道临安志》卷二《坊市》载：当时临安的厢坊为七厢十六坊。《淳祐临安志》卷七《坊巷》载为十二厢九十六坊。而《咸淳临安志》卷一九《厢坊》载为十二厢九十七坊。其中城内九厢，城外三厢。城内除宫城厢外，还有左一南厢、左一北厢、左二厢、左三厢、右一厢、右二厢、右三厢、右四厢。城外分为城南左厢、城北右厢、城东厢、

- 254 -

城西厢四厢。

把南宋京城图和南宋临安厢界图相结合，我们可以发现，城内厢界的划分是以御街为南北轴，分左右两厢。其中，右一厢、左一南厢、左一北厢、左三厢是三省六部、仁和、钱塘两县署衙等政治中心；左二厢为礼部贡院、诸学校、皇族、皇后的宅第；右二厢是繁华的商业街；右三厢是军营、仓库和民居；右四厢则以皇后、皇族宅第为主要构成要素。可见左厢的顺序按顺时针排列，右厢的顺序按逆时针排列，并且越靠近皇宫的地方，是政治中心及高档住宅区，越往北则是军营区和普通居民居住区。

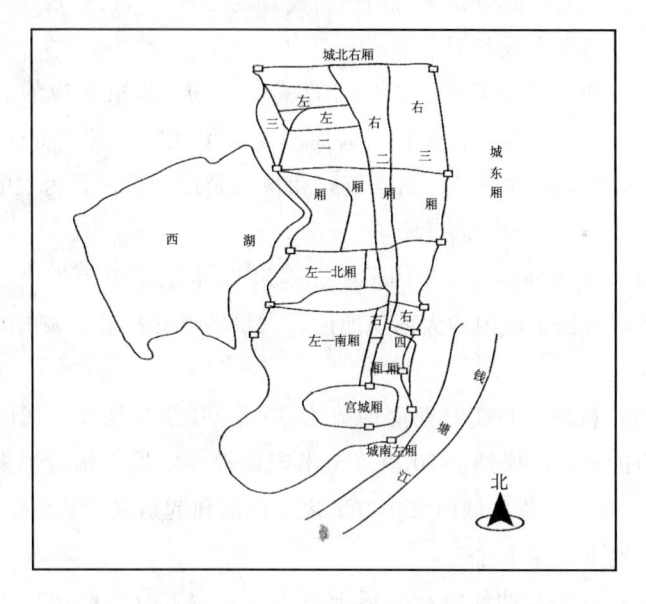

图 3-4　临安城内厢界图

由于政治中心的南移，北方人口大量南迁，都城临安人口的急剧增加促使城内厢的设置逐渐完善并向郊区扩展，在城外也设置了四厢。据推断，当时临安城区面积大约是南北长 23 里，东西宽 12 里，占地约 65 平方公里；如果按城内 100 万人口计算，则平均每平方公里的人口密度为 1.53 人。城内寸土寸金，人口密集，导致

- 255 -

临安火灾频繁发生。

4. 临安城市的分布格局

（1）皇宫位置在城的最南端，皇宫之北为都城，形成了"南宫北市"的格局。皇族、官僚和官署占据着凤凰山麓、吴山和六井一带城市最好的地段，普通下层居民则大多居住在城北和靠近城壁的边缘地带。

（2）御街两侧的商业最为丰富，遍布着城内的饮食、妓馆、娱乐、日常生活必需品等消费性商业类型。在城北形成了大型的集散中心，运河两端旅馆林立，成为城内外物资运输的中转站。繁荣的瓦子业也陆续分布在城门四周。商业也随着城市的扩展逐步向郊区发展，郊区形成若干个市镇。

（3）围绕着商业中心、仓储等就业市场，形成相应的居住区域。军队将领杨存中首先在军营周围设立了瓦子，以供将士娱乐，因此在驻军周围也形成了各类瓦子市场以及以士兵家属为主的居住区域。

（4）城内外驻有大量的军队，南宋初期高达20万左右，大量的禁军也占据了城内的大面积地区。大量的士兵拉动了城内外的消费市场。

（5）杭城在隋朝时期周回仅为36里90步，经过五代时期吴越国的扩建，发展到了70里。至南宋定都临安后，城市规模扩大为周回90里，临安城内许多空旷之处都兴建起房屋。至南宋后期，城内土地更是寸土寸金。

（6）南宋时期的宗教生活十分丰富，主要分布在凤凰山和吴山。这里聚居着从开封过来的大批新官僚和富商，凤凰山也因此称为"客山"，他们保持着原有的信仰。作为本地传统的佛教寺院，主要分布在西湖周边，一直保存至今。

（7）山水花园式城市。临安得天独厚的自然地理环境，曾被马可·波罗赞誉为"世界上最美丽华贵的天城"。南宋政府在营建都城时也尽可能地保留了原先的河网系统，增筑桥梁，因地制宜地开辟城内道路，对西湖进行疏浚和整治，使西湖成为皇室和市民共同的花园。

四　临安城的空间分区

临安城的格局并没有按照传统的"天下择中"的原则，而是充分利用了山水的特点和优势，以府城为中心，以江河为主干，结合郊区其他大小河道形成了一个环城的大型水上交通网，并配合京畿驿道，聚集周围一系列的大小卫星市镇及澉浦港口组成。这种城市规划的总体格局，采用了因地制宜的原则，充分体现了实用主义色彩。本文将临安城的空间分为政治、军事、商业、文化、居住、园林六个方面加以探讨。

（一）政治空间

政治空间指的是政治活动场所。就南宋临安城而言，主要包括皇城、中央官署及地方行政区。凤凰山和吴山是临安城两个制高点。凤凰山麓修筑了宫城，吴山山麓则分布着三省六部等重要官署。斯波义信认为："官绅区地理位置的确定，着眼于两个重要的因素：其一是定居地选择的优劣要素；其二是行政和军事上的城市化要素。"[①] 南宋宫城设置在地理位置较为优越的凤凰山麓，符合以上两个原则。凤凰山麓为全城的制高点，在这里筑宫城可加强对敌人的防御，又能加强对人民的控制；同时凤凰山麓优质的水源、便利的交通及优美的自然风景，也是重要的因素。

（二）军事空间

"驻跸之地，所系甚重。"[②] 南宋定都临安，天子居住的地方其

[①] 〔日〕斯波义信：《宋代江南经济史研究》，第353页。
[②] （宋）徐松：《宋会要辑稿》（方域二之二五），中华书局，1957，第7343页。

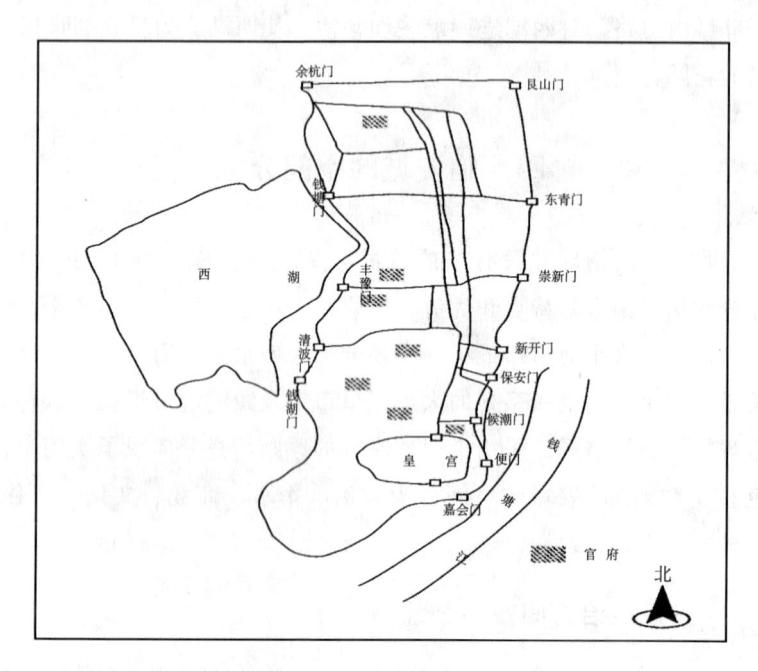

图 4-1 官府分布示意图

城防必定严密。《梦粱录》卷十《厢禁军》记载："临安居辇毂之下，盖倚以为重，武备一日不可弛阙……东南第三将，自太祖朝分隶驻扎，寨在东青门内……京畿第三将……驻扎营在东青门里，所统武骑两指挥，勇广四指挥，广捷三指挥，忠节水军，骁猛、神威、雄勇、雄威各管一指挥，效忠三指挥，共统十七指挥军也。"[1]从以上记载可以看出，东青门一带是最大的军队驻屯地。皇帝的近卫仪仗联队则驻扎在吴山东麓的保民坊、崇新门内的丰禾坊、艮山门附近和北面的梅家桥。

此外，还有担负各种杂役和劳役的军队，包括厢军、内诸司和宫观兵士等。内诸司和宫观兵士多而复杂，除宫中的宿卫和巡察外，承担保护皇帝的皇城司诸指挥共3500人，驻扎在崇新门之

---

[1] （宋）吴自牧：《梦粱录》卷10。

西北。

从临安城的地理环境看，城西临西湖，东南临钱塘江，西南方向有凤凰山阻隔。因此在冷兵器时代，临安城的北面和东北面是防御的薄弱地带。故北面只开设了一道城门，凭借坚固的城墙和城壕加以防御。东北面则安排重兵进行把守。据《梦粱录》卷七《杭州》载：临安城的东北面，东青门和艮山门均建有瓮城。[1] 瓮城是城门外口加筑的小城，一般都有重兵把守。东城外沿江一带则为重点城防区，临安城四周也都设有军营。

此外，还在城池内设有大教场。据《宋史》卷一百二十一《军礼》中记载：宋孝宗"乾道二年十一月，幸候潮门外大教场，次幸白石教场（阅兵）。"[2] 由于南宋时期经济的繁荣、人口的增多、政府多加强治安的管理，且因城中多火患，政府更是在各坊巷置军巡铺。

（三）商业空间

北宋欧阳修曾说："若乃四方之所聚，百货之所交，物盛人众，为一都会，而又能兼有山水之美，以资富贵之娱者，惟金陵、钱塘。"[3] 可见，北宋时期杭州已成为大都会了。时至南宋，临安已发展成为全国最大的商业都市，它打破了自古以来坊市严格分离的制度，出现了城中有坊、坊中有巷，坊、市相融的格局，被称为"9~13世纪发生在中国的商业革命、城市革命颇具代表性的一个范例"。[4]

商业因素促进了临安城市的发展，使其在城市规划中取代政治因素和礼制因素的影响而成为主导因素。综观临安城的整体格局，基本可以概括为一条大街、一个中心、三个区段。根据这个格局，

---

[1]（宋）吴自牧：《梦粱录》卷7。
[2]（元）脱脱：《宋史》卷121《军礼》，中华书局，1982，第2831页。
[3]（宋）欧阳修：《欧阳文忠公集》。
[4]〔日〕斯波义信：《宋代江南经济史研究》，第321页。

整个临安呈现出圆形向外扩展的三个城内商业区。

"一条大街"即指御街。御街两侧店铺林立。据《梦粱录》卷十三《团行》记载:"大抵杭城是行都之处,万物所聚,诸市百行,自和宁门杈子外至观桥下,无一家不买卖者。"[①]

"一个中心"指御街朝天门到众安桥段为半径的同心圆范围。在这一区域,商业不仅呈沿街道线状延伸,而且深入到街坊的内部。

"三个区段"分别指城南商业区、城中商业区和城北商业区。

城南商业区主要指从宫城北部边缘延伸到朝天门,因毗邻皇宫和中央官署,四周遍布皇亲国戚、达官显宦的豪华宅第,市场购买力强,高档消费品需求旺盛,故该商业区内的店铺也多汇集奇珍异宝等奢侈品,"珠玉珍异及花果时新、海鲜野味、奇器,天下所无者,悉集于此"。[②]

城中商业区主要指御街朝天门到众安桥段。这个商业中心区主要分布着城市生活必需用品市场及饮食、娱乐市场和少数特殊行业。从《京城图》中可以看出,在御街西侧,从朝天门到众安桥一带,分布着全城有名的武林园、三元楼等酒楼及酒库等生活必需品市场;官巷为临安花市所在,聚集着众多的方梳行、冠子行、销金行等与花饰有关的专行。此外,商业区周围的瓦子、妓馆、饮食等店铺也鳞次栉比。

城北商业区主要指众安桥、观桥一带至城市北部城墙。这里是城内外运输的集散地,分布着各行业的仓储区,如柴垛桥下为临安最大的柴木交易市场,北端西岸为都城粮食聚积之地。城北还是文化中心,全城 2/3 以上的书铺都集中于此。

此外,城郊周边的市集与城镇也相当发达,出现了 15 个商业繁盛、居民集中的市镇。其中包括北关门(余杭门)外的北郭市、

[①] (宋)吴自牧:《梦粱录》卷 13。
[②] (宋)耐得翁:《都城纪胜·市井》。

半道红市，西溪的西溪市，临平的临平镇市等。这些市镇，"人烟生聚，市井坊陌，数日经行不尽，各可比外路一小小州郡，足见行都繁盛"。① 它们如同都城的卫星城镇，形成一个庞大的集市贸易圈，满足了各阶层的消费需要。

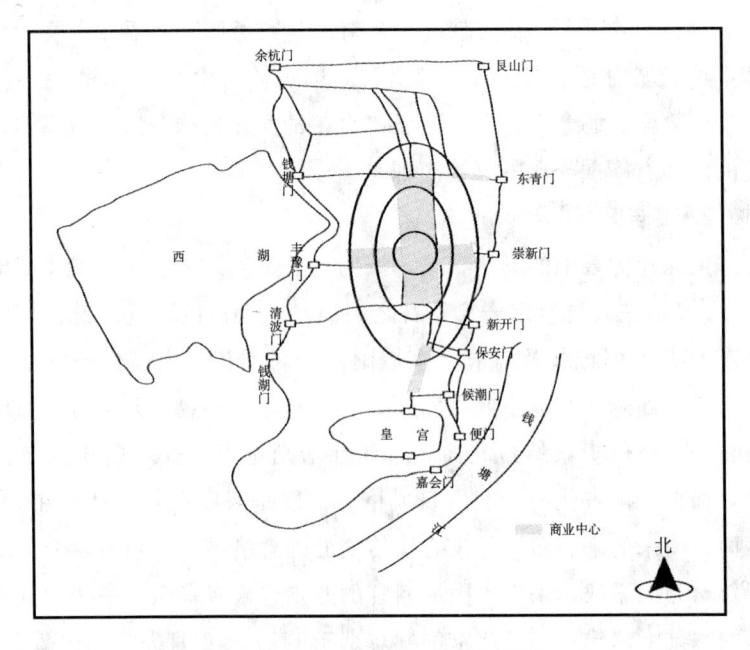

图4-2 商业空间的同心圆分布图

（四）文化空间

1. 文教区

在宋王朝重文轻武的大背景下，南宋时期的教育事业蓬勃发展。当时重教之风盛行，设立有太学、武学、府学、县学等多重教育机构，以至临安城内"每里巷须一二所。弦诵之声，往往相闻"。②《梦粱录》卷十五《学校》记载："高宗自南渡以来，复建太、

---

① （宋）耐得翁：《都城纪胜·坊院》。
② （宋）耐得翁：《都城纪胜·三教外地》。

武、宗三学于杭都：太学在纪家桥东，以岳鄂王第为之……宗学，在睦亲坊。按国朝宗子分为六宅，宅各有学，学各有训导之官……武学，在太学之侧前洋街……杭州府学，在凌家桥西……仁和、钱塘二县学，在县左，建庙学养士……医学，在通江桥北，又名太医局……"① 从文献记载及南宋《京城图》可看出，文教区基本位于城内北半部，以礼部贡院、国子监为中心，太学、武学、宗学、算学、画学、医院、书学等众多的文化机构分散在四周，宗学的南面有鳞次栉比的书籍店铺。

2. 宗庙区

太庙作为祭祖的场所，是都城的必备空间。《左传·庄公二十八年》曰："凡邑有宗庙、先君之主曰都，无曰邑，邑曰筑，都曰城。"② 从文献记载及南宋《京城图》中可看出，太庙位于宫城北面，御街西侧。其他主要宗庙区如景灵宫、万寿观、太一宫等都聚集在一起，位于城的西北面。其他社坛则位于临安城的东南郊区等。根据中国古代的传统建筑风格，一般是宗庙在左，社稷在右。然而，南宋的宗庙布置并没有按传统的理念格局。一是面对金兵压境及财力的紧缺，采用了因地制宜的原则，很多宗庙在一些大臣宅基的基础上修建；二是北宋都城东京于1127年正月失陷，宋徽宗、宋钦宗被俘，唯独幸存在外的康王赵构建立了南宋，赵构将太庙置于宫城之北以表示对故土的思念。

随着政局的稳定，经济的复苏及繁荣，统治者开始有意识在一些风景优美的地方建造宫观。如显应观、西太乙宫等，地处孤山，四水环绕，风景宜人。

（五）居住空间

临安城居住空间的分布特点是沿着御街由南及北依次递减，并

---

① （宋）吴自牧：《梦粱录》卷15。
② 杨伯峻：《春秋左传注》，中华书局，1981，第242页。

向东西两边扩展。追随高宗南迁而来的皇族、官员占据了城市环境条件较好的一等用地，从事服务行业的工商业者、艺人、劳动者涌入次等及下等的地域。

1. 超一等居住区

"六井"一带和吴山山麓因具有优质的水源和便利的交通，故是超一等地段。① 据《京城图》可看出在吴出山麓和六井一带，分别分布着张循王府、杨和王府、皇后宅、庄文府等贵族府第。《诸王宫》载："吴王府，在后洋街，秀安僖王府在后洋街，庄文太子府在井亭桥……"吴王、秀王、沂靖惠王、庄文太子等宅第更是靠近六井。②

南宋宫城设置于防卫和风景最佳的凤凰山，且是在隋唐州治基础上建造的。凤凰山因客商云集，习称"客山"。据《梦粱录》卷十八《恤贫济老》中记载，当时江商、海贾卜居于凤凰山麓的寄寓地，这一住宅区也成为富民的标志。

2. 一等居住区

皇室、功臣贵戚、文武高官宅舍占据城内的一等区域。该区西北是南北街道与东西街道交叉的城市中心，北部是金融商业等集中的经济功能中心区，东和东南部是香药铺、珠子铺、酒楼、妓馆等鳞次栉比的繁华场所。这一带有邻近御街的得天独厚的地理环境条件。据《梦粱录》卷十《后戚府》记载："昭慈圣献孟太后宅，在后市街"；"慈懿李皇后宅，在后市街"。③ 又据《梦粱录》卷十

---

① 唐德宗时杭州刺史李泌引西湖水入城，在今湖滨一带凿"六井"蓄水养民。这"六井"是相国井（在今解放路井亭桥侧，这是六井中最大之井，因李泌后升任宰相，故取名相国井）、西井（又名化成井，在今吴山路与邮电路交接处附近）、金牛池（在今吴山路与仁和路交接处附近）、方井（俗称四眼井，在今平海路与延安路交接处附近）、白龟池（在今龙翔桥西侧）、小方池（俗称六眼井，在钱塘门前，即今之小车桥附近）。六井从南往北排列，其入水口依次列于今天湖滨一公园至六公园、少年宫一线上。六井改善了杭州城内市民饮用水质，促进城市人口逐渐向湖滨一带迁移，对城市发展有重大作用。
② （宋）吴自牧：《梦粱录》卷10。
③ （宋）吴自牧：《梦粱录》卷10。

《诸官舍》记载:"左右丞相、参政、知枢密院使签书府,俱在南仓前大渠口。侍从宅,在都亭驿。东台官宅,在油车巷。省府官属宅,在开元宫对墙。卿监郎官宅,在俞家园。七官宅,在郭婆井。五官宅,在仁美坊。三官宅,在潘莨巷。十官宅,在旧睦亲坊。六房院,即后省官所居处,在涌金门东如意桥北。五房院,即枢密院诸承旨所居处,在杨和王府西也。"[①] 从文献记载及南宋《京城图》中可以看出,高级官员居住区和皇亲国府挑选在居住条件比较好的地段,如朝天门北面的秦桧府宅,洪春桥畔杨沂中的杨和王府。

3. 二等居住区

普通官员及文人士大夫的住宅区为二等居住区。如范成大、周必大这些著名人物曾居住在睦亲坊周围的枣木巷、石灰桥;距此不远的蒲桥、前洋街等地,是杨万里、李心传等人的住宅。《癸辛杂识》的作者周密则寓居在离西河西岸稍远的癸辛街。《清波杂志》的作者周辉以及画家刘松年、郑思肖等人则居住在清波门内外的七宝山、清波门南、长桥等地。

此后,随着城内人口的增多,土地的减少,不少官员住宅开始向西湖边扩展,虽在城外,但也是供水方便、日常补给一应俱全的风景名胜区,以后上流阶层的别墅、花园、功德院都建在此地。贾似道的府第便建在西湖葛岭。

4. 三等居住区

普通居民大多集中居住在地势低洼、饮用水和交通都不便的地区内,它们属于三等住宅区。譬如,城北是贫民区。法国学者谢和耐在《南宋社会生活史》一书中写道:"在宫城的北面洼地人口过度稠密,而御街外的贫民区密度的确高达每亩三二四人之多。其处高楼林立,致使那些坊巷又窄又挤。那些交错横过杭城的宽敞的大街规划、巍峨的城垣与城门钟楼、豪华的官邸与庙宇和那些狭小的

[①] (宋)吴自牧:《梦粱录》卷10。

巷陌以及脏乱而拥塞的贫民区形成强烈的对比。"①

我们从图4-3南宋临安城居住空间分布图推断，城东北区域属于右三厢的管辖范围，从大河北段荐桥到盐桥的东西两岸；如此大面积的跨度却只设6个坊，因为此区域基本上是下层居民的聚居地。此外，从东青门至崇新门和盐桥运河等之间的广大东北角地势低洼，供水与交通条件较差，是工商业雇佣人员、军人眷属、官府中低级的工作人员和一些零散人员的住宅区，人口密度较高。这里掌管消防的坊隅仅是一个隅（兵员102人及望楼），只一处坊巷之名，可见这是一处散杂粗放的区域。

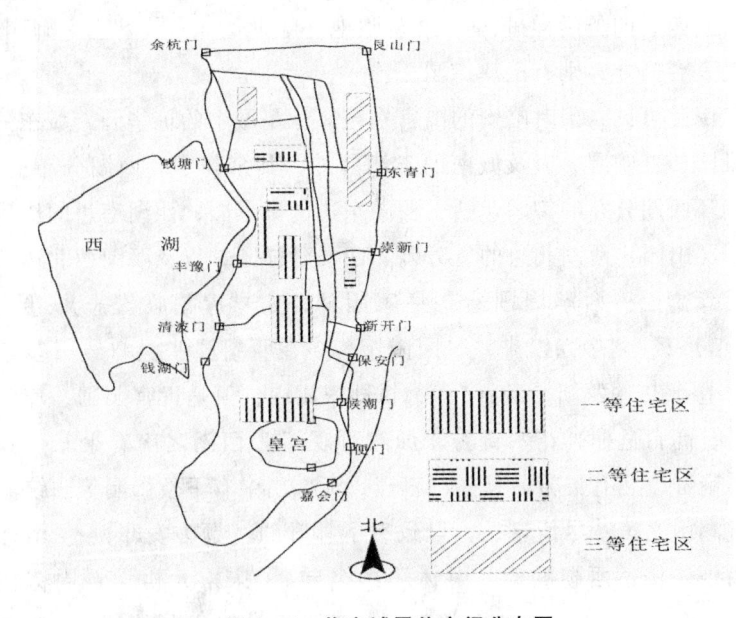

图4-3 临安城居住空间分布图

（六）园林空间

南宋临安的园林主要集中在西湖边及西林桥、包家山桃花关、

---

① 〔法〕谢和耐：《南宋社会生活史》，中国文化大学出版部，1987，第11页。

万松岭等地。

早在隋唐时期，西湖已成为杭州的一个标志，出现了不少歌咏西湖的名篇。如白居易的七律《春题湖上》，形象地概括了山水相互映衬、相互依托的关系。到了北宋仁宗时杭州赢得了"地有湖山美，东南第一州"的美称。[①] 南宋时期西湖成为皇家的后苑。

据《都城纪胜·园苑》记载临安的"御园"主要有：城里有御东园（系琼华园）；城东新开门外，则有东御园（今名富景园）、五柳御园；城西清波门、钱湖门外，聚景御园（旧名西园）；南山长桥则西有庆乐御园（旧名南园）、净慈寺前屏山御园；北山则有集芳御园、四圣延祥御园（西湖胜地，唯此为最）、下竺寺御园；城南嘉会门外，则有玉津御园。[②]

由此可见，当时临安的离宫别苑，除了城中的琼华园，城东的富景园、五柳园，以及城南的玉津园外，其余都是环西湖分布的。这些环西湖分布的御园包括：西湖东边的聚景园，西湖南边的庆乐园、屏山园，西湖北边的集芳园、四圣延祥园，以及西湖西北边的下竺寺御园。西湖周围遍布皇家园林，如《淳祐临安志》卷六《园馆》载："中兴以来，名园闲馆，多在西湖。"[③] 吴自牧《梦粱录》卷十二《西湖》载："西林桥即里湖内，俱是贵官园圃，凉堂画阁，高台危榭，花木奇秀，灿然可观。"[④] 西湖之南有聚景、真珠、南屏，北有集芳、延祥、玉壶，天竺山中有下竺御园等。统治者耽湖山之美，尽情享乐，以致有了林升的《题临安邸》："山外青山楼外楼，西湖歌舞几时休"的名句。[⑤] 宋末元初学者周密在《武林旧事》卷五《湖山胜概》中将西湖风景划分为南山路、西湖

[①] （宋）赵祯：《赐梅挚知杭州》，《全宋诗》第7册卷354，北京大学出版社，1992，第4399页。
[②] （宋）耐得翁：《都城纪胜·园苑》。
[③] （宋）施谔：《淳祐临安志》，浙江人民出版社，1984，第107页。
[④] （宋）吴自牧：《梦粱录》卷12。
[⑤] 王步高：《唐宋诗词鉴赏》，北京大学出版社，2007，第78页。

三堤路、北山路、葛岭路、孤山路、西溪路、天竺路等部分。① 这些景区弥补了南宋宫廷狭小的缺陷,使皇家园林得以延伸至西湖边,其中有些园林还面向市民开放,充分体现了临安城市规划的实用主义原则。

五 影响临安城格局的诸因素

临安城既保持了以宫城为主体的前朝后市的传统格局,同时又适应时代的需要,充分突出了经济因素的重要性。御街作为城市主轴线,贯穿南北,并对周围商业和政治格局产生辐射力;城区南部山麓及附近地带为子城,是政治中心;城区北部和中部为居民区和商业区,是经济和社会中心。影响临安城市格局的因素是复杂和多元的,主要有政治、经济(商业)、交通方式、自然环境、城市原有格局、文化等诸多因素。正是在这些因素的共同作用下,才形成了临安独特的城市格局。

(一) 地理因素

历代皇帝对都城的选址莫不慎重,事先必须仔细了解当地的自然形势是否有利于巩固其统治地位。郑樵在《通志》卷四十一《都邑》序中说:"设险之大者,莫如大河,其次大江。故中原依大河以为固,吴越依大江以为固。中原无事,则居河之南,中原多事,则居江之南。"② 南宋临安城的基本格局,也深受自然环境的影响,城市空间与所处的山水地理形势生动和谐地组成一个相对完整、缺一不可的整体空间体系。

1. 地理环境影响城市地位的转变

杭州得以定都,其优越的地理环境是重要的因素之一。《新编

---

① (宋)周密:《武林旧事》卷5。
② (宋)郑樵:《通志》卷41《都邑·序》,中华书局,1987,第553页。

方舆胜览》卷一《浙西路·临安府·形胜》晁补之《七述》中说:"杭人故封,左浙江,右具区,北大海,南天目,万川之所交会,万山之所重复……若金城无府之疆。其民既庶而有余,既狡而多娱。可导可疏,可航可桴,可跂可逾,可攒可车,若九洲二山,接乎人世之庐,连延迤逦环二十里。"① 即是说,杭州具备了优越的建城条件,即依山傍水、水网密布,有交通水运之便,利于防卫,地势高低适宜,既方便用水,又利于防洪。加之因为处水网地带,纵横交叉的江河湖泊,对骑兵活动不利的优越地理位置,大大地增加了统治者的安全感,才使得杭州得以按国都的标准进行营建,造就了杭州发展的历史高峰期。

2. 地理位置影响城市形态的发展

杭州城内地势自西南向东北和缓倾斜,境内西南丘陵绵延起伏,北面多平原,促使杭州城市呈扇形发展。霍伊特(H. Hoyt)的扇形地域结构理论认为,城市的发展总是从市中心向外沿交通干线延伸,城市地域呈现出被交通线支撑的扇形组合。受地理环境的影响,临安城区南面多丘陵,很难向外拓展,故以朝天门为中心向北呈扇形展开。② 因此临安城区的拓展基本上是由南向北呈扇形拓展的。

在地理环境中,水源又是一条非常重要的原则。杭州城市的发展史,可以说是一部因水而生、因水而立、因水而兴、因水而名的历史。杭州有江河湖溪,加上临海,"五水共导"是杭州的一大城市特色。由于水系具有供水、航运、生态、旅游、文化等多样性功能,对杭州城市形成、发展演变有着很强的导向力。可见,水系是引导临安城格局的驱动因子,对城市格局产生至关重要的影响。

临安城东南临钱塘江,西则临湖,西北与大运河衔接,城内外

---

① (宋)祝穆:《新编方舆胜览》卷1。
② 转引自杨吾扬、杨齐《论城市的地域结构》,《地理研究》1986年第1期,第5页。

河道纵横。据《淳祐临安志》《咸淳临安志》和《梦梁录》等史书记载，临安河流共有21条，其中贯穿城内南北的主要有四大河流。它们是城内的主要航运干道，与城外的大运河、龙山河、下塘河、新开河、城河等10余条河相通连，组成一个整体，构成了河道纵横交错的城市水网，保证了京城内外的航运畅通与物资供应，为政府的运转、都市经济的发展和居民的生活提供了保障。

临安"道通四方，海外诸国，物资丛居，行商往来，俗用不一"。① 其城市的发展得益于大运河和钱塘江两条主要运输航线，保证了城市持续发展所需的基本生活物资的输入。水运交通位置的便利影响了临安的城市规划。南宋在兴建临安皇城的同时，不惜财力修建大运河，在城内构建了以盐桥河（今中河）为主轴线、四通八达的水运网，它们贯通千家万户、大街小巷。以舟当车，以船代步，以埠为库，以岸为市，运河两岸景象繁华。

同时，城内居住空间和商业空间的分布也受到交通因素的影响。城东因靠近钱塘江，海水咸苦，故居住的人较少；城西靠近西湖，饮用水便利，故人口密集，特别是吴山和六井地带因靠近水源和交通便利，成为城内一等聚居地和中心商业区。

（二）政治因素

唐宋以来，杭州迅速崛起，一跃而为万物富庶的"东南第一州"。② 吴越国的国都设在杭州，后者的地位从此从州治上升到国都，并开辟了民丰物庶、山川秀美之局面。吴越国多次修筑城垣，奠定了杭州城市的基本格局。南宋在吴越国的基础上规划了临安的城市格局，使其一跃成为全国的政治、经济、文化中心。

从宏观战略性的决策来看，政府是基础设施和大型工程建设的

---

① 沈翼机、傅王露、陆奎勋：《清雍正朝浙江通志》卷22，中华书局，2001，第715页。
② （唐）沈亚之：《沈下贤集》卷6，上海古籍出版社，1994，第7227页。

策划者、组织者和管理者；从城市布局来看，统治者的宫城、衙署及代表权力象征的建筑及群体，占据了整个临安城地理位置最优越的地方。正是由于政治因素的叠加，才使得临安按国都的标准进行建造。可见，政治因素在塑造临安城市格局方面发挥着关键性作用。

（三）经济因素

古代都城选址一般都选择在土地肥沃的地方。杭州恰处我国东南部丘陵山地与北部水网平原的最佳接触地带，地理位置的优越和交通的便利促使杭州"南派巨流，走闽禺瓯越之宾货"，"北倚郭邑通商旅之宝货"，经济十分繁荣，至北宋时期已成为"东南第一州"。自南宋定都临安后，临安一跃成为大都会，城内大街"买卖昼夜不绝"。南宋经济的发展促使商业发生一系列变革，被西方学者称为"中世纪在市场结构和城市化上的革命。"[①] 首先，坊市隔离制度解体，商业空间得以扩展，街道规划相对自由。

其次，城市迅速向城外郊区扩展，出现了大批中小市镇。城郊尽成市区，形成"西门水、东门菜、北门米、南门柴"的专业市场，故而形成了东、西、南、北的专门经济区域。到了宋元之际，"城南西东北各数十里，人烟生聚，民物阜蕃，市井坊陌，铺席骈盛，数日经行不尽，各可比外路一州郡"。[②]

从临安城整体格局来看，经济因素在塑造城市格局中起着主导作用。对于都城临安来说，政治因素是商业发展的外在推动力，经济因素的增长则是城市发展的内在推动力。

（四）社会因素

第一，南宋是北宋的延续，北宋东京城与南宋临安城一脉相

---

① 〔美〕施坚雅：《中华帝国晚期的城市》，第23页。
② （宋）吴自牧：《梦粱录》卷19。

承。临安城市格局深受北宋都城东京开封风格的影响，临安城的布局多效仿东京城，采用了一殿多用、一殿多名的特点，从而使凤凰山周围九里之内布满了金碧辉煌，巍峨壮丽的宫殿，恰似江南的东京。

第二，临安城由于受经济、地理因素等制约，在城市格局上与北宋东京仍有许多差异。在宏观格局上，北宋东京的宫城设置在城中央：东京城分内外三重，即外城、里城和宫城，形状类似正方形。而南宋临安城完全抛弃了古代"天下择中"的传统格局，城市形状为不规则的南北向长方形。在微观格局上，北宋统治者在都城的规划中仍贯彻政治因素为主导、经济因素为辅的原则。而南宋统治者在进行临安城市规划时更多地考虑了经济因素对城市建设的影响，弱化了政治因素，在整个城市空间形成了多个商业中心区。

（五）文化因素

南宋临安城包括外城和宫城。外城即罗城，平面近似长方形。它南跨吴山，北到武林门，东南靠钱塘江，西临西湖。整座城市襟江带湖，依山就势，是南方山水城市的典型代表。宫城也称皇城和大内，建筑格局因山就势，气势浑成。由于宫城在南，市区在北，从而形成了中国传统帝都制度中别具特色的南宫北城、前朝后市的城市格局，符合《周礼·考工记》中"前朝后市"的营建原则。

临安城门的设置则采用了基于周易的阴阳术数理论。"阳参阴，阴参阳，错综复杂，如天地之相衔接，亦和昼夜之相克。天地间的变化尽在其中。"[1] 临安城街道的设置也与传统礼制思想分不开。古代大多以阳数为吉，因而城市的边长、道路、城门大都采用天阳之数。临安共有城门13座，采用了以阳数为吉的说法。即一、三、五、七、九为天数阳数；二、四、六、八、十为地数阴数。

---

[1] （宋）邵雍：《皇极经世》卷63《观物外篇上》，九州出版社，2003，第503页。

六　结语

南宋是中国历史上经济、文化高度发展的时期，都城临安是这一时期繁荣发展的一个缩影。由于经济因素的影响，临安城是中国封建社会由封闭式的里坊格局转变为开放式的街巷格局的典型代表。

临安城的整体格局基本可以概括为一条大街（御街）、一个中心（朝天门到众安桥）、三个区段（城南商业区、城中商业区和城北商业区）。它以商业空间为中心，政治空间、文化空间围绕在其周围。南宋皇城在格局上开创了"南宫北市"的先河，形成了中国古代城市特有的河街（路）并行的格局体系。这种城市规划的总体布局，采用了因地制宜的原则，充分体现了现实主义色彩。

此后虽历经元、明、清时期的毁坏与重建，杭州始终以中国大城市的形象屹立于世。在历经8个世纪后的今天，杭州的城市建设突飞猛进地发展，但仍以南宋时期的城区为中心，向周边扩展。这表明，南宋时期的临安城市建设为今天杭州的发展奠定了基础，在中国城市建设史上具有重要的历史文化价值。

参考文献

[1]〔法〕谢和耐：《南宋社会生活史》，中国文化大学出版部，1987。
[2]〔美〕施坚雅：《中华帝国晚期的城市》，中华书局，2000。
[3]〔日〕斯波义信：《宋代江南经济史研究》，江苏人民出版社，2001。
[4]〔意〕马可·波罗：《马可波罗行纪》卷2，上海书店出版社，2001。
[5] 曹晓波：《古城墙的历代沿革》，《杭州日报》2007年7月13日。
[6] 陈奕：《南宋皇城四墙位置已基本明确》，《都市快报》2009年7月2日。
[7] 陈桥驿：《中国都城辞典》，江西教育出版社，1999。
[8] 贺业钜：《中国古代城市规划史论丛》，中国建筑工业出版社，1986。

［9］ 林正秋：《南宋都城临安》，西泠印社，1986。
［10］ 林正秋：《杭州历史文化研究》，杭州出版社，1999。
［11］ 林正秋：《南宋都城临安研究》，中国文史出版社，2006。
［12］ 马时雍主编《杭州的考古》，杭州出版社，2004。
［13］ 徐吉军：《南宋都城临安》，杭州出版社，2008。
［14］ （清）顾祖禹：《读史方舆纪要》卷90，中华书局，2005。
［15］ 阙维民：《杭州城池暨西湖历史图说》，浙江人民出版社，2000。
［16］ （宋）潜说友：《咸淳临安志》，西泠印社，2002。
［17］ （宋）施谔：《淳祐临安志》，浙江人民出版社，1984。
［18］ （宋）周淙：《乾道临安志》卷2，浙江人民出版社，1982。
［19］ 唐俊杰、杜正贤：《南宋临安城考古》，杭州出版社，2008。
［20］ 王国平主编《西湖文献集成》（第1册），杭州出版社，2004。
［21］ 王国平主编《西湖文献集成》（第2册），杭州出版社，2004。
［22］ 杨宽：《中国古代都城制度史》，上海人民出版社，2006。
［23］ 周峰主编《隋唐名郡杭州》，浙江人民出版社，1988。
［24］ 周峰主编《南北朝前古杭州》，浙江人民出版社，1997。
［25］ 周峰主编《南宋京城杭州》，浙江人民出版社，1997。
［26］ 周峰主编《隋唐名郡杭州》，浙江人民出版社，1997。
［27］ 周峰主编《吴越首府杭州》，浙江人民出版社，1997。
［28］ 周峰主编《元、明、清名城杭州》，浙江人民出版社，1997。
［29］ 周峰主编《民国时期杭州》，浙江人民出版社，1997。
［30］ 张驭寰：《中国城池史》，百花文艺出版社，2003。

杭州城建碑刻及其文化价值

⊙ 项 漪*

【内容摘要】 杭州以其独特的湖光山色和人文特质而成就了"天堂"的灵气和美名。地灵水秀，人文荟萃，先辈们留下了丰厚的文化遗产，相对于书籍和口传等形式而言，碑刻则最能直观地展示历史文化和艺术的原貌，其学术价值和文化价值不是其他形式资料所能取代的。然而因碑刻石材的物理特性，年经月久、日晒雨淋、风霜剥蚀，加之人为因素的损坏，如不进行必要的搜访和保护，那些散落于民间或者荒山野岭的珍贵碑刻，几经岁月流转将永远湮没于历史长河之中。本文以杭州城建碑刻为主要对象，对杭州城建碑刻独特的书法艺术价值、文学价值、图像价值以及文化价值略叙一二。

【关键词】 杭州 城建碑刻 书法艺术

引 言

杭州碑刻作为承载历史的重要载体之一，生动体现了杭州的城

---

* 项漪，杭州师范大学艺术学方向研究生，指导老师舒仁辉（杭州师范大学人文学院副教授）

市历史、文化及精神内涵，蕴含着深厚的文学艺术内容和卓越的书法艺术价值。

　　杭州碑林博物馆收藏了自唐代到民国期间的各类珍贵碑石4200多块，风景名胜景区也散落着很多杭州碑刻。根据碑石内容可分为太学石经、御书、史实、科技、法帖、绘画、儒学、宗教、墓志等九大类，其中许多碑石为稀世之作。例如，宋刻七十二弟子像是我国现存最早的儒家代表人物肖像；五代的天文星象图是世界上现存最早的石刻星象图之一；《武林弭灾记》是迄今发现的我国最早记载火灾灾情及灭火经过的碑石，堪称海内孤品；十六罗汉像刻石是石刻线画中的奇珍之品；等等。它们充分体现了杭州碑刻的丰富性、稀世性、独特性和鲜明文化个性。

　　本文以杭州城建碑刻为主要研究对象，并选取最有代表性的碑刻，对其审美价值和审美功用及历史意义和现实意义加以深入的分析、探究，以求对今后此类内容的研究作一点贡献。

二　杭州城建碑刻的演进脉络及形态

（一）杭州碑刻的文化演进与脉络

　　城建碑刻主要指反映城市建筑、变迁情况的碑刻和反映人文景观建筑营建情况的碑刻，其内容异常丰富，包括写景状物的诗词碑，歌功颂德的功德碑，修桥建城的记事碑，名人书家写的地名、年表书等。杭州的城建碑刻反映了古代杭州人民的生活环境、生活状态以及对生活的追求和意愿，记录了杭州城市建设发展的各个方面，同时也是对官史、正史的一个补充，具有真实性和普遍性，能发挥"存史、资治、教化"的价值和作用，具有独特的书法艺术价值、文学艺术价值和图像艺术价值。

　　杭州作为历史文化名城，其碑刻是融历史、科学、艺术为一体的"石质书库"，充分体现了杭州的城市历史、文化及精神内涵，具有深厚的历史文化内涵和卓越的书法艺术价值。具有鲜明特色的杭州城建碑刻，不仅是研究杭州古城建设与发展的重要依据，也是研究我国城市发展历史的宝贵资料。可以说，杭州碑刻是杭州人文景观的一个认知窗口，渗透着深厚的杭州历史文化内涵，同时也有助于我们洞悉杭州的城市文化价值及演进历程。

1. 杭州碑刻的起源期

原始刻画符号是碑刻艺术的先声，这些刻画在石头上的符号在形式和意义上初步显示出了悠久的历史、丰富的遗存和深刻的内涵。杭州的良渚文化是新石器时代晚期长江下游太湖流域的一支重要的古文明，是铜石并用时代。从留存下来的玉器上可以看到，良渚文化的玉器雕刻工艺精湛，线条精细，繁杂而富于变化，玉器的纹饰华丽，内容丰富，有神人兽面纹、束丝纹、绞丝纹、蚩尤纹、立人纹、兽眼鸟纹、云雷纹、蒲草纹等。这些似神似兽的神人图样和神人兽合一的图案，是人类自身渴望达到心理状态和谐平稳的象征原型。其所遗存的石刻线画，充分体现出杭州古老的石刻文化来源与审美特点。

两汉时期，汉字完成了由篆到隶的衍变，这是古今文字的分水岭，尤其是东汉末年，更是我国碑刻艺术的繁荣期，从碑刻中可以看出汉隶艺术以及草书艺术的高度成熟。现存于孤山西泠印社内的《汉三老碑》书刻，充分显示出东汉末年的书体特点：结体方正，多呈隶意，笔力遒劲，气韵高古，整体布局字体参差，大小有致，给人以简拙朴茂、自然率真的美感，是迄今我国尚存最早的隶书碑石之一。因江南地区汉碑极稀，此碑被称"两浙第一碑"，乃杭州至宝，也是杭州碑刻的代表性作品。

2. 杭州碑刻的发展期

从三国至隋朝的近400年间，逐渐形成了"北碑"与"南帖"的两大主流，在这一时期，杭州碑刻迅猛发展，草书、楷书、行书的书法发展到达了历史顶峰，钟繇、陆游、王羲之、王献之、智永等都为一代宗师，其中王羲之、王献之最负盛名，世称"二王"，开启书法尚韵之风。现存杭州碑林的王羲之《右军六十帖》和王献之《大令鹅群帖》刻石，都有着很高的艺术价值。

唐代书风特盛，名家辈出，文人雅士、达官贵人也都纷纷在杭州题字立碑。白居易在杭州留有精彩的诗文和墨迹，包括《钱塘湖石记》和《冷泉亭记》刻石。

五代时期，杭州临安人钱镠（852~932）创建了吴越国，至此，杭州始为帝王之都。钱镠尊重文人，留心招纳名士，皮日休、罗隐等前来投奔，他都以礼相待，优于供给。他爱好吟咏诗句，挥毫泼墨，且善草、隶。至今在西湖天真山郊台灵洞石壁上还保存着刻有钱镠的题名，以及杭州玉泉山的《吴越国武肃王开慈云岭记》。

3. 杭州碑刻的繁荣期

杭州碑刻的繁荣时期是在宋元时代。宋代书法重帖尚意，对后世碑刻书法发展有着重大影响；元代遗留在杭州的石刻造像艺术，是我国南方石刻造像的重要艺术瑰宝。

在宋代众多大书法家中，杭州本籍以及在杭州任职的有林逋、范仲淹、蔡襄、苏轼、米芾、岳飞、范成大、杨万里等。苏轼为尚意书风的倡导者，他曾两度为官杭州，当过通判和知州，在杭州留下了许多诗文和墨迹，其中著名的有《游虎跑泉诗帖》《次辩才韵诗帖》和《表忠观碑》。《表忠观碑》是苏轼留给杭州后人唯一得以见证吴越国历史的石刻文物记载，并成为杭州吴越国钱王钱镠祠庙里的镇馆之宝，也是苏轼众多碑版书法中留传至今不可多得的楷书作品。米芾曾于元丰年间任杭州观察推官三年，所书《杭州龙井山方圆庵记》和《游龙井记》，尽显他与杭州龙井的不解之缘；他在南屏山麓所留下的"琴台"题刻，也是他与杭州情缘的见证。

南宋定都杭州，杭州成了全国政治、经济、文化中心，全国的文人雅士云集杭州。宋高宗赵构在书法上颇有造诣，善真、行、草书，笔法洒脱婉丽，自然流畅，其鸿篇巨制《南宋太学石经》，以碑刻形式表现儒家经典，成为石碑上的教科书，影响深远。《孔子及七十二弟子像赞刻石》，也是由宋高宗赵构撰文并书的，由北宋李公麟画像，圣贤画像均用单线勾勒，线条婉转，形象个性鲜明，气韵生动，是我国石碑刻画中的精品。

在元代，虽然统治阶级对汉文化了解不多，重视不够，但仍有一大批前朝留下来的书家，成就最大的有赵孟頫、鲜于枢、俞和、明本、张雨、杨维桢等，他们几乎都在杭州留下过墨迹，其中赵孟頫堪称第一。赵孟頫与颜真卿、柳公权、欧阳询并称为楷书"四大家"，存世作品较多，其中《杭州福神观记》《佑圣观重建玄武殿碑》等碑刻，是他留给杭州艺术文化的宝贵财富。

4. 杭州碑刻的全盛期

明、清是杭州碑刻发展的全盛时期。明代杭州，西湖得到了大规模的修复，这也给碑刻艺术的繁荣拓宽了空间。杭州籍的书家代表主要有于谦、商辂，著名书画家董其昌、陈洪绶等也在杭州留下了他们的传世名篇。

清代杭州的书法家，最具代表性的有金农、丁敬、梁同书、陈鸿寿、赵之琛、俞樾、康有为等，他们在杭州留下的墨宝更为丰富。在西泠印社有康有为题的"湖山最胜"的石碑。清康熙帝多次游览西湖，所作诗文、所题墨迹碑刻遗留下来的也很多。

（二）杭州碑刻著录的历史与现状

杭州有着众多的碑刻作品，分别以"实物"与"记录"两种形式保存下来。其中，记录主要是有关杭州历代地方碑刻的著录记载。历史上地方碑刻的著录情况大致分为两类：方志与金石志。

一类载于杭州方志，如民国《杭州府志》所列相关的 20 种碑刻类别。譬如，该志载有历史上著名的"宋高宗御书石经"内容；对石碑的书写时间、种类、行款、字径尺寸、发掘时间、藏石地点以及历代兴废或复刻摹本、不同典籍所述异同等均有记载，考证周详，可说是石碑的沿革简史。杭州方志中的"冢墓"，多记录历代名人墓葬所在、墓主生平记事，以及后人的颂扬之词，这些人物或为原籍，或为客籍，且往往与杭州地方史有涉，是地方文献中不可或缺的人物史料。

另一类则是记载杭州地方碑刻的金石志，诸如清乾隆间阮元编撰的《两浙金石志》《两浙金石录》，丁敬所著《武林金石录》和邓梦琴的《武林金石刻记》，等等。这些金石志对杭州现存的碑石给了有据可寻的溯源，对当时存在或之前存在而现已不存的碑石记载都再现了它们书面形态的文字"碑刻"。

（三）城建碑刻的文化内涵与形态

我国城建历史悠久，每个城市都有其形成、发展和变化的漫长历程，且因着自己的历史、经济、文化和地域等众多因素而呈现出独特的城市个性，形成的档案也具有地方特色；其中，碑刻乃是最重要、最真实的实物证据之一。

杭州已有千年历史，其城建碑刻内容异常丰富，大体可分为标示类、状景类、政策法令类这三种类型，其中包括写景状物的诗词碑，歌功颂德的功德碑，修桥建城的记事碑，名人书家写的地名、年表书等。它们反映了古代杭州人民的生活环境、生活状态以及对生活的追求和意愿，展示了杭州城市建设与发展的方方面面，是对官史正史的补充，具有真实性和普遍性，能够发挥"存史、资治、教化"的价值和作用，具有独特的文学艺术和文献资料价值。

1. 标示类碑刻的类型：地理标示碑和历史标示碑

首先，地理标示碑保留下了许许多多的名胜古迹，成为珍贵的历史遗存和文物载体。如陈璿题"涌金池"，碑高167.5厘米，宽83厘米，厚20厘米，由清光绪九年（1883）汪柳溪刻，陈璿书。"涌金池"三个大字直列碑石正中，字径约40厘米，行楷。印章两方，分别为"陈璿之印""六笙"。涌金门是杭州的十大城门之一，其位置在现在的遗址往北约一两百米。离城门不远的直街北面有一座金华庙，当时供的是曹杲。曹杲曾在吴越王钱元瓘时期（936）做过金华县令；后来的吴越王钱弘俶入汴京参见宋太祖赵匡胤（976），委托曹杲临时主持国事。那一段时间，曹杲为解决杭城百姓咸水之苦，凿沟渠过城墙，筑涌金水门，引西湖水入城，在金华庙的正北建一池，便是涌金池。而陈璚的这一建碑不仅对涌金池赋名，而且还流传了这一命名。

图 2-1 《涌金池》碑

其次，历史标示碑都跟历史人物和历史事件有关，譬如涉及教育建学、宫室修建、河渠疏浚、桥梁构架等。赵孟頫《佑圣观重建玄武殿碑》、吴昌硕《西泠印社碑记》《杭州路重建庙学碑》《疏浚西湖碑记》等，可谓典型代表。它们不但记录了时代风云，铭刻着杭州的沧桑，而且字字珠玑，具有很高的历史价值和艺术价值。

2. 碑刻具有情景交融、诗情画意的审美表现功能

在状景方面，一方土地之佳美不仅要看其山川风光，更得看其文采风流。举凡国都之地，往往钟灵毓秀，遍地碑刻，尤其是城建碑刻之盛。杭州是个数百年来令帝王将相、文人墨客心驰神往的地方；历代文人雅士、达官显宦到了杭州，都免不了赞叹西湖之美景，陶醉于其中，众多的书法碑石刻满了奇词丽语。如，杭州吴山的最高处名为紫阳山，上有北宋米芾所书"第一山"石刻，其字苍劲有力，气势不凡，给人以壮美之感。康有为题"湖山最胜""蕉石鸣琴"，黄元秀在灵隐寺题"灵鹫飞来"，杨学洛在孤山放鹤亭题"放鹤亭"，康熙帝也多次到孤山观赏放鹤亭，临董其昌所书的南朝宋时鲍照《舞鹤赋》石碑，御书"放鹤"二字和"舞鹤赋"三字，刻石立碑，还御题《放鹤亭》诗并立碑。康熙、乾隆帝多次南巡，对杭州的美景纷纷御书题诗，如乾隆帝御题《曲院风荷》诗、《南屏晚钟》诗、《断桥残雪》诗，康熙帝御书《南屏晚钟》，皆立碑建亭于景。这些名家题刻的西湖名胜墨迹为湖光山色增添风采。

3. 碑刻所体现的法律规范效能

朝廷颁布的与城市建设相关的政策法令一般以文书的形式下达；地方官员为长久展示这些政令，一般将之刻成石碑，以借此"示禁"。如《西湖禁约事文告》碑高176厘米，宽85厘米，厚29厘米，明嘉靖四十四年（1564）立石，碑文载："巡按浙江监察御史庞，为禁约事。照得西湖自开筑以来，积数百年矣。前人用情于此，非徒采形胜以资燕游，实为广蓄泄以备旱潦，杭民世其利……特行立石禁谕，凡有宦族豪民仍行侵占及已占而尚未改正者，许诸人指实，赴院陈告以凭拿问施行。故示。"

图2-2 《西湖禁约事文告》碑

三 杭州城建碑刻与书法艺术的共兴

(一) 金石与书卷的完美合璧

"在中国文明的进程中,当甲骨文消泯、金文衰微之际,古人用刀笔赋予冰冷的石头以艺术生命和历史内涵。碑石开始成为文字的重要载体,它记录着历史沧桑的脚步,折射着文字嬗变的过程,展现着中国古代灿烂的书法艺术,最终形成独特的碑石文化。"[①] 杭州

---

① 赵力光:《碑石文化》,《今日中国》2003年第11期。

城建碑刻，始终与书法艺术、绘画艺术、石刻艺术相辅相成，同源共流。散落在杭州众多山水之间的书法石刻作品风格独特，气韵高古，其大气、沉雄的艺术风格令人叹为观止，达到了"书卷气"和"金石气"的完美结合。

书法中的书卷气是一种性灵、气质、情趣的流露，是作者在行为上一次性挥写成形的作品；与书卷气相对的金石气则倡导苍茫、浑厚、朴拙的表现样式，是作者在行为上分阶段逐步完成的作品。这两种不同的艺术表现形式分别展现了阴柔和阳刚两个相对立的美学范畴。"金石文字在雄厚简朴的质体上发出柔和与清润，终使其进入虚静空灵的境界"，综合石刻书法形态和单纯的墨迹书法形态，在雄浑的内质构成中包含刚健、敦厚、苍茫，而在古拙的内涵中体现拙、简、柔，石刻文化是书法中的符合之美、综合之美。[①]

历代有韩愈、欧阳修、苏轼等不少名人谈及碑刻实物在金石书法中的价值。潘天寿先生在《谈汉魏碑刻》说："石鼓、钟鼎、汉魏碑刻，有一种雄浑古拙之感，此即所谓'金石味'……这些艺术品，在当时刚刚创作出来的时候，自然是已经很好，而在千百年以后的现在看来，则往往更好。"[②]

由此可见，金石书法实物本身具有很高的书法美学价值。杭州大麦岭东麓摩崖上《苏东坡大麦岭题名》，水乐洞洞壁南坡北宋惟性和尚刊刻《佛牙赞》，西湖周浦灵山进去摩崖上宋代杭州太祖庙无择书写的"云泉灵洞"和明代汤洒书写的"大块一窍"石刻等，均为杭州石刻的名碑名帖。立于张苍水祠内的《乾坤正气碑》集张苍水像、颂张苍水诗和篆书碑额、正书碑题于一体，极具书法内涵和书法艺术的表现力，线条敦厚，尽显苍茫自然之气韵。

---

① 参见白砥《书法研究》，上海书画出版社，1991。
② 参见徐丽明《中国书法风格史》，河南美术出版社，1997。

（二）融于山水间的碑刻艺术

马衡在《中国金石学概论》中说道："纪事刻石者，纪当时之事，刻石以表彰之也。经典刻石者，古之论著，籍刻石以流传也。"金其桢在《中国碑文化》中讲："古代刻石立碑除了祭祀、记事、纪功、颂德、纪念等实用目的外，还有一个重要的目的就是保存书法，使之能传播久远。"杭州城建碑刻的主要功能则在于提示、宣示、昭示，即把文词内容告诉观者，比如名胜沿革、名人事迹、建庙建学等，而其上的书法艺术主要是起美化、装饰的审美感召作用。由此可见，其书法艺术价值不可估量。

1. 装点湖山，引人入胜

作为杭州文化精粹的碑刻艺术，为杭州之美增添了重彩浓墨的一笔。杭州城建碑刻与名人、名山、名寺、名水、名茶、名诗融为一体，可以说是杭州古代建筑的组成部分，是建筑环境的审美要素。

城建碑刻书法艺术发挥着点景作用和艺术装饰作用。如"云溪竹径""吴山天风""曲院风荷""平湖秋月"等景点题名碑，都有助于观者借助多姿多态的书法作品深刻领略杭州秀美俊丽的诗画山水。又如康熙三十八年（1699），康熙帝第二次巡杭，分别为"西湖十景"御书景名；所有御书皆勒石立碑，并建御碑亭。乾隆巡杭时，也先后为"西湖十景"分别题咏，后人将诗刻于碑的阴面，十景之名也成为了十景所在的景点标志，与景融为一体。

再如《佑圣观重建玄武殿碑》，碑高216厘米，宽114.7厘米，厚31.5厘米，元大德十一年（1307）李璋刻，元明善撰，赵孟𫖯书并篆额，碑文楷书，32行，行53字，字径1.8厘米，碑石完整，碑下沿字迹多泐损。《两浙金石志》《武林坊巷志》《寰宇访碑录》等均载有此碑。赵孟𫖯是一代书画大家，在我国书法史上占有重要的地位，善篆、隶、真、行、草书，尤以楷、行书著称于世。元鲜于枢《困学斋集》称："子昂篆、隶、真、行、颠草为当代第一，小楷又为子昂诸书第一。"其书风遒媚、秀逸，结体严整、笔法圆熟、世称"赵体"，与颜真卿、柳公权、欧阳询并称为楷书"四大家"。可以说，与赵孟頫一生艺术成就相关的书画艺术，都是以杭州为中心的。

《佑圣观重建玄武殿碑》没有题书写年月，只有署衔"中顺大夫、扬州路泰州尹兼劝农司赵孟頫书并篆额"，所以对于时间问题许多史料未妄下判断。《中国书法全集44 赵孟頫》所列赵孟頫年表中载"至大三年，书钱塘《佑圣观重建玄武殿碑》。"《寰宇访碑录》中载"以赵孟頫署衔扬州路泰洲尹考之，当在至大二三年。"而当时赵在杭十年间与他合作碑记的儒士中，以牟献为首，之后至大都，才以元明善为首，且元明善本人也为北方儒士。由此可推知，赵孟頫书《佑圣观重建玄武殿碑》应是他在江浙儒学提举任满后的事，即至大二年（1309）七月到至大三年十月间，且作于至大三年的可能性较大。故此碑在相当程度上可以反映出赵孟頫中年时期书法的发展及其书法理念，这对于研究赵氏的书法艺术也是一件重要的资料。

关于佑圣观，《武林坊巷志》载："佑圣观，在兴礼坊内，即宋孝宗潜邸也（君王即位前的住处叫潜邸），光宗、宁宗皆诞生于此。淳熙三年十二月建成，后改为道宫，以奉北极真武佑圣真君。绍定中赐额曰'佑圣宫'。元大德七年毁，逾年重修，改为'佑圣观'，基甚宏敞，今钱塘学舍皆其地也。元季兵燹，此观独存。明洪武十五年，置道纪司于观中。国朝咸丰十一年，半毁于寇，同治初重修建"；"内有宗理宗像，赵孟頫书碑，戴元表重修记，有天一井，虞集撰铭并书"。《杭州市地名册》又载："民国观废，佑圣观街改称佑圣观巷，亦称佑圣观路。"可见，佑圣观在历史的风雨中，建了又毁，毁了又重建，最后终于民国废毁。而今，南起河坊街东段、北至清泰街西段的佑圣观路便是由佑圣观得名的。无论从艺术上还是碑工上究其价值，赵孟頫的《佑圣观重建玄武殿碑》乃是佑圣观至今留存的最有价值的一块碑。

图 3-1 《佑圣观重建玄武殿碑》

2. 弘扬精神，展示风韵

端庄雄伟的审美景观能激发观者对忠烈耿直、具有凛然正气的英雄人物的联想，达到崇高的美学境界，引致人们心灵的振奋和激越。例如，"西湖三杰"岳飞、于谦、张苍水庙墓中的石刻、匾额、碑文，既能使人增添肃穆感，还能使人更深切地感悟英杰的伟大精神气韵。

岳飞是我国历史上著名的民族英雄、南宋抗金名将，不仅是一位杰出的军事家，而且也是一位卓越的书法家。现今岳庙内悬挂的"还我河山"匾额及碑廊内陈列的岳飞手书《送紫岩张先生北伐》诗碑、《吊古战场文》碑、前后《出师表》碑，以及明代著名书画家文徵明书写的《满江红》碑、明代天启年间刻立的《忠烈庙增建五祠记》碑，还有赵宽、送克、黄道周、姚元之、杨沂孙、彭玉磷、俞樾等书法家的碑记题刻，都极为珍贵。

岳庙为后代祭奠、瞻仰英灵之所，有关岳飞的遗迹尤多；人们对岳飞的评价以及重视度历来都相当高。历代王朝都注重兴修岳庙，名人大家还纷纷立碑题诗以此纪念其丰功伟绩、弘扬英雄气概。譬如，《翊忠祠增祀隗顺碑记》碑高184厘米，宽82厘米，刻于明万历三十二年（1604）。碑文记载明弘治二年岳庙翊忠祠奉祀为岳飞讼冤的布衣刘允升和行刺秦桧的施全，万历年间增祀冒死收葬岳飞遗体的大理寺狱卒隗顺。又如《康熙五十七年禁碑》，碑高180厘米，宽83厘米，刻于清康熙五十七年（1718），碑文为钱塘县所立、禁止侵占岳庙祠产，体现了历代帝王对岳飞的重视程度。

3. 咏物记趣，引领风尚

杭州是中国十大名茶之一"龙井茶"的发源地，西湖与龙井有着不解之缘。雍正《浙江通志》载："杭郡诸茶，总不及龙井之产，而雨前细芽，取其一旗一枪，尤为珍品，芽所产不多，宜其矜贵也。"[①] 龙井之所以能独步天下、蜚声中外，根源在于自然与人文的珠联璧合，文人墨客自然少不了在此题书立碑，引领茶人寻访和朝圣龙井福地，借此立体地展示杭州龙井的自然风貌和积淀深厚的历史文化。

北宋米芾和明代董其昌等，都先后用其最擅长的书体书写了《游龙井记》；明代文学家、书法家屠隆与友人在龙井游览，当他喝了用龙井泉水泡的龙井茶后，顿觉甘甜，欣然赋诗并手书《龙井茶歌》。这些名人佳作，都将文字书法与茶香融为一体。

清代乾隆皇帝六次南巡杭州，每次都遍历西湖名胜古迹，树碑建亭，赋诗勒石。著名的"西湖十景""西湖十八景"，均得乾隆题名赋诗，西湖景致至此大备。龙井寺原名"报国看经院"。北宋元丰二年（1079），高僧辩才自天竺寺归老于此，引来挚友苏轼、

[①]（清）嵇曾筠、李卫等修：《浙江通志》卷101 物产一"茶""龙井茶"，上海古籍出版社，1991。

赵抃、秦观、道潜等,由苏轼题"寿圣院"额,亦称"龙井寺"。清乾隆二十七年(1762)三月,乾隆奉皇太后南巡,在龙井寺建"佛场经筵,以申釐祝",专程至此寺祝太后圣寿,并御题"过溪亭"和"篁岭卷阿"额,书联:"秀萃明湖,游目频过来溪处;腴涵古井,怡情正及采茶时。"并为龙井寺御题"清虚静泰"额,书联:"欣于所遇何空色,乐在其间足古今。"在龙井赏景并缅怀古人,题咏《初游龙井志怀三十韵》和《龙井八景》,从而使龙井成为名胜,名震东南。

另有一块题有"龙井八咏"系列诗句的乾隆御碑于2005年在杭州龙井村被发现,碑上刻有乾隆皇帝手书的诗句:"凤篁岭上龙泓涧,喷沫成池贮碧流。飞作瀑泉灵作雨,攻祈那待法师投。"碑上所题诗句在记载乾隆七下江南的《南巡盛典》中有记载,诗中所提龙泓即是龙井的古名,碑上落款为"壬午暮春御题",并盖有一方"乾隆宸翰"的印章,壬午年即为乾隆二十七年(1762),正是乾隆第三次巡幸杭州,因此此碑上所刻之诗应为乾隆游览龙井时所题。这款御碑不仅为"龙井八井"等历史景点提供了有力的实物凭证,而且是帝王之书,具有极高的书法艺术价值,其碑刻书法字体稍长,楷书规正端丽、圆润丰满,点画均匀,结体疏朗遒媚,具有飘逸、端庄、典雅之韵味。

与《龙井茶歌》碑一起被发现的《游龙井记》碑,其文由宋代大词人秦观所作,后由米芾所书,并刻在石上。后此碑不存,由明代书法家董其昌重书《游龙井记》。碑文记载了龙井的地理位置和历史沿革等,具有很高的艺术价值。

四 杭州城建碑文与文学艺术的融合

(一)丰富的人文题材

随着时代的发展,一些最初纯粹属于应用文的石刻文献不同程度地发生了变格破体的现象，碑刻不再专为墓志、悼念而立，在建筑宫室庙宇等重大工程之时，一般也会立城建碑，如宫室修建、河渠疏浚、桥梁构架等，其碑文题材内容丰富，选材瑰奇，富有灵异色彩，写作手法上形式各异。

杭州城建碑刻的主要题材，主要是以人、事、地三者为记载对象。以写人者而论，则以生者或死者为对象，赞颂其功业伟绩，缅怀其生前之勋德，如《两浙张大中丞去思碑记》，《重修忠孝泉井亭记》。以写事而论，则文笔优美、记载详细，如《重建水星阁记》《衣锦桥重建记》《经纶堂记》《杭州路重建庙学记》《重修西湖书院记》等，详细记载了城、桥、亭等的建立时间、原因、经过和结果。

图 4-1 《重修西湖书院记》碑

譬如，《重修西湖书院记》碑高 98 厘米，宽 105 厘米，为双面碑，由贡师泰撰文，林镛书，矛公辅刻石。碑阳内容为《重修西湖书院记》，记西湖书院历史沿革及元正十八年（1358）重修西湖书院的始末。碑阴碑额篆书"太上感应篇"六字，碑文 16 列，前 14 列为《太上感应篇》，15、16 列为三篇跋文。

以写地而论，则以山川宫庙为对象的碑文尤多，如《创建通元观碑》《洞霄宫碑》《开元宫碑》《宁寿观碑记》《忠清庙后路碑记》《重修英卫公庙碑记》《龙凤碑记》等。城建碑刻题材丰富，特别是山川寺庙这一类的题材，名山大川和著名寺庙往往富有历史文化内涵，适宜碑记文体铺展发挥。

（二）独特的创作手法

杭州城建碑文吸收了许多文体的语言特点，造成了它语言形制上的丰富性，在创作手法上也丰富多彩，独具匠心，体现出较高的文化修养和文学功底，非文士不能为之。

一是"主客问答"式。它是汉大赋继承先秦诸子问答体散文并加以发展的具体体现。杭州城建碑刻中也有主客问答形式的碑文，如《再思轩记》。

二是诗律体。除了"主客问答"式的文体之外，碑文还与四言诗、五言诗、七言诗等诗文体裁之间存在密切的关系。有韵的铭文句式整齐，讲求音乐性、韵律美。譬如四言铭文《杭州张忠烈公祠堂碑铭》，碑高34.5厘米，宽170.5厘米，厚14.5厘米，清光绪二十年（1894）刻石，董沛撰文，陈修榆书，《武林坊巷志》载有此碑，碑记张煌言生平及造建其祠堂之经过，后附铭文赞公之事迹。这篇铭文语言运用灵活，音节和谐，从外在形式和韵律来看，具有诗的特征。铭文对仗工整、用词精准，是四言诗的继承和发展；从传统的诗学观念来看，也有叙事抒情的特点。该铭文叙述张煌言功德业绩，抒发伤逝追慕之情，继承了诗歌叙事和抒情的特点，体现出碑铭形式美的特点。

三是夹叙夹议体。杭州城建碑刻主要是记载宫室修建、河渠疏浚、桥梁构架等历史事件，因此碑文叙写的内容要求尚实。如《西湖退省庵记》，碑高40.5厘米，宽106.5厘米，厚12.5厘米，刻于清同治十二年（1874），俞樾撰并书。该碑记载了彭玉麟在杭州西湖三潭印月筑建"退省庵"的缘起，因"江路辽阔，绵历五行省，请一年驻上游，一年驻下游，以省每岁往返之劳"而需要"筑屋数楹"作为"巡视下游休息之所"，用实叙、简洁的语言把建庵的缘由讲得清楚明了；其次，用纪实与形容刻画相结合的形式描绘了庵之环境以及题名。再次，文后作了一首歌，将湖光山色描绘得淋漓尽致，以向海内彰显彭公之勋业。叙中见其质实，咏叹中呈其文采。

总之，杭州城建碑刻碑文多叙事与咏颂相结合，或行文中多描绘，虚实相间、写实追虚的手法得到了很好的体现。

（三）城建碑文中的文学艺术性

城建碑刻兼具器与文两样特质。多数城建碑刻无非记录建筑修建缘由、经过、开工竣工时间以及建筑设计、施工人员情况等，但有些城建碑刻不仅简单记录建筑的修建情况，而且文笔兼及山川景物、人物功德等，又因出自著名文人之手，文采非凡，从而使这些碑刻作品独具一般碑刻记录所阙如的文学艺术价值。

如，乾隆虔诚信佛教，每次到杭州必到名山古刹拈香礼佛。其六次南巡，七度登临六和塔开化寺，目睹大好河山，激情昂扬，挥毫泼墨，频频赋诗撰文，现今六和塔仍保存有两座珍贵的乾隆御碑。一是他亲自撰写的登开化寺六和塔记一文，后被刻碑竖亭立于六和塔西北侧的月轮山坡上，即《乾隆登六和塔开化寺记碑》，整碑高4.35米，宽1.5米，下置须弥座，是杭州现存最大、最完整的清乾隆帝手书碑刻之一，碑额刻有"乾隆御碑"四字，两侧刻有双龙戏珠的图案。整座御碑字迹清晰，内容完整，正面碑文分三部分记载了六和塔千百年来的兴衰变迁进程以及乾隆游历钱塘美景时的感慨之情。碑阴刻有乾隆二十七年（1762）所作的《题开化寺》诗。二是"乾隆诗碑"，立于六和塔西侧庭院内，共高2.65米，碑身高1.85米，宽0.8米，正面为乾隆十六年（1751）所作的《开化寺》诗，这首诗也是乾隆初次登六和塔所作。碑的阴面是《瞻礼六和塔作》，是乾隆四十五年（1780）乾隆帝第五次南巡时所作。

由此可见，城建碑刻也是一种文学作品的载体，并具有"诗

— 291 —

书俱妙"的传播效应。这些千古传诵的名篇,被众多名人、书家用各种字体反复书写,一次复一次地刻石镌碑。石刻作为文化传播手段,始终体现着文人的生活情趣,并且石刻本身也作为文化景观的一部分而嵌入中国古人的生活环境,跨越了时代以至不朽和永恒。因而,杭州城建碑刻可称为中国碑刻文化中一道亮丽的风景线。换言之,无处不刻、无处不诗,精神须借助石刻才能留下痕迹、石刻渗透着深刻的文化记忆,而城建碑刻则成为保存、复现与持续映射历史文化精髓的艺术标本,从而使我们认识过去,并加以新的理解。

五 杭州城建碑刻中图与意的辉映

碑刻上的图案纹饰是古代中国较早的一种石刻艺术形式,有助于艺术家表现人的艺术情趣与审美意识。这对前世是一种继承,对后世造型艺术的发展也有着深远的影响。

(一) 精美绝伦的石刻线画

石刻线画是依附于碑石的一种民族美术形式,杭州城建碑刻上的图案与汉代画像石画像砖上的图案不尽相同,城建碑刻以文字为主,以图案为辅,图像与文字相辅相成,成为碑刻的一部分,起到装饰、祥瑞等作用,有其独特的象征性及存在价值,在技艺上是以刀代笔,刻绘结合,形象精美,雅俗共赏。

如《安晚轩记》,碑高152.5厘米,宽78.5厘米,厚20.5厘米,元元统三年(1335)陈瑞刻,赵世延篆额,陈旅撰文并书。碑记元元统三年(1335)二月,杭州延祥观、佑圣观主持孙益谦在佑圣观的东北造安晚轩,恰逢七十岁生日,诸孙为其画像做寿,并请登仕郎、江浙等处儒学副提举陈旅为孙益谦作文为记。碑额用篆书写"安晚轩记"四字,左右刻麟凤二像,尽现古雅之风。麟在古代一向被认为是祥瑞的象征。碑中记:"佑圣祠玄武神,杭人有祷必应，盖亦由主祠者精诚所萃，有以格玄灵而导嘉贶也。"

再如《中国理教静善堂公所碑文留志》，碑通高208厘米，宽75.5厘米，厚14厘米；碑文记述静善堂公所迁址购房的经过，以及出资、承办、立碑人的姓名。理教为中国民间宗教，又称在理教，属于莲教最大支派无为教的一个分支，源于中国佛教净土宗，清乾隆年间开始盛行，奉观音为圣宗。碑额为"五蝠捧寿"纹，纹样以"寿"字纹为中心，周围饰有五只蝙蝠及祥云纹。五只蝙蝠象征"五福"。"五福"，《书径·洪范》篇称："一曰寿、二曰富、三曰康宁、四曰攸好德、五曰考终命"；其寓意是福运拱寿，吉祥祝福。碑额精美的图案与上乘楷书碑文相互辉映，给观者以视觉上和心灵上的冲击，从而产生美感。

（二）内涵丰富的示图解意

城建碑刻中的图像不仅有雕饰美、造型美，在独特的地方碑刻中还存有别具风味的具象美，有着特定的图像意义与价值。下面以《浙江省城水利全图》《梅石碑》为例，具体阐述。《浙江省城水利全图》《浙江江海塘全图》乃是今人研究200多年前杭州水利和河道分布情况的唯一的实物资料，是对当时杭州的水利状况所做出的专门的绘图、刻碑，并详细刻画了当时杭州整个城市布局、面貌、城墙、城门、河道和桥梁等情况。《浙江省城水利全图》，碑高83厘米，宽163厘米，厚20.5厘米，清嘉庆十年（1805）刻。该碑为双面碑，碑阳刻杭城水利全图，图的方位是上南下北、左东右西；碑阴为重浚杭城水利捐款题名。另一碑是《嘉庆九年重浚杭城水利记》，碑高82.5厘米，宽160厘米，厚21厘米，阮元撰，梁同书书，也是清嘉庆十年刻，碑文楷书，44行，每行21字，碑记嘉庆九年浙江巡抚阮元带头捐资疏浚常年失修的城河，使水道通畅、再无泛滥之事。从两碑的时间、内容及文字来看，此两碑实为一碑两石，《浙江省城水利全图》是《嘉庆九年重浚杭城水利记》碑文的附图。

城市生活品质与文化：以杭州为例

图 5-1 《浙江省城水利全图》碑阳

从图中可以清晰地看出,"湖水入城有三路:一涌金水门,居正西;一涌金旱门环带沟,居西少南;一清波门底流福沟,居西南"。从图与文字中可以看出杭州水利和河道的分布情况,甚至城门的方位及桥梁的数目,同时也能从另一侧面了解到当时杭州区域大小。杭州的街巷、江河纵横,引河水入城的设计方法,形成了"河街""水巷"的新特点,街道与河流平行,形成了一条街道一条河,"前街后河"的格局。

《梅石碑》,碑高194厘米,宽104厘米,厚23厘米,清代刻石,碑作四面刻,碑阳镌刻的是一株苍劲有力的古梅和一块玲珑奇巧的怪石,古梅老干虬枝,笔势淋漓,古朴苍劲,冷峻萧然,仿佛有剑霜之寒气。古梅和奇石分别为明代著名画家孙杕和蓝瑛刻画,奇梅怪石集于一碑,因而有梅石碑之称。《梅石碑》梅石图的右边刻有乾隆四十九年(1784)御笔题写的梅石碑诗一首;碑阴刻于乾隆四十五年,也为乾隆御题梅石碑诗文;碑之两侧刻乾隆御题梅石碑对联一副:"名迹补孙蓝,还斯旧观。清风况梅石,寓以新题。"《梅石碑》梅老石苍,奇傲古拙,是石刻线画梅花题材中的上品,也是杭州地域文化的重要标志之一。

六 杭州城建碑刻的文化价值

(一)记史叙事的原生态文化

古人在石头上雕刻图文,相信这一载体具有隽永的生命;而今留存下来的碑石乃现成存在,却体现了"某种过去的东西……与其自身"的独特记忆。正因为历史遗物的存在,一个过去的世界才得以被发现与证明。因而,碑刻文化是一种原生态文化,它在传播过程中虽不如纸质载体方便快捷,却很少能被篡改,具有较高的真实品格。

因此,通过阅读碑石可以使后人更客观深入地认识当时的社会生活情况，同时还能对历史做出进一步的证明和补充。如《武林弭灾记》碑，元至正三年（1343）谢文炳刻，杨维桢撰灭火的经过，《寰宇访碑录》《武林坊巷志》均载有此碑。此碑是迄今为止我国发现的最早记载火灾灾情及灭火过程的石碑。

杭州自南宋以来，随着城市的发展，木质结构的房屋建设使得火灾频繁发生，南宋、明末、清初是火灾发生的三个高峰时期。火患给杭州的城市发展和人民生活都带来了巨大的灾难，与火患作斗争成为杭州城市发展和保障人民生活的重要内容。

图6-1 《武林弭灾记》碑　　图6-2 《辟火图》碑

清代频繁的火灾事故发生，不仅引起地方官员和学者的高度关注，也加强了一般民众的防火意识，另一碑《辟火阁》就反映了

杭州城百姓对火灾有相当的警觉。

《辟火碑》刻于清光绪八年（1882），同善堂董事督工勒石。此碑额题"辟火碑"3字，陈其晋篆书，碑石完好，碑文清晰。碑正中为一个"回"字形框，小框内有"壹六之精，龟蛇合形"八字，二行，隶书。小框外大框内为这八个字的九叠文，大框下记有"真武辟火图，能返风灭火，屡著灵验……"等楷书118字。杭城原有此型制相同碑三处：一处嵌在鼓楼墙基壁上，随拆除鼓楼而毁；一处在下城水星阁，现已毁；现存的这块碑原在众安桥关帝庙之外墙壁，拆迁时被保留。"壹六之精，龟蛇合形"乃是描写传说中的真武大帝又称宣武神，为水之神，当能治水降火，解除水火之患。明代、清代多建真武庙，刻其名即为祈免水火之灾，因此，此时的碑被赋予了通灵的色彩，遂成为祈福祥瑞之物，人们借此祈祷家宅远离火灾、扑灭大火、保全生命、护卫城市。

（二）考证与补遗的文化载体

历史所留传的碑刻作为一种特殊的载体，书写与展示着民族与城市的历史。其中，碑志已经成为人们撰写国史的一个重要资料来源。马衡先生在《中国金石学概要》一书中说道："纪事刻石者，纪当时之事实，刻石一表章之也。经典刻石者，古之论著，籍刻石以流传也。"可谓是对石刻艺术特点和功能的精准概括。海德格尔在《世界图像的时代》一文中说："在对所有一切东西的不断比较过程中，人们清算出明白易解的东西，并把它当作历史的基本轮廓而固定下来。"石碑是中国古代遗存下来的特殊产物，并且在一定程度上能够对语言文化所传载的历史事实发挥出考证与补遗的独特作用。

如《重修钱塘县学记》，为清乾隆五十二年（1787）钱琦撰，梁同书书，碑原立于杭州佑圣观之西钱塘县学旧址，记载了钱塘县学自南宋以来的历代兴废情况。该文虽为民国《杭州府志》卷十四"学校"所载，但文字颇有异同，经校勘比对，碑文则显得更为完整。可见，碑刻文献具有与地方文献典籍相互映证并考核异同的功用。

上述石刻史料，因其不为通常的"地方文献"所习见，所以更具"新史料"的价值特性，亟待发掘与利用。

（三）石刻的文献价值与开发

杭州曾是五代吴越和南宋的都城，集中了长达一千多年的大量石刻遗存，形成了丰厚的文化底蕴。由于历史上各种天灾人祸所致，杭州的历史文化资源十不存一、弥足珍贵，因而亟须碑刻文献拓片资为佐证。

近代学者朱剑心先生在其名著《金石学》中说："古代石刻，曰刻石，曰碑碣，曰墓志，曰塔铭，曰浮图，曰经幢，曰造像，曰石阙，曰摩崖，曰买地莂，凡十种。"地方石刻因着记载了某一地区的古代政治、经济、文化、风土人情等社会生活各方面的实际，遂成为地方文献资源的实物证据；石刻文物又具有不可再生的特点，随着环境污染、人为损坏等原因，其耐久性急剧下降，有的濒临自毁与被毁境地。因而，我们应将地方石刻列入地方文献的收集范围。

结合杭州石刻现状，笔者认为，一是需要建博物馆保护石碑，二是需要运用传拓技术和现代高科技手段进行石刻载体的转换，编制地方石刻拓片目录、建立地方石刻目录及地方石刻摄影或录像资料库。这些方法都能够对杭州历史文化的保护及传播发挥相当重要的作用，有助于人们借此提高对地方文献的开发与利用水平。

参考文献

［1］白砥：《书法研究》，上海书画出版社，1991。
［2］丁丙：《武林坊巷志》，浙江人民出版社，1987。

[3] 金其桢:《中国碑文化》,重庆出版社,2002。
[4] 林正贤:《杭州孔庙》,西泠印社,2008。
[5] 刘正成、黄惇:《中国书法全集》44《赵孟頫卷》,荣宝斋出版社,2005。
[6] 马衡:《中国金石学概论》,时代文艺出版社,2009。
[7] 孙星衍、邢澍撰:《寰宇访碑录》,上海商务印书馆,1937。
[8] 孙周兴:《海德格尔选集(下)》,上海三联书店,1996。
[9] 吴庆坻等纂:《民国杭州府志》,台北:中华书局,1974。
[10] 徐丽明:《中国书法风格史》,河南美术出版社,1997。
[11] 杨渭生:《两宋文化史研究》,杭州大学出版社,1998。
[12] 赵力光:《碑石文化》,《今日中国》2003年第11期。
[13]《赵孟頫国际书学研讨会论文集》,上海书店,1994。
[14] 朱存明:《汉画像的象征世界》,人民文学出版社,2005,第243页。
[15] 朱剑心:《金石学》,文物出版社,1981。

附录 杭州重要城建碑刻一览

序号	碑名	时间	今碑存地	备注
1	佑圣观重建玄武殿碑	元大德十一年	杭州碑林	碑下沿字迹多泐损
2	西湖书院重修大成殿记碑	元至元二年	杭州碑林	此碑断为二截
3	杭州路重建庙学碑	元至正十五年	杭州碑林	碑石完整,碑文清晰
4	重修孔庙记碑	明成化年间	杭州碑林	碑右上角缺损,无碑题
5	杭州府儒学附件尊经阁记碑	明弘治年间	杭州碑林	碑中间及左下部断裂
6	重修佑圣观碑记	明万历十七年	杭州碑林	碑中间从右到左呈斜状裂痕
7	北门长寿庵放生池碑记	明万历年间	杭州碑林	碑自右上方至左下方斜裂
8	新修杭州府儒学记碑	清乾隆三十六年	杭州碑林	此碑碎为多块

续表

序号	碑名	时间	今碑存地	备注
9	重修钱塘县学记碑	清乾隆五十二年	杭州碑林	
10	重浚杭城水利记碑	清嘉庆十年	杭州碑林	碑从第6行之首至19行之尾,呈斜状一断为二
11	重修蒋侯墓记碑	清嘉庆年间	杭州碑林	
12	重修表忠坊碑	清代石刻	杭州碑林	有破损
13	浙江江海塘全图碑	清同治十三年	杭州碑林	此碑刻图甚浅,多已漫灭,然字迹清晰
14	众安桥岳忠武王庙记碑	清光绪七年	杭州碑林	
15	涌金池碑	清光绪九年	杭州碑林	
16	重修忠孝泉井亭记碑	清光绪十八年	杭州碑林	
17	新修杭州府学碑记	清光绪二十二年	杭州碑林	
18	西湖放生碑	民国11年	杭州碑林	
19	重修钱王祠碑	民国18年	杭州碑林	
20	重修浙江省警察协会会所记碑	民国22年	杭州碑林	
21	"尽忠报国"刻石		杭州岳庙	
22	新建岳武穆王庙土神翊忠祠之记碑	明弘治四年	杭州岳庙	现碑顶部有残缺,最底端一排字迹严重漫漶
23	重修敕赐忠烈庙记碑	明正德四年	杭州岳庙	
24	清弥陀寺摩崖石刻		弥陀寺路53号	
25	重修岳鄂王墓记碑	清康熙九年	杭州岳庙	碑下端残缺
26	重修岳武穆王庙碑	清康熙二十三年	杭州岳庙	现碑为1979年复刻
27	重修岳武穆王祠墓记	清康熙三十一年	杭州岳庙	现碑为1979年复刻
28	重修岳鄂王祠序碑	清雍正十年	杭州岳庙	字迹稍有漫漶
29	乾隆御诗碑	清乾隆二十二年	杭州岳庙	现碑系1979年据拓片复刻

续表

序号	碑　名	时间	今碑存地	备注
30	修建岳忠武祠墓碑	清同治四年	杭州岳庙	后断缺修补,中间约有四行字系1979年复刻补缺。
31	重铸四铁跪像碑记	清光绪年间	杭州岳庙	现碑系1979年复刻
32	重修岳忠武庙墓告成碑	民国10年	杭州岳庙	右上角残缺4字
33	重修杭州西湖岳忠武王庙碑	民国23年	杭州岳庙	
34	重修岳飞墓记碑	1979年	杭州岳庙	
35	重浚西湖并复柏堂竹阁记碑	清乾隆四十一年	西泠印社竹阁后	
36	重修真教寺碑记	清光绪十八年	凤凰寺	
37	"人间何处有此境"摩崖刻石	清道光三十年	西泠印社小盘谷右崖壁	
38	"留云"摩崖石刻	清同治十二年	西泠印社小盘谷右	
39	重建数峰阁碑记	清光绪五年	西泠印社山川雨露图书室北墙	
40	"芋禅"摩崖刻石	于清光绪七年	西泠印社小盘谷	
41	"文泉"摩崖石刻	清光绪七年	西泠印社山上	
42	"印泉"摩崖石刻	民国2年	西泠印社鸿雪径右	
43	西泠印社记碑	民国3年	西泠印社山川雨露图书室东壁间	
44	"石渊"摩崖石刻	民国3年	西泠印社闲泉左岩壁	
45	隐闲楼记刻石	民国4年	西泠印社题襟馆	
46	"印藏"刻石	民国7年	西泠印社鸿雪径	
47	"岁青岩"摩崖石刻	民国7年	西泠印社遁庵东坡	
48	"湖山最胜"刻石	民国8年	西泠印社北门	
49	西泠印社新建观乐楼碑	民国9年	西泠印社观乐楼	

续表

序号	碑名	时间	今碑存地	备注
50	"西泠印社"摩崖题刻	民国10年	西泠印社山顶华严经塔下	
51	"潜泉"摩崖石刻	民国4年	西泠印社遁庵后	
52	砚林诗墨卷刻石	民国10年	西泠印社题襟馆	
53	小盘谷记刻石	民国11年	西泠印社小盘谷	
54	"小龙泓洞"摩崖石刻	民国11年	西泠印社小龙泓洞右面	
55	"西泠印社"刻石	1983年	为西泠印社正门门楣	
56	三潭印月碑		小瀛洲迎翠轩西	碑于1966年被砸裂为三截,1979年补修重立
57	"湖心亭"题刻		湖心亭东面	
58	"虫二"题刻		湖心亭南端	
59	重修宝石塔记碑	民国22年	保俶塔北侧	
60	"宝石山"摩崖石刻	1980年	宝石山南面	沙孟海书
61	重建葛仙庵碑记	明万历四十年	葛岭抱朴道院门前	
62	摩崖石刻	民国7年	葛岭抱朴道院"枕漱亭"右崖壁	
63	"枕漱亭"摩崖石刻	民国12年	葛岭抱朴道院墙外面南岩壁	
64	断桥残雪碑	1980年	白堤东端碑亭内	原碑刻于清康熙三十八年(1699),现碑1980年摹刻
65	平湖秋月碑	1980年	白堤西端碑亭内	原碑刻于清康熙三十八年(1699),现碑1980年摹刻
66	"岁寒岩"摩崖石刻		孤山东南	
67	乾隆御题绿云径诗碑	清乾隆十六年	孤山山脊	
68	元重修通玄观碑	元至治二年	吴山通玄观	
69	"忠实"摩崖石刻	南宋绍兴十七年	胜果寺后	

续表

序号	碑　名	时间	今碑存地	备注
70	孤山文亭题刻	民国13年	中山公园内	
71	"玛瑙坡"摩崖石刻		孤山"云亭"后石崖上仰处	
72	"孤山"题刻		中山公园对正门的石壁上	
73	"云泉"摩崖石刻		孤山"云亭"旁	
74	"一片云"摩崖石刻		在孤山"云亭"旁	
75	"西湖"摩崖石刻		孤山东头岩壁上	
76	"孤山一片云"刻石		孤山	
77	西湖始建苏公祠志事刻石		孤山敬一书院	
78	新建苏文忠公祠记刻石	清嘉庆三年	孤山	
79	重修西湖白苏二公祠记刻石	清道光十六年	孤山敬一书院	
80	文澜阁碑	乾隆四十七年七月初八	浙江省博物馆内	
81	光绪题文澜阁碑	光绪七年	浙江博物馆内	
82	浙江藏书楼碑记	清光绪二十九年	孤山浙江图书馆古籍部	
83	"有龙则灵"刻石		黄龙洞鹤止亭右水潭边	
84	"卧云洞"摩崖石刻		黄龙洞后山腰斜岩上	
85	重修宋辅文侯牛公墓记碑	清光绪二十五年	栖霞岭牛皋墓旁	
86	乾隆御题诗碑	清乾隆三十年	嵌于紫云洞院墙上	
87	乾隆御题诗碑	清乾隆四十五年	嵌于紫云洞院墙上	
88	乾隆御题诗碑	清乾隆四十九年	嵌于紫云洞院墙上	

续表

序号	碑名	时间	今碑存地	备注
89	"冰壶玉鉴"摩崖石刻		紫云洞口岩壁	
90	紫云洞诗碑	民国16年	嵌于紫云洞最深处崖壁	
91	"半生若梦"石刻	民国16年	紫云洞口岩壁	
92	"白沙泉"刻石	民国14年	栖霞岭北麓	
93	曲院风荷碑	清康熙三十八年	苏堤北端跨虹桥西庭院碑亭内	1966年园林工人保护并埋藏地下，1979年重竖原处，无碑额。
94	苏堤春晓碑	清康熙三十八年	苏堤压堤桥南端	1966年曾断为三截，经修补于1979年重立
95	"绉云峰"题刻	清道光二十九年	江南名石苑	原在杭州花圃，后移至"江南名石苑"内
96	"古珍珠泉"刻石		玉泉	
97	"晴空细雨池"刻石		玉泉，嵌于晴空细雨池东向池墈上	
98	重修灵峰寺碑记	清道光二十五年	灵峰掬月亭内	
99	"掬月泉"刻石	清宣统二年	灵峰，嵌于掬月泉池内壁	
100	双峰插云碑	清康熙三十八年	灵隐路洪春桥旁	现碑1980年摹刻
101	龙泓洞摩崖石刻	元至元二十四年	灵隐飞来峰	
102	重修胡庆余堂店屋记碑	1984年	大井巷胡庆余堂药店内	
103	灵隐寺乾隆御碑	乾隆十六年	灵隐寺天王殿外左侧方亭内	
104	重建云林寺大殿碑	清道光八年	灵隐寺天王殿外右侧方亭内	
105	重建壑雷亭记碑	光绪十五年	灵隐寺山门外	
106	柳浪闻莺碑	1980年	柳浪闻莺"闻莺馆"前	碑身阴阳两面均为康熙御笔行书"柳浪闻莺"四字，每字33厘米见方，1980年摹刻重立。

续表

序号	碑　名	时间	今碑存地	备注
107	"佛法僧"摩崖石刻	北宋熙宁二年	慈云岭路旁	
108	乐记摩崖石刻	北宋康定年间	家人卦后	
109	重修忠肃于公墓记碑	明万历四十五年	于谦祠	
200	重修于公祠墓碑记	清康熙三十年	于谦祠	
201	重修于忠肃庙碑	清道光十六年	于谦祠大殿像后	残碑九石,每石高30厘米,宽77厘米
202	花港观鱼碑	1980年	花港公园东大门北面	碑身阴阳两面均为康熙御笔行书"花港观鱼"四字,每字33厘米见方,1980年摹刻重立。
203	"花港观鱼"题刻	1958年摹刻	花港公园红鱼池边	清康熙皇帝御书,1958年摹刻
204	"蕉石鸣琴"题刻	民国9年	丁家山东端、磴道之南丈许石壁前	
205	"湖南第一洞天"题刻	清道光十八年	石屋洞	
206	"水乐洞"题刻	明嘉靖四年	水乐洞口上方	
207	"清乐梵音"题刻	民国17年	水乐洞口	
208	"空谷传声"题刻	民国17年	水乐洞口	
209	"水乐洞口"题刻	民国23年	水乐洞口	
210	"幽谷流声"题刻	民国37年	水乐洞口	
211	"天然琴声"刻石		水乐洞口	
212	"听无弦琴"刻石		水乐洞口	
213	"留云谷"刻石		水乐洞旁崖谷石壁上	
214	"云门"刻石		水乐洞留云谷边	
215	烟霞此地多碑	清光绪二十二年	烟霞洞口	

续表

序号	碑　名	时间	今碑存地	备注
216	周元镛摩崖题记	民国10年	烟霞洞吸江亭东	
217	"烟霞胜境"题刻		烟霞洞口上壁	
218	"借石"题刻		烟霞洞吸江亭旁	
219	"吸海餐霞"题刻		烟霞洞吸江亭边	
220	"龙井"题刻		龙井旁湖石假山上	
221	"听涛"题刻		民国24年	
222	"湖山第一佳"刻石		龙井"秀萃堂"东面半山腰	
223	"虎跑泉"题刻		虎跑"虎跑泉"石壁间	
224	"虎移泉脉"刻石	1983年刻	虎跑"梦虎"雕塑右后山岩上	沙孟海书
225	乾隆题诗碑	清乾隆二十二年	六和塔西	
226	康熙云栖诗碑	清康熙四十二年	云栖舒篁阁左侧	
227	重修云栖梵径记碑		云栖路边	
228	重修真教寺碑	清顺治五年	凤凰寺	
229	重修真教寺碑记	清乾隆八年	凤凰寺	
230	杭郡重修礼拜寺记碑	明弘治六年	凤凰寺	

关于杭州江南丝竹的若干问题

⊙段冰熠*

【内容摘要】杭州是浙江江南丝竹音乐的主要流行地,杭州地区演奏丝竹音乐有悠久的历史。20世纪二三十年代,丝竹名家创编了杭州丝竹三大名曲《小霓裳》《灯月交辉》和《高山流水》。21世纪,杭州的江南丝竹衰落了,乐队仅剩一支,基本上处于自生自灭的状态。杭州江南丝竹虽然在2005年被列入浙江省第一批非物质文化遗产名录,但对它缺少关注和研究,也没有提出有效的保护措施。杭州江南丝竹从盛到衰的重要原因,在于它盲目地向上海的江南丝竹看齐,从而失去了自己的特点。因此,杭州江南丝竹若想得到传承和发展,就必须确立自己的特点,发展自己的特色。

【关键词】杭州江南丝竹 "杭滩" 曲目 演奏 保护

引 言

"江南丝竹"是中国传统民族器乐合奏音乐丝竹乐中的一种,

---

* 段冰熠,杭州师范大学民族音乐学方向研究生,指导老师杜亚雄(杭州师范大学音乐学院副教授)

流行于长江三角洲一带,以上海、江苏、浙江为中心,尤以沪、苏、杭及周边地区最盛,是中国音乐体系吴越支脉的代表性乐种之一。江南丝竹的音乐细腻、轻快、优雅,深受江南人民的喜爱,被誉为"中国式的轻音乐"。[1]

丝竹乐在浙江有着悠久的历史。早在东晋时期,浙江其他地方的民间可能已有"丝竹管弦之盛"。[2] 近代,浙江丝竹乐在城市和农村均有流行,其中最主要、影响最大的是流行于浙北杭嘉湖平原的"江南丝竹"。这里古属吴越之地,故"江南丝竹"也称为"吴越丝竹"。[3] 杭州是吴越重镇,全省政治、经济、文化的中心,也是浙江江南丝竹的主要发祥地。从东晋到南宋,浙江曾经流行过"清商乐""细乐""清乐"等丝竹合奏的演奏形式。明清时期,随着说唱音乐和地方戏曲的发展,丝竹乐器和当地的民间风俗紧密相联,主要用于"杭滩"中,也是"清音班"和"清客串"所用的主要乐器。近代,随着地方风俗活动的减少,杭州江南丝竹主要发展为雅集性的班社组织活动,在这些丝竹乐班社中聚集了朱少伯、王巽之、宋景濂、周大风、沈凤泉、沈惠民、顾骏等丝竹名家。他们除演奏丝竹自娱外,还会串交流,创编乐曲,创办刊物,出版书籍,在电台播音,灌制唱片,登台演出,外出讲学,为杭州"江南丝竹"的发展作出了极大贡献。在这些丝竹名家长期的探索、交流和学习中,杭州江南丝竹音乐的曲目得到了很大的丰富,除了传统的"八大名曲"外,还创编了杭州丝竹三大名曲——《小霓裳》《灯月交辉》《高山流水》。直到现在,这三首曲目仍在江苏、上海、浙江广为流传,已成为每个丝竹乐队的必弹曲目之一。

---

[1] 周大风:《民族轻音乐——江南丝竹(代序)》,《江南丝竹曲选》,浙江人民出版社,1982,第1页。

[2] 《中国民族器乐曲集成》全国编撰委员会:《中国民族器乐曲集成·浙江卷》,中国 ISBN 中心,1994,第3页。

[3] 《中国民族器乐曲集成》全国编撰委员会:《中国民族器乐曲集成·浙江卷》,1994,第3页。

目前杭州的江南丝竹乐队仅剩一支,其成员几乎全是老年人,基本没有青年人。这支仅存的乐队如果停止活动,杭州的江南丝竹将会失传。在这样的背景下,我们需要用民族音乐学的理论和方法,对杭州江南丝竹进行系统的调查和研究,并对如何保护、继承和发扬浙江省级非物质文化遗产项目"江南丝竹"提出一些建设性的意见。

二 杭州江南丝竹的历史发展

"江南丝竹"植根于吴越之地。这片土地文化底蕴深厚,民族艺术丰富,孕育了很多优秀而宝贵的民间音乐,其中的代表性乐种应推昆山腔、弹词、江南丝竹和小调。江南丝竹作为器乐类的代表性乐种,曲调欢快流畅,清新活泼,以其浓烈的乐风揭示了江南文化独特的人文精神和特点。

(一) 杭州古代丝竹乐发展概述

杭州的地理位置优越,经济发达,历史文化积淀深厚,民间音乐丰富。正是杭州优越的自然环境和人文资源,才孕育出了独特的江南丝竹音乐,使杭州成为浙江江南丝竹的发祥地,全省丝竹乐活动的中心。

杭州地区丝竹乐队演奏的历史非常悠久,从唐代白居易在杭州排练《霓裳羽衣舞》所运用的"清弦脆管"类乐器,到杭州作为清乐中"江南吴歌"的采集地,可知当时杭州的丝弦类乐器和竹管类乐器已非常盛行,并且演奏水平也很高。

宋元时期不但是我国市民音乐蓬勃发展的时期,也是民间音乐兴起与发展的全盛时期。[①] 当时,丝竹类乐器作为歌曲、说唱与戏曲音乐等声乐艺术的伴奏乐器而被大量应用。南宋时期在瓦子勾栏

---

① 杭州市地方志编纂委员会:《杭州市志》,中华书局,1997,第305~310页。

中流行的器乐合奏形式有细乐、清乐、小乐器、鼓板等。在细乐编制中丝弦类乐器有一个、竹管类乐器有两个、打击乐器一个，与目前江南丝竹乐队编制的结构类似。

明清时期，丝竹乐合奏形式已经遍布全国。杭州丝竹作为器乐合奏形式，主要依附于杭州当地的曲艺杭州滩簧而存在。杭滩艺人和（玩）串客演奏的丝竹乐被称为"杭帮丝竹"。①

清咸丰、同治年间，杭滩班社统称为"恒源集"。清末民国初年成为"安康正始社"，简称"正始社"，俗称"安康班"。其主要艺人被称为"杭帮丝竹大家"，常接受各班邀请参加演出。②"当时杭州丝竹之声不绝于耳。"③

1. 组织形式

（1）堂名（清音班）。根据范祖述《杭俗遗风》（清）记载，清音班是以营利为目的的、职业性的丝竹班社。他们常受雇于人，被用在婚丧喜庆、店铺开张等民间风俗活动之中，坐在门堂口迎送宾客，以图热闹。④"堂名"吹弹歌唱各种戏文，以昆腔最多；乐器主要有笙、箫、管、笛、京胡、胡琴、琵琶、三弦等。在堂名中，常用丝竹乐演奏。

（2）清客串。清客串是自娱性的，多在茶馆、爱好者的私人住宅演奏，有时也为亲友所办的婚丧仪式演奏。"清客串"的乐师们平日里彼此切磋砥砺、推敲技艺，挖掘乐曲，商讨合练之道，研究如何改良乐器，是推动江南丝竹发展的重要因素之一。

2. 应用方式

（1）风俗性礼仪。明清时期，杭州的丝竹音乐被广泛应用于

---

① 盛秧：《浙派古筝渊源谈》，《中国音乐》2007 年第 2 期，第 192 页。
② 《中国民族器乐曲集成》全国编撰委员会：《中国民族器乐曲集成·浙江卷》，第 3、250、251 页。
③ 《中国民族器乐曲集成》全国编撰委员会：《中国民族器乐曲集成·浙江卷》，第 3、250、251 页。
④ （清）范祖述：《杭俗遗风》，上海文艺出版社，1989，第 46~47 页。

杭滩之中，伴随着民间各种杭滩班、清音班和清客串活动而服务于杭州当地的各种民间风俗。其应用的场合主要有酬神祭祖、婚丧喜事、买卖开张、小孩弥月、百禄周岁、过生日、做寿等。

（2）雅集聚会。其中包括两种形式：①清客串。丝竹爱好者们通过这种"雅聚"的方式，不但达到了自娱的目的，同时也促进了丝竹音乐的发展。②家乐。家乐是指由私人蓄养的以满足家庭娱乐为主旨的家庭戏乐组织及其所从事的一切文化娱乐活动。从万历到崇祯末期的晚明时期，是家乐的鼎盛时期。当时浙江的家乐占22.1%，位居第二。杭州当时的家乐班共有四个。明清家乐演出场所主要在园林、池馆、厅堂、楼阁、楼船、画舫之类的优雅胜境。

（二）近现代时期

清末民初，江南丝竹由一般性的"民俗性"丝竹音乐向典型性的"雅集性"丝竹音乐转变，并在以苏州为中心的环太湖流域地区逐渐形成一个独立的乐种。[①] 在杭州，有一大批丝竹音乐爱好者追求"雅致"，聚集为"乐社"，对丝竹乐曲进行整理、改编和创新，演奏技巧也愈加精湛。杭州自20世纪初到现在，主要以"雅集性"的丝竹乐社活动为主，"民俗性"的丝竹乐演奏和杭滩班社已经逐渐衰落。

1. 乐社

（1）杭滩班社。由朱少伯、王少庭等筹建，先后并入杭州曲艺团、杭州市杭剧团。"文革"期间，剧团人员遣散，资料散失。

（2）杭州国乐社。20世纪20年代，由杭州著名丝竹家王巽之创办的清客串性质的丝竹乐社。该社经常在孤山东麓的凌社活动，其成员都是当时演奏江南丝竹的高手。这些丝竹名家不仅演奏大量传统乐曲，还不断地移植、创编丝竹乐曲，譬如他们在民间乐曲

[①] 《中国民族器乐曲集成》全国编撰委员会：《中国民族器乐曲集成·浙江卷》，第3、251~252页。

《玉娥郎》的基础上改编了《小霓裳》,并将《高山流水》改编为丝竹乐曲,还对《窃绣鞋》(即《灯月交辉》)进行了加工整理。

(3) 乐风琴社。由俞易堂、徐元白主持,为抗战前的社团。

(4) 杭州国乐研究社。由吴毅臣、许义致等创办,为抗战前的社团。

(5) 青年会国乐组。王巽之、王云九等参加,为抗战前的社团。

(6) 正始社。由王云程等创办,为抗战前的社团。

(7) 青云乐社。1948年,由杭州丝竹名家宋景濂创办,为杭州耶稣教教会组织,经常在官巷口的施亿堂演奏江南丝竹。

此外还有设在原延龄路采芝斋楼上的"雅园",以及鼓楼和众安桥等丝竹演奏点。

(8) 浙江省民间歌舞团和杭州歌舞团的江南丝竹演奏小组。

(9) 西湖民乐社(筹)、江南丝竹音乐研究小组。1980年1月19日成立,也称为"杭州西湖民乐社江南丝竹组",是由杭州市文联领导的专业性群众组织,是改革开放后国内第一个恢复活动的江南丝竹组织。

(10) 杭州江南丝竹演奏团(专业)。1983年3月8日,香港艺术中心邀请浙江江南丝竹到香港演出和讲学。为此,专门成立了由浙江省文化局(厅)领导的杭州江南丝竹演奏团。此团在香港演出及讲学获得成功后,即宣告解散,团员们各自返回原单位。

(11) 黄龙洞江南丝竹组。1985年初,杭州西湖民乐社江南丝竹组在沈惠民、顾骏的带领下,参与筹建杭州黄龙洞仿古园的江南丝竹组仿古表演活动,自此每天在黄龙洞风景点穿戴古代服装演奏丝竹音乐,吸引了国内外名家与音乐爱好者。[1]

(12) 西子江南丝竹社。1985年6月26日成立,隶属于中国音乐家协会浙江分会。它拥有三团一队的招牌,三团一是服务于

---

[1] 杭州市文化广电新闻出版局:《国家级非物质文化遗产名录项目申报书》,中华人民共和国文化部印制,2007,第2页。

"浙江省海外联谊会"的"江南丝竹演奏团";二是"浙江省艺术学校江南丝竹教师演奏团";三是"初阳江南丝竹演奏团";一队是"石路少儿江南丝竹队"。

(13)浙江江南丝竹社。1989年12月13日,经省音协常务理事会研究决定,在原西子江南丝竹社的基础上成立浙江江南丝竹社;社员一百多人,分布在全省各地。随后它相继改称"浙江省音乐家协会江南丝竹社""浙江省民族管弦乐协会江南丝竹音乐社"和"浙江省民族管弦乐学会江南丝竹音乐分会"。

(14)杭州东方豪园江南丝竹队。2002年成立,隶属于"浙江省民族管弦乐学会江南丝竹分会",活动地点在杭州潮王路口东方豪园文豪阁活动室。

(15)杭州小花江南丝竹队。2005年10月成立,是国内年龄最小的一支丝竹乐队。2006年,该队在杭州市第二届少儿音乐舞蹈大赛中获表演银奖。后解散。

2. 代表人物

(1)王巽之(1899~1972)。杭州人,浙江古筝艺术家,浙派古筝奠基人,20世纪早期杭州江南丝竹的领航人和浙派古筝的奠基人。20世纪20年代,他在杭州创办了"杭州国乐研究社",整理、创编了杭州三大丝竹乐曲(即《灯月交辉》《小霓裳》《高山流水》),并将之传给上海大同国乐社;1956年,他出任上海音乐学院古筝及三弦专业教师,专门从事古筝教学与研究,编写出首部七册古筝教程;20世纪六十年代以后,他在筝曲创作、乐器研制、演奏技法等方面作出了重要贡献,培养了一大批古筝演奏家,使浙派筝艺成为各大筝艺流派的后起之秀。

(2)宋景濂(1922~),湖州埭溪人,出身于丝竹世家,熟悉江南丝竹的传名曲,被人们誉为"江南箫王"。他曾在浙江省大华电台参与组织业余丝竹乐队、在杭州组织并参加青云乐社的活动,曾担任浙江人民广播电台业余民族乐队队长、浙江民间歌舞团民乐队队长,先后参加全国音乐周和全国音乐舞蹈会演,被称为富有江南水乡特色的箫笛演奏家。1978年,他任杭州江南丝竹研究组组长,对江南丝竹一些乐曲的传统演奏方法进行了探索性的改革;他还吸收昆曲的优美风格,创作了箫、笛独奏曲《西湖风光》等。他的作品于1982年入选联合国教科文组织编选的世界音乐专辑。[①]

(3)沈凤泉(1934~),上海市人,出身于江南丝竹音乐世家,酷爱江南丝竹音乐。任浙江江南丝竹社社长、浙江省民族管弦乐学会副会长等职。曾编撰出版了《江南丝竹乐曲选》,发表了有关江南丝竹与二胡演奏的论文,改编、整理丝竹乐曲并加以出版和录制。他组织和参与了浙江省大部分的江南丝竹活动,是浙江江南丝竹的领军人物。

(4)沈惠民(1938~),上海人,祖父沈允中是上海丝竹界的名家(1911年创建"洋泾清音社")。1959年,他进入杭州歌舞团民乐队,着手排练上演江南丝竹节目;1980年筹建杭州江南丝竹组,1985年与丝竹家顾骏等人建立杭州黄龙洞仿古园江南丝竹乐队;挖掘、整理、演奏江南丝竹曲60余首;1987年参与筹建浙江江南丝竹社;1994年参加杭州文化局编写"杭州文化志"工作,负责撰写"江南丝竹篇";2002年至今,建立"杭州东方豪园丝竹队",定期开展演奏活动,研究技巧,创作新曲及培养新一代;2005年,组建杭州小花江南丝竹队。

三 杭州江南丝竹的曲目

(一)杭州江南丝竹的曲目类型

杭州江南丝竹的曲目已经被收入《中国民族器乐曲集成·浙江卷》(以下简称《浙江卷》)和《江南丝竹音乐大成》(以下简

[①] 《中国民族器乐曲集成》全国编撰委员会:《中国民族器乐曲集成·浙江卷》,第1、2、3、34页。

称《大成》）这两部书中。① 其中,《浙江卷》1989年的油印本共收录杭州江南丝竹曲目12首,它的1994年版本收录了17首杭州江南丝竹曲目;《大成》所收录的杭州江南丝竹曲目有8首。杭州东方豪园江南丝竹乐队艺人自己创作了《云溪竹径》《欢乐的西湖之夜》《风荷》《蚕乡行》等四首丝竹新曲。

从一些江南丝竹音乐资料中可知,杭帮丝竹乐曲共有15首。② 此外还有王巽之在20世纪初期所整理、改编的《小霓裳》《灯月交辉》《高山流水》三首丝竹乐曲。

由上可知,目前流传在杭州的江南丝竹曲目共有37首。江南丝竹乐曲整体上由三种不同文化类型的曲目构成:一是清末民初以前在民间流行的"民间传统乐曲";二是20世纪初产生的文人"雅集改编乐曲";三是20世纪后期出现的"专业创作乐曲"。

1. 民间传统乐曲

此类乐曲主要与民间各种风俗事项活动相联系,应用于各种风俗礼仪之中,是江南丝竹中最早产生、最基本、最能反映这一乐种的传统特征的曲目。主要有以下几种类型:

(1) 六板、八板系统。

(2) 四合系统。

(3) 根据明清以来民间器乐曲改编的乐曲,譬如《小霓裳》《灯月交辉》《高山流水》等。

(4) 根据明清以来盛行于江南地区的南北曲和时调小曲改编的乐曲,譬如《傍妆台》《紫竹调》《西湖十景》等。

(5) 根据戏曲中的曲牌和说唱中"板头曲"改编的乐曲,如:《将军令》《柳青娘》《小拜门》。

(6) 外来曲目:根据传入的外国乐曲所改编的作品,如《怀

---

① 杭州市文化广电新闻出版局:《国家级非物质文化遗产名录项目申报书》,第2、6页。
② 《中国民族器乐曲集成》全国编撰委员会:《中国民族器乐曲集成·浙江卷》,第3页。

古》《暹逻诗》。

由于各地流行的江南丝竹民间传统乐曲完全一样，奏法、织体也基本相同，所以这些乐曲都不是杭州江南丝竹的代表性曲目。

2. 雅集改编乐曲

一是《春江花月夜》。全曲共分十段，每段配以小标题。所用乐器为琵琶、三弦、古筝、二胡、京胡、扬琴、笛、箫、笙、管、云锣和鼓。由于此曲旋律古朴、典雅和优美，一经演出就深受广大人民群众和丝竹音乐爱好者的喜爱，从而迅速地流传到江、浙、沪各地，杭州的江南丝竹乐队至今依然非常喜爱演奏此曲。

二是《小霓裳》《灯月交辉》《高山流水》。20世纪20年代，由杭州国乐社的王巽之等加以整理、改编与加工而成的著名的江南丝竹名曲。这三首乐曲源于杭州，又被公认为江南丝竹名曲，应当视为杭州江南丝竹的代表性曲目。

3. 专业创作乐曲

1987年在上海举办的第一届海内外江南丝竹创作与演奏比赛中，杭州江南丝竹队演奏的自创乐曲《云溪竹径》获得了创作奖。这首乐曲是由吴登国和沈惠民在浙江民间乐曲《平湖头》的基础上创编而成的江南丝竹乐曲。之后，杭州江南丝竹乐队的王宗祥老师又创作了《欢乐的西湖之夜》《风荷》《蚕乡行》三首乐曲。这三首丝竹乐曲多次参加比赛和演出，其中，《欢乐的西湖之夜》在杭州市第二届少儿音乐舞蹈大赛上获得表演银奖。

这些专业创作曲目虽然多次参加比赛和演出并获殊荣，但流传不广，也没有得到广大丝竹爱好者认可，因而不是杭州江南丝竹的代表性曲目。

（二）杭州江南丝竹的代表性曲目

1.《小霓裳》

（1）内容。《小霓裳》又名《月儿高》，原为杭州民间乐曲，20世纪20年代，王巽之先生与该社成员在清代民歌《玉娥郎》的基础上改编而成。它与《灯月交辉》《高山流水》合称杭州"三大名曲"。这首古曲的内容主要是写景，乐曲描绘了宁静的夜晚，月亮徐徐东升吐彩，银光泻地，一轮皓月当空。《霓裳曲》的命名源于民间艺人：他们联系唐明皇梦游月宫，见嫦娥在仙乐声中展袖起舞，醒后谱写《霓裳羽衣曲》（又名《月儿高》）的传说而加以命名。《小霓裳》以典雅、优美、娴静著称，在流传中又增加了一些古典舞蹈的节奏。

（2）结构。《霓裳曲》采用添眼加花变奏形式中的局部变奏形式。此曲根据乐曲意境和标题，共分为五个自然段，实际上只有四段。第一段是前半段，第五段是后半段，这样一前一后，作开始段与结束段。中间的二、三、四段共有两部分，前部、后部都有，且每段是前部相同，后部变化。前部为乐曲的主题，后部是乐曲基本材料的自由变奏。

（3）旋法。乐曲以五声音阶为基础，A 部主题的曲调是在基本曲调上通过添字加花而形成的，采用的基本曲调为：5 6 3 2 1 −；"4""7"两音在曲调中无突出地位，主要是充当经过音而使旋律流畅。第三小节围绕"5"音发展旋律加"7"音，第七小节围绕"6"音发展旋律加"4"音，通过这二音的添加发展，加强了曲调的流动性。《霓裳曲》全曲速度缓慢，中慢板节奏；句幅较长，节奏繁密，连绵不断；旋律线条流畅，不断做波状起伏；旋律的进行主要采用级进，偶尔用到大跳，实际上是将级进改为八度移低。

表3-1　《小霓裳》曲体结构示意图

	A	A B	A B1	A B2	B3
小节数	15	15+9+9+16	13+15+8	(13+4)+8+(8+1)+16	14+9
标　题	"玉兔东升"	"银蟾吐彩"	"皓月当空"	"嫦娥梭织"	"玉兔西沉"

（4）织体。乐曲各声部曲调都是根据母曲曲调派生发展而成，三个声部的旋律曲调基本相同，采用的织体手法主要有：①上高下低。乐曲第一段主题开始的七小节就是箫与琵琶、二胡的一个上下

八度的对比，主题从后半部分第八小节开始，曲调相汇。②上简下繁。整首乐曲声部织体，箫的演奏讲究韵味，不过多追求技巧，装饰音很少使用。琵琶则特别讲究技巧，轮指和滑音使用频繁。二胡较多使用颤音、倚音、滑音等。

2. 《灯月交辉》

（1）内容。《灯月交辉》又名《窃绣鞋》，原为琵琶曲。因常在旧历正月十五元宵节演奏而得名。① 后由王巽之先生整理改编为江南丝竹乐曲。《养正轩琵琶》中记载了该曲工尺谱原谱。

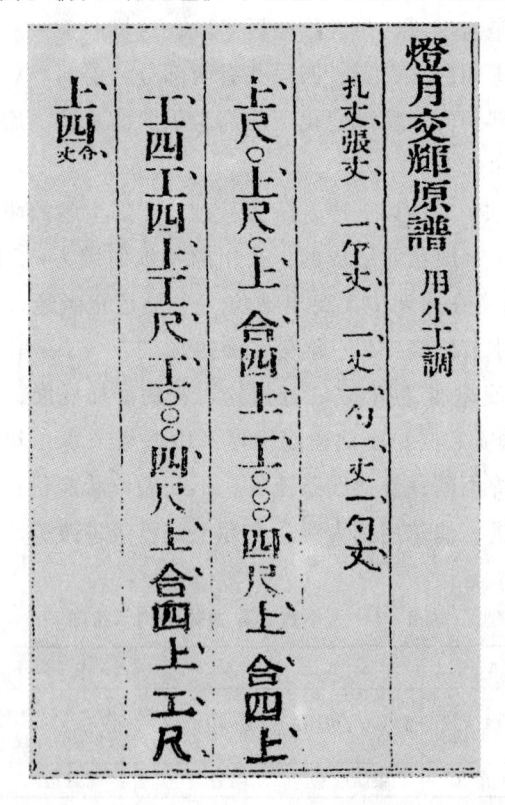

图 3-1 《灯月交辉》工尺谱

---

① 《中国民族器乐曲集成》全国编撰委员会：《中国民族器乐曲集成·浙江卷》，第 3、352 页。

（2）结构。《灯月交辉》的曲体结构为自由变奏曲式。全曲共分为四大段，其结构为：A+B+C+A。A段有两个音乐素材，a1是a的局部重复和变奏；B段实际是两个乐句的再现变奏；C段是d素材的重复、伸展以及不完整的主题变体再现；A1是由A主题中b部分的完全再现以及a部分的变化伸展作尾声组合而成。

表3-2　《灯月交辉》曲体结构示意图

	A+A	B	C+A	C+A1
	a+a1+b+a+a1+b	c+c1	d+d1+d2+b	d+d1+e+b+a2
小节数	9+8+11+9+8+11	10+10	9+23+11+12	9+23+11+12+9

（3）旋法。乐曲以无声音阶为基础，但全曲特别强调"7"音的作用和地位，如7 2 27 6776 7776 等。此处的"7"具有功能音的作用，而"4"作为经过音的运用在全曲只出现一处，即：654。此曲的旋律线条，跌宕起伏，幅度较大，四度、五度、七度和八度的小跳和大跳较多。这可能与该乐曲为了表现节日的热闹场面有关。全曲的速度较快，以每分钟120拍的速度进行。虽然旋律是跳上跳下的，但是总的来说，全曲仍然组成一个大的曲线，曲调明快、爽朗。

（4）织体。由骆介礼、张平生等人演奏的《灯月交辉》，采用由柳琴、琵琶、扬琴、中阮、大阮以及大、小木鱼组成的乐队编制。A段主题旋律由柳琴、琵琶担当，扬琴和中阮给以和弦伴奏，大阮以低音支持，打击乐在b主题时进入做节奏性的配合。B段主题旋律下移由琵琶和扬琴担任，柳琴在开始以轮指做骨干音的演奏，在变奏c1开始处，柳琴与琵琶和扬琴一起进入主题旋律。B段中阮以和弦充实旋律，大阮还是以低音做支撑。打击乐在c1变奏时进入。C段开始主题旋律演奏下移，柳琴、琵琶让路，由扬琴、中阮演奏，大阮做骨干音的支撑。到d尾声处，琵琶、柳琴逐个进入，主题旋律又交给琵琶和扬琴，扬琴弹奏和弦以充实音效，中阮做分解和弦伴奏，大阮做低音支持。C段尾声d2以十六分音符的反复，以烘托节日的热闹气氛，主题旋律由柳琴、琵琶、扬琴来演奏，扬琴在主题旋律下作六度、五度和三度的支撑。中阮和大阮做和弦填充，此时，乐曲气氛达到高潮，打击乐也做十六分音符的节奏烘托。再现段A1主题旋律回归给柳琴、琵琶和扬琴，中阮奏和弦，大阮奏低音，打击乐在尾声出进入，乐曲在愉快的氛围中结束。

这首乐曲的伴奏织体，不仅突出发挥了每个乐器的性能，而且各个乐器声部"嵌当让路"，有层次地加以安排，使节奏上得以相互补充。各个乐器声部既能够发挥自己的特点，又能有机地结合在一起。

3.《高山流水》

（1）内容。《高山流水》原是浙江桐庐地区的笛子曲，系王巽之在杭州关帝庙采风时得到的，他将其改编为古筝曲。在杭州国乐社活动期间，他又将其改编整理成江南丝竹乐曲。

这首乐曲流行于杭州，后来又传到上海地区。此曲只有一丝一竹两件乐器，古筝清丽、悠扬的音色描写了水千变万化的姿态，箫苍劲、饱满的音色又衬托了大山的巍峨。

（2）结构。《中国古乐曲谱集成》中收录的《高山流水》乐谱是该曲的骨干旋律谱。杭州宋景濂与范世福演奏的即是以此旋律为骨干音，进行添眼、加花变奏而成。

表3-3 《高山流水》曲体结构示意图

	引子	AA1	BB1	C	A2	BB1	C
小节数		9+9	7+8	10	4	7+8	10

（3）旋法。这首乐曲的线条以平稳、流畅的旋律不断起伏，旋律的进行主要采用级进，有时夹用小跳，使得旋律极为流畅，整

首乐曲曲调也表现出从容、悠扬的特点；乐曲的节奏特点是以中速进行。这首乐曲由于曲调比较悠扬、平稳，在旋律进行时，相对的长短音符相间使用，造成节奏上时松时紧、不断前进的效果。

（4）织体。由箫和古筝这一丝、一竹两件乐器合奏的《高山流水》，两件乐器的旋律都是在骨谱的基础上进行添眼、加花而形成。在伴奏织体上，主要采用上繁下简的织体手法。箫长音符较多，音符节奏比较密集；古筝在保持主题旋律骨干音的基础上，时时与箫会和。两个声部浑然一体，主要追求在音色上的对比。

四　杭州江南丝竹的演奏

江南丝竹一词中的丝指丝弦乐器，竹指竹管乐器。杭州江南丝竹所使用的乐器主要有二胡、琵琶、三弦、扬琴、筝、阮、笛、箫、笙、管、鼓、板等。乐队一般3~5人，多则7~8人。江南丝竹以笛（箫）领奏。曲谱中的骨干音是统一的，但装饰加花手法各个乐器不尽相同。各种乐器有分有合，疏密交错，主次分明，构成一个有变化又有统一的和谐整体。[①]

欲对杭州江南丝竹音乐演奏风格进行研究，即需要研究乐器性能及演奏风格构成、乐队编制构成两方面。

（一）乐器及其演奏方法

1. 通用乐器

江南丝竹是一个地域性的乐种，主要流行在江南一带，以江苏、上海、浙江三地为中心。各地在乐队组合形式中对丝竹乐器的运用上存在一定的共通性，丝弦类乐器以二胡、琵琶为主，竹管类乐器以笛、箫为主。这种在乐器选择上的共通性直接体现了江南丝

[①] 中国大百科全书编辑委员会：《中国大百科全书（简明版）修订本》，中国大百科全书出版社，2004，第2361页。

竹音乐风格的地域性特征。

（1）丝弦类乐器

①二胡。江南丝竹的二胡演奏绝大多数只用一个把位，故使演奏发挥受到限制，其声部旋律中五度、六度、八度等跳进较多，旋律进行中常翻上翻下。加之二胡声部丰富的旋律装饰音，从而使江南丝竹中二胡声部的演奏变化层出，细腻丰富。

美国民族音乐学家韦慈朋所概括的江南丝竹二胡演奏技法是：浪音、带音、上滑音、回滑音、闷音、透音、左侧音、短颤音、长颤音等。"浪音"是一种特殊的长音运动技巧，右手缓慢地上下移动，形成一种波浪起伏的效果。其中，"带音"又称垫指滑音，是江南丝竹中普遍应用到的一种滑音技法，它是用两个或三个手指的联合动作来奏出一个滑音效果。用两个手指演奏的垫指滑音多为小二度，用三个手指演奏的垫指滑音多为小三度。

②琵琶。在江南丝竹中，琵琶主要是在中高音区演奏，很少在相上演奏。陆德华对江南丝竹中琵琶的演奏方法进行了归纳，他认为右手指法中应用最广的是弹挑和快夹弹，其他还有四指轮、长轮、分音和双音、扫音。"夹弹"即是右手在一根弦上大指挑、食指弹。江南丝竹中大多数丝竹前辈都用大指起板，它的优点是力大，音厚实，因为丝竹乐曲的强音大部分都是在板头上，故用大指起板最为合适。"四指轮"，也称带轮，除了夹弹外，此技法用得较多。

③三弦。江南丝竹所用的是南方的小三弦。在江南丝竹中，三弦是重要的节奏型乐器。李民雄归纳了江南丝竹中三弦的演奏指法：右手为弹、挑、夹弹、滚和双；左手指法为泛音、绰和注等。小三弦琴杆修长，不善于演奏华彩的旋律；小三弦声部的旋律进行有以下特点：一是常用空弦音以加强节奏感，经常出现大幅度的跳进；二是同音进行较多。①

④扬琴。在江南丝竹中，扬琴的演奏速度平稳，乐句之间几乎

---

① 袁静芳：《民族器乐》，人民音乐出版社，1987，第116页。

关于杭州江南丝竹的若干问题

没有停顿；一个或两个八度的双音或衬音（经常是先打高音）是一种重要的乐汇技巧，旋律中的音符有时还以其上下的八度音来替代；它与江南丝竹的琵琶一样，长轮音不常使用，而使用具有丝竹扬琴特色的单轮音。扬琴声部在合奏中起着中和与衬托作用，具体表现在以下两个方面：一是音响的柔和作用，二是旋律进行多以不分句逗和较为均匀的节奏对其他声部起衬托作用。扬琴声部的旋律常用同音反复（"双打"技法）和八度跳进（低八度音常在后面），有时还在后半拍上用"双音"以形成切分音的效果。①

著名扬琴演奏家项祖华对江南丝竹中扬琴的演奏技巧做了总结：在演奏竹法上擅长运用连打音、衬音、花音、倚音、波音、轮音、轮竹、颤竹、反竹、八度双音等技巧；在音色上要求纯净、圆润、柔婉，在每个乐段、乐句及乐汇上，都有极为细致的抑扬起伏的力度变化和处理……在力度变化上，最多是渐进式的，即采用渐强或渐弱，使旋律线呈现由弱而渐强再渐弱的"橄榄式"曲线，或渐强渐弱反复变化的"波浪式"曲线，这种旋律线通过华彩性和装饰性的即兴加花润饰后，扬琴演奏的特点就"节节如长山之蛇，起伏有致，其清韵绵长，抑扬动听"，形成细腻雅致、流畅悠远、韵味隽永的风格。②

⑤筝。江南丝竹中使用的古筝属于现代常用的21弦筝，这种筝为五声音阶定弦，音域从D调C–c3。其演奏技法分为右手技法和左手技法两大类。右手的常用技法有托、劈、挑、抹、剔、勾、摇、撮、刮等，左手的常用技法有按、滑、揉、颤等。演奏者以右手的拇指、食指和中指来拨动琴弦，控制节奏音高，奏出旋律；用左手在弦柱左侧顺应弦的张力来控制音色变化，装饰美化旋律，表现风格特色。通过左手的揉、吟、滑、按，从而形成了筝曲"以韵补声"的旋律特点。

---

① 韦慈朋：《江南丝竹音乐在上海》，上海音乐学院出版社，2008，第54页。
② 项祖华：《江南丝竹扬琴流派及其风格》，《中国音乐》1990年第3期。

江南丝竹中的古筝演奏秉承了浙派古筝的演奏技巧和特点。演奏技法上不太注重左手"以韵补声",多以右手清弹为主,左手揉、吟、滑、按的装饰性旋律音较少。其最有特点的演奏技法是右手的"快四点"弹奏。"快四点"即是右手勾、托、抹的不同组合的快速弹奏,其特点是速度快,基本上每分钟在96拍以上,并且强调中指勾的重音,力度大,从而使旋律流畅秀丽,节奏轻快活泼。

⑥阮。阮是民族器乐合奏及伴奏中常用的乐器,常用的有大阮和中阮两种。① 上海江南丝竹所使用的是中阮,定弦为 G－d－a－e1,总的音域为 G－e3。杭州江南丝竹乐队现在常用的是大阮,定弦为 D－A－d－a,音域是从 D 到 a2。阮的演奏技巧比较简单,右手指法只有弹、挑、双弹、双挑、分、滚、划,它们的演奏方法及符号均与琵琶的相应指法相同,左手只用按音。阮在江南丝竹中主要是起衬托琵琶的作用,不常演奏旋律,偶尔奏一些旋律片段,主要演奏重要的旋律音,以突出和丰富音响效果。

(2) 竹管类乐器

①笛。杭州江南丝竹一般用曲笛(筒音为 a1 的 D 调曲笛),但是也可加入梆笛,如《紫竹调》后部就用梆笛。曲笛的音色是体现江南丝竹浓厚地方色彩的重要因素之一。江南丝竹中笛子的演奏讲究手指的灵活,主要有叠、打、弹、送。此外,江南丝竹基本上没有滑音,也不用吐音,多用连音,回滑音也绝不能用。

②箫。江南丝竹中所用的箫为洞箫。② 箫的演奏技法与笛类似,主要分为口法和指法两大类。口法包括气息技巧和吐音技巧,指法技巧主要是各类装饰音的技巧运用,常用的主要有叠音、打音、颤音、历音、滑音等等。杭州江南丝竹中箫与笛所运用的演奏技巧基本相似,主要也是叠、打、弹、送。

---

① 中国艺术研究院音乐研究所:《中国乐器介绍》,人民音乐出版社,1985,第 44~45 页。
② 中央音乐学院编:《中央音乐学院试用教材——民族乐队乐器法》,人民音乐出版社,1963,第 53 页。

③笙。江南丝竹中所用的笙即是流行于我国南方江苏、浙江一带的"丝竹笙"（十七簧笙）。笙的演奏技巧主要分为口内技巧和手指技巧两大类。口内技巧主要有：平吹、吐音、花舌、喉舌、呼打、颤音等；手指技巧主要有：颤指、倚音、历音、抹音、打音等。笙的音色和谐、优美、丰满，在丝竹乐队中主要起和音作用，使合奏音响丰满，所以它演奏的旋律总是比较简化，不采用繁复的节奏。演奏采用传统和音手法，跟随旋律加上四、五度和八度和音。①

④管。管的音色高亢，在北方管乐队中常用以领奏。② 目前，各地江南丝竹中已不再使用管乐器，杭州江南丝竹乐队也没有运用这一乐器，只在杭滩11人全堂时用到。

（3）打击类乐器

打击乐器是江南丝竹乐队中的节奏性乐器，在乐队中主要起指挥作用，演奏鼓板者需要掌握整个乐曲的节奏、速度和强弱变化。杭滩中常用到的打击乐有鼓和板，常常由一个乐师承担，左手执板，右手敲鼓。现在杭州江南丝竹乐队中打击乐器运用的很少，偶尔才会用到板。

2. 特色乐器——古筝

江南丝竹中的古筝演奏主要运用的是浙派古筝的演奏方法和技巧，而浙派古筝的形成又与杭州地方说唱艺术——"杭滩"以及"江南丝竹"密切相关。古筝现在虽然是各地江南丝竹乐队的常用乐器之一，但是其演奏方法、风格却主要来源于"杭滩"丝竹伴奏以及浙江筝派的演奏技巧。

（1）浙派古筝的渊源、形成

浙江筝的历史源远流长。早在春秋或战国时期，筝这一乐器已在百越之地流传。两汉时期，流行于南方的清商乐所用乐器之中就

---

① 《中国民族器乐曲集成》全国编撰委员会：《中国民族器乐曲集成·上海卷》，人民音乐出版社，1993，第260页。
② 中国艺术研究院音乐研究所：《中国乐器介绍》，第12页。

有筝；流行于江浙地区的吴声歌曲《上声歌》中用的也是筝。唐代，筝乐呈现了一片繁盛的景象。当时在杭州演奏《霓裳羽衣舞》的伴奏乐器中，筝是其中重要的丝竹乐器之一。宋代，民间说唱、戏曲艺术崛起，筝乐作为说唱、戏曲、器乐的伴奏乐器，被广泛应用于各种民间音乐之中。北宋教坊十三部乐中，筝为其中一部。由此可见，宋时筝在杭州已广泛流传。

明清时期，武林筝的发展与杭州的一种说唱艺术"杭州滩簧"（也叫"杭滩"）关系密切。"杭州滩簧"采用丝竹乐器作为伴奏，筝在伴奏乐器中的地位很高，是"杭州滩簧"的一件特色乐器。杭滩艺人和玩客演奏的丝竹乐称为"杭帮丝竹"。近代武林筝的发展与"杭滩"和"杭帮丝竹"有着直接关系。

浙江筝派作为五大筝派之一，系20世纪五六十年代王巽之先生到上海音乐学院任教期间逐渐形成的。他偕同其弟子在浙江十五弦筝的基础上改良古筝形制、扩充演奏技法、整理筝曲谱、编写古筝教材、创作古筝新曲，最终形成了具有影响力的筝派体系。浙派古筝形成于上海，却植根于浙江。它与浙江的民间音乐有着直接的关系，主要是"杭滩"和"杭州丝竹乐"。

（2）浙派筝与"杭滩""杭帮丝竹"

浙派古筝虽然成型于上海，却是植根于浙江。可以从演奏技法和曲目的对比上看出浙派古筝与"杭滩"和"杭帮丝竹"的渊源关系。

①武林筝的基本指法："四点"，是一个八度内的勾托抹托组合；"进出点"即是先勾后托的八度奏法；"单点"又叫"清单"，即是按谱演奏；"夹点"又名"夹音"，也叫"抓"，其奏法是用大指的托与中指的勾八度同时从相对方向弹出，即为今天全国流行的"撮"奏；"挑"的奏法是用大指向内弹进，即今之"劈"；"摇指"即用大指托、劈连续快速交替弹奏的指法，使其音韵继续；"捋"的奏法是用食指向内连续弹进，即今之"连抹"；"带指"的奏法是用大指连续向外托的指法，即今之"加花"；"倾"即用左手在"3"与"6"弦上按下去（俗称倾下去），使其升高

半音或全音，而取得"4"与"7"。

②"杭滩"筝伴奏规律。"杭滩"基本唱腔有三种，即慢板、快板、烈板。慢板又叫平板，其伴奏的规律性最强，唱腔中不论是二分、四分、八分音符，其伴奏总是有十六分音符进行演奏。慢板伴奏规律是：唱腔中的全音符、二分音符、四分音符总是用"四点"来伴奏；如：唱腔中的八分音符总是用"进出点"来伴奏；如果八分音符是同度音，也可用"四点"来伴奏，如：唱腔中的十六分音符总是用"清点"来伴奏（即按谱演奏），如不顺手，但又为了解决速度的矛盾，也可用"四点"进行伴奏。

③杭帮丝竹曲目与浙派筝曲。浙派筝曲主要有传统筝曲和创作筝曲两大类。传统筝曲主要来源于"杭州丝竹乐""弦索十三套"以及"杭滩"。江南丝竹的前身包括杭帮丝竹以及江、浙、沪一带的滩簧、清音班、清客串的民间丝竹乐。随着"杭滩"和"杭帮丝竹"的衰落，"江南丝竹"的兴盛，浙江筝也从伴奏走向器乐合奏，成为江南丝竹乐队的主要乐器。

（二）乐队编制

1. 江南丝竹乐队编制

江南丝竹是一种小型的器乐合奏样式，它的乐队编制小型、轻便、灵巧、精致，与江南水乡灵秀、俊气的气质相符。一般它的乐队编制为三到五人，最少可用一丝一竹，可以是一人吹箫、一人拉二胡，也可以有七八人的演奏，乐队组合形式灵活多变。江南丝竹乐队所使用的乐器有如下三类。

（1）丝弦类乐器：二胡、中胡、三弦、申胡、京胡、板胡、提琴、琵琶、阮、双清、秦琴、月琴、扬琴等。其中常见和常用的是二胡、中胡、三弦、秦琴、琵琶、扬琴等。

（2）竹管类乐器：曲笛、洞箫、笙等。

（3）轻型打击类乐器：檀板、木鱼、南梆子、怀古（悖荠鼓）、碰铃、彩盆（瓷盘、碟子）等，其中最常用的是檀板、木鱼、南梆子。

2. "杭滩"与杭州江南丝竹乐队编制

学界公认，近现代杭州江南丝竹所使用的乐器和乐器组合方式，都传承了明清时期流行于杭州地区的一种民间说唱曲艺形式——"杭滩"——的丝竹乐乐队组合形式。"杭滩"作为一种坐唱曲艺形式，以"五人档"为基础，有"七人档""九人档""十一人档"等不同的丝竹乐队组合形式。"十一人档"的"杭滩"丝竹乐队乐器有：丝竹类，三弦、二胡、琵琶、扬琴、筝；竹管类，笙、笛、箫、管；打击类，板、鼓。这就是一个较大编制的江南丝竹乐队。伍国栋认为，明清时期，环太湖地区的"滩簧"（如苏州滩簧、上海滩簧、无锡滩簧等）伴奏乐器及乐器的使用与组合方式，是一种与江南丝竹乐队最为接近的丝竹乐队编制。杭州江南丝竹伴奏乐器的使用与组合方式直接来源于"杭州滩簧"，二者有着极为密切的渊源关系。参看下列座位图表：

（1）"杭滩"丝竹乐队编制

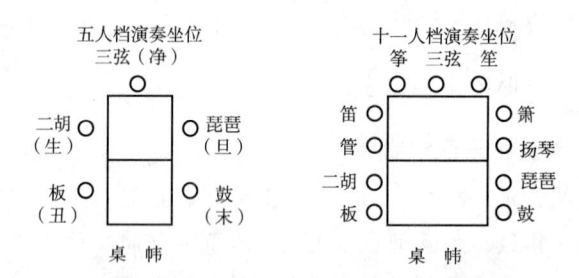

图 4-1 "杭滩"五人档、十一人档座位图[*]

[*] 伍国栋：《江南丝竹乐队编制的历史继承与创新拓展》，《南京艺术学院学报》（音乐与表演版）2006 年第 4 期，第 7 页。

（2）杭州江南丝竹乐队编制

表 4-1 杭州江南丝竹座位表

笙	箫	笛	古筝	阮	板
	二胡	扬琴	琵琶		

"杭滩"丝竹伴奏乐队编制与江南丝竹的乐队组合形式也存在一定的差异性。"杭滩"使用的乐器以丝弦类乐器为主,而江南丝竹所使用的乐器则必须包括"丝""竹"两类乐器。

3. 杭州江南丝竹乐队编制特点

(1) 筝是乐队中不可缺少的乐器

纵观杭州江南丝竹乐队的演奏,其必不可少的乐器中,丝弦类乐器有二胡、扬琴、琵琶、筝;竹管类乐器有笛、箫;打击类乐器几乎很少使用(参看表4-2)。

表4-2 杭州东方豪园江南丝竹乐队与上海国乐研究社乐队编制一览

曲目	杭州东方豪园江南丝竹队	上海国乐研究社
灯月交辉	二胡、扬琴、箫、琵琶、筝	二胡、扬琴、琵琶、中阮、筝、箫
行街	二胡、扬琴、笛、琵琶、筝、大阮	二胡、扬琴、琵琶、中阮、笛、鼓、板
三六	二胡、扬琴、笛、琵琶、筝、大阮	二胡、扬琴、琵琶、中阮、笛
云庆	二胡、扬琴、笛、琵琶、筝、大阮	二胡、扬琴、琵琶、中阮、笛(箫)、鼓、板、筝
欢乐歌	二胡、扬琴、笛、琵琶、筝、大阮	二胡、扬琴、琵琶、中阮、笛
小霓裳	二胡、扬琴、箫、琵琶、筝	二胡、扬琴、琵琶、中阮、筝、箫
中花六板	二胡、扬琴、笛、箫、琵琶、筝、大阮	二胡、扬琴、琵琶、中阮、箫
梵王宫	二胡、扬琴、箫、琵琶、筝、大阮	二胡、扬琴、琵琶、中阮、筝、箫

由表4-2可见,在杭州丝竹乐队乐器中,古筝是八首乐曲的必用乐器之一,而上海丝竹乐队演奏曲目中只有四首乐曲运用了古筝。在杭州,古筝和二胡、扬琴、琵琶等丝弦类乐器一样是江南丝竹乐队中必不可少的乐器之一;在上海,古筝却不是江南丝竹乐队中的常用乐器。

杭州江南丝竹对古筝的青睐,源于古筝在杭州悠久的历史和深远的影响。古筝作为一件独奏、伴奏和合奏乐器已经深入到杭州当地的民间音乐活动中,形成了一种民间音乐活动的传统。杭州江南丝竹音乐延续和传承了这一传统,这也是杭州江南丝竹的一个显著特征。

(2) 乐队编制形式变化不大

整体上，杭州江南丝竹乐队的乐器编制是以二胡、扬琴、琵琶、筝、笛（箫）为乐队主要组合形式，所有乐曲在乐器编制选择上基本相同，变化不大，乐队组合形式千篇一律，不够灵活。

(3) 打击类乐器很少使用

上例杭州东方豪园现在经常演奏的八首曲子中，只有丝弦类乐器和竹管类乐器，没有打击乐器。

五 杭州江南丝竹的现状与保护

杭州的"江南丝竹"已在2005年被列入浙江省第一批非物质文化遗产名录。2007年5月，杭州市向国务院递交了申请江南丝竹为国家级非物质文化遗产名录项目的申报书。

（一）杭州江南丝竹的现状

目前，杭州江南丝竹的状况不容乐观，江南丝竹乐队现仅剩一支，发轫于20世纪80年代的黄龙洞的江南丝竹活动盛况现已不复存在。目前仅存的这支江南丝竹乐队，除了每周一次的固定活动之外，其他的业余活动和演出很少，基本上处于自生自灭的状态。

1. 杭州东方豪园江南丝竹乐队的现状

杭州东方豪园江南丝竹乐队成立于2002年，隶属于浙江省民族管弦乐学会江南丝竹分会，活动地点在潮王路口东方豪园文豪阁活动室。除了几个主要成员外，其他成员时来时去，很不稳定。这支乐队自成立以来，坚持每周四晚聚在一起演奏，平时也参加一些社会演出和交流演出等。

2. 杭州江南丝竹目前存在的问题

(1) 传统音乐文化的共性问题

21世纪，中国的音乐文化存在的形式虽然多种多样，但通俗音乐已经成为主流。在这种大的音乐文化环境和现代文化艺术商业化潮流的冲击下，传统音乐乏人问津，生存极为困难。现在虽然京剧、越剧、昆曲、古琴等传统音乐影响较大，也受到越来越多国人的关注。但是，各地方的小乐种不被重视，濒临灭亡；即使是国家级非物质文化遗产项目，情况也不容乐观。杭州江南丝竹的发展便是如此。虽然早在2005年，杭州江南丝竹就已被评为浙江省非物质文化遗产项目。但怎么保护、发展和传承这一传统文化，有关方面并没有提出合理、有效的措施，浙江的江南丝竹依然处于自生自灭的状态。这也是中国大多数传统音乐文化品种所遇到的境况。

（2）杭州江南丝竹自身的问题

为何浙江的地方戏曲——譬如越剧发展得很好，而杭州江南丝竹曾在"杭滩"中极其兴盛，到现今却衰落了呢？

任何事物要想发展就必须适应时代发展的需要，不然就会被社会所淘汰。音乐文化的发展也是这样。江南丝竹作为一个地域性乐种，主要流行在江南地区的上海、江苏、浙江三省市。这三个地区江南丝竹的发展状况也不尽相同，目前，三地中发展最好的是上海，有近30支丝竹乐队，平时也多有交流和演出。

与上海相比，杭州的江南丝竹危在旦夕。造成这种局面的根本原因在于杭州的江南丝竹没有自己的特点。杭州江南丝竹就是上海派。例如，东方豪园乐队的主要成员是上海人，或者其老师（例如陆春龄）是上海著名的江南丝竹演奏家。因而他们在演奏的过程中，自觉不自觉地受到上海江南丝竹的影响，出于本能与上海看齐，没有形成属于自己的演奏特色，这就导致杭州江南丝竹面临被淘汰的局面。

（二）杭州江南丝竹的保护对策

2007年5月，杭州市向国务院递交了申请江南丝竹为国家级非物质文化遗产名录项目的申报书，同时制定了杭州江南丝竹的五年保护计划，提出了一系列保护措施，比如：举办浙江省江南丝竹大赛、普查江南丝竹演奏点在杭分布状况、整理出版江南丝竹音响光碟、完成《杭州民间江南丝竹曲集成》。然而，这些办法和措施并不是保护杭州江南丝竹音乐的根本之道。

传统音乐文化是以人为载体的一种艺术形式和表演行为，因此，对它的保护不能像保护动物似地加以封闭保存，而是应当为它的发展努力创造良好的资源、政策和机遇，通过发展创新使之得以传承，这才是对传统文化最好的保护思路。

现在的时代和20世纪中叶完全不同，江南丝竹要想得到更好的发展，就必须把握时代前进的方向，不断推陈出新，奏出自己的特色。只有根据时代的要求演奏出自己的特色，江南丝竹才能够得到听众的欣赏，得到政府的支持，才能够得到长远发展。

杭州江南丝竹要奏出自己的特色，需重视以下两个方面。

1. 将优秀的传统曲目奏出新的特点

对江南丝竹"八大名曲"要多演多奏，在日积月累的实践中寻求新的内容，奏出新的风格和特点。譬如对杭州江南丝竹三大名曲——《小霓裳》《灯月交辉》《高山流水》要给予特别重视，可以在乐器性能上突出浙派古筝的特色，可以在加花、繁简、变奏等手法上奏出自己的特色，从而使这三首乐曲成为真正意义上的杭州江南丝竹曲目。与此同时，积极吸收其他江南丝竹的精华将大有裨益，因为任何一种文化的发展若是没有交流便会窒息。

2. 精心创作有特色的江南丝竹乐曲

目前，杭州江南丝竹共有四首自创乐曲，即《云溪竹径》《欢乐的西湖之夜》《风荷》《蚕乡行》，但现今杭州的东方豪园江南丝竹乐队基本上不演奏这些曲目，一方面因为这些曲目的乐谱多为单旋律谱，没有丝竹合奏谱，另一方面因为乐队成员不会演奏某些曲目，比如《云溪竹径》。可见，当务之急是整理出这些曲目的丝竹合奏谱，然后加以多练多合，力争在演奏实践中奏出杭州江南丝竹的独特韵味。

3. 传承

江南丝竹的传承是上海、江苏、浙江共同面临的一个重要问题。目前,这种状况并没有得到明显的改善,各地的丝竹乐活动主要还是由一些丝竹老人在操作,基本上没有青年人的参与。造成这种状况的原因有很多,其中最主要的原因是年轻人觉得江南丝竹音乐节奏过慢,不是他们喜欢的曲调和风格。鉴于此,探讨如何激发年轻人了解、学习江南丝竹的兴趣显得尤为重要。

事实上,杭州曾经有过一支国内年龄最小的江南丝竹乐队(杭州小花江南丝竹队),但是由于没有固定的排练地点、成员学习任务繁重、没有时间排练等,这一乐队最终宣告解散。然而,杭州江南丝竹要想传承下去,就必须后继有人。为此,杭州市政府和相关部门可以把杭州江南丝竹作为浙江省的特色传统音乐,使之走进校园,借此培养年轻的观众及艺术接班人。例如,杭州市的很多中小学都有民乐队,可以让他们排练、演出江南丝竹的曲目(主要是杭州自己的特色曲目)。这样,当整个杭州市的校园内都响彻江南丝竹的音乐时,杭州的江南丝竹也将得到最好的传承。

参考文献

[1] 杜亚雄、王同:《中国民族民间音乐教程》,上海音乐出版社,2006。

[2] 高厚永:《民族器乐概论》,江苏人民出版社,1981。

[3] 高厚永:《从"中和之美"谈到江南丝竹的审美情趣》,台北《北市国乐》第67期,1991。

[4] 金文达:《中国古代音乐史》,人民音乐出版社,1994。

[5] 金祖礼、徐子仁:《上海民间丝竹音乐史》,《中国音乐》1983年第3期。

[6] 刘水云:《明清家乐研究》,上海古籍出版社,2005。

[7] 乔建中:《江南丝竹音乐大成》,江苏文艺出版社,2003。

[8] 秦鹏章、周大风:《说古道今话丝竹——兼谈"江南丝竹"的特色》,《星海音乐学院学报》1988年第3期。

[9] (清)范祖述:《杭俗遗风》,上海文艺出版社,1989。

[10] 沈惠民:《最具江南风格的音乐——江南丝竹》,《杭州日报》2007年6月。

[11] 盛秧：《浙派筝的渊源、特色和演奏技法初探》，《杭州师范学院学报》1999年第5期，第111页。
[12] 盛秧：《浙派古筝渊源谈》，《中国音乐》2007年第2期，第192页。
[13] 孙继南、周柱铨：《中国音乐通史简编》，山东教育出版社，1993。
[14] 孙文妍：《执著追求、刻意创新——浙江古筝家王巽之·中国古筝曲大全（下）》，人民音乐出版社，2004。
[15] 汤咪扫：《武林筝基本指法符号运用及"杭滩"的伴奏规律》，《中国古筝曲大全（下）》，人民音乐出版社，2004；王纪中：《杭州概览》，上海人民出版社，1992。
[16] 王耀华、杜亚雄：《中国传统音乐概论》，福建教育出版社，1999。
[17] 韦慈朋：《江南丝竹音乐在上海》，上海音乐学院出版社，2008。
[18] 伍国栋：《一个"流域"两个"中心"——江南丝竹的渊源与形成》，《音乐研究》2006年第2期，第25页。
[19] 伍国栋：《江南丝竹乐队编制的历史继承与创新拓展》，《南京艺术学院学报》（音乐与表演版）2006年第4期，第1~7页。
[20] 伍国栋：《江南丝竹曲目类型及来源》，《中国音乐》2007年第3期，第25~26页。
[21] 项祖华：《江南丝竹扬琴流派及其风格》，《中国音乐》1990年第3期。
[22] 袁静芳：《民族器乐》，人民音乐出版社，1987。
[23] 阎海登、高金香、肖云翔：《笙的演奏法》，人民音乐出版社，1987。
[24] 阮弘：《国乐与都市——江南丝竹与广东音乐在上海》，上海文化出版社，2008。
[25] 袁丽：《浙江筝在上海的发展》，上海音乐学院硕士学位论文，2005。
[26] 张维良：《箫的吹奏法》，人民音乐出版社，1995。
[27] 周大风：《民族轻音乐——江南丝竹（代序）》，《江南丝竹曲选》，浙江人民出版社，1982。
[28] 周耕：《中国音乐欣赏丛书——古筝音乐》，湖南文艺出版社，2000。
[29] 周皓：《江南丝竹名曲〈行街〉与江南民俗文化》，《浙江民乐》2008年第6期，第8页。

Quality of Urban Life and Culture: A Case Study of Hangzhou

Journal of Urban Studies No. 2

Part One: Quality of Urban Life

A Study on the Aged's Quality of Life and Strategies for Healthy Ageing in Communities of Hangzhou　　　　　YE Qunhua / #

Abstract: With the social development and improvement of the people's living standard, the aging population is becoming a big problem. This ariticle focuses on the aged's quality of life in communities of Hangzhou. We use the method of simple random sampling and systematic sampling to decide subjects and give out questionnaires. The questionnaires include the basic situation, social support situation and the scale of SF - 36. These analyses show that age, marriage, financial reward, sports and chronic diseases are the factors that influence the aged's quality of life. The factors in social support indicate that the positive degree of taking part in community activities, the feeling of loneliness in daily life, the frequency of health examination, the frequency of health education, the frequency of home rehabilitation, the frequency of regular visit and the convenience of medical institution are the factors that influence the aged's quality of life. Thus, this paper proposes some suggestions as follows to improve the aged's quality of life:

we should improve the model of the aged support at home and its development, and completely give play to health service centers. The aged should take advantage of senior citizen activity centers well so that it is helpful for the aged's learning and entertainment. We advocate the aged who have lost his or her partner to remarry, to drink properly and to take sports in daily life and so on.

Key Words: communities of Hangzhou; aging of population; healthy aging; quality of life

On the Group's Satisfaction of Residents in the Process of Constructing Socialist Harmonious Society: A Case Study of Urban Immigrants in Gongshu District of Hangzhou　　　　　KONG Lingqian /

Abstract: This paper summarizes the theories of Marxist class analysis, are the social interest groups and the harmonious society comprehensively, and investigates the urban immigrants of twelve communities in Gongshu area of Hangzhou. By using the analytical method of the social interest groups, it divides the urban immigrants into the different social groups, and takes the satisfaction toward communities among different interest groups as a perspective to make a data analysis. It tries to study the interest relations and differences among different interest groups in communities. The reasonable differences of social groups have the positive role for the development and construction of communities and harmonious society, but the unreasonable differences among the social groups will lead to the contradictions and conflict, which will hinder the construction of a harmonious society. Therefore, it is of great significance for the construction of a harmonious society by dealing with correctly and coordinating the different problems of urban immigrants groups in the communities at this period. The author hopes this research will be helpful for the relevant departments of our government to make policies of building a harmonious community.

Key Words: harmonious society; urban immigrants; group differences; Gongshu district in Hangzhou

A Study on the Mode of Rural Ecological Civilization in
Hangzhou   PENG Li / #

Abstract: The rural development is still in the transition from the agricultural civilization to industrial civilization. The combination of the backward agricultural civilization with the destruction of the ecological environment as well as the deep-seated contradictions in urban-rural dual structure especially causes a series of problems in rural areas. For examples, the fragile ecosystems, serious environmental pollution, resources in low utilization, science and technology in narrow spread, the shrink of green areas and so on. Therefore, the primary task is to establish and implement the concept of sustainable development and build a harmonious and civilized society between human and nature. And the construction work in rural areas as the main battlefield is particularly important. This paper studies the current situation and problems of ecological civilization in Hangzhou rural areas. Then the paper takes advanced experiences both home and abroad, and puts forward the ways of ecological civilization construction such as government guidance, people-led, capital flow, theoretical guidance, and the economy pilot in rural areas.

Key Words: rural areas; ecological civilization; path choice; Hangzhou

Part Two: Urban Education

The Operational Mode of Community Education: A Case Study of
Xiacheng District in Hangzhou   CHENG Xiao / #

Abstract: The community education is not only the main component of lifelong education research, but also the important segment of putting the learning society theory into practice. Hangzhou as a city moving towards the modern metropolis, its local residents have realized the importance of education for their own development and the social development, and their enthusiasm and desire for learning is unprecedented. The problems of education of the migrant workers and the senior citizens, etc. that arise require the government to speed up the construction and development of community education system. Located in the center of Hangzhou, Xiacheng district has formed an unique operation mode of community education based on the accumulation of a lot of experience in recent years. This paper will analyze the operation mode of the community education in Xiacheng district, and sum up its experience. It will combine the "Xiacheng District Community Education Situation Questionnaire" with the results of Xiacheng district community education, and point out the problems which include publicity system, curriculum and adult education and management system existing in the operation mode of Xiacheng district community education. At last, the paper puts forward the feasible measures to solve these problems.

Key Words: community education; mode of operation; lifelong learning; learning society

Retrospect and Prospect of the Educational Policies for the
Migrant Workers' Children in Hangzhou   TIAN Li / #

Abstract: This paper carries on the review, analysis, interpretation, reflection on the children education policies of the migrant workers in Hangzhou from the following aspects. Firstly, it explains the concept of "migrant worker" and the practical and theoretical significance of the study on their children's education. Secondly, it analyzes the background, presentation and causes of the educational problems of the migrant worker's children, and elaborates the five stages of the children education policies on the migrant workers. Thirdly, it analyzes the problems of children education of the migrant workers in Hangzhou. Fourthly, it evaluates the effect of the children education policies of the migrant workers in Hangzhou. Fifthly, it analyzes the positive measures on the migrant workers' children education, carries on a reconsideration of the present educational policies, sums up the defects of these relevant policies, proposes some suggestions of the future development of migrant workers' children education in Hangzhou.

Key Words: Hangzhou; migrant workers; educational policies; restrospect

A Study on Cross-Cultural Adaptation of Foreign Students
in Hangzhou   LI Zhi / #

Abstract: Nowadays, a lot of foreign students choose to study further in China. Because of the differences between their original culture and Chinese culture, they are likely to produce acculturative stress, however there is no Acculturative Stress Scale for International Students which is suitable to Chinese culture, in this study, the exploratory factor analysis, the confirmatory factor analysis , are the analysis of reliability and validity are used to revise foreign Acculturative Stress Scale for International Students, and then it makes a investigation into international students' acculturative stress in China. On the other hand, with the Resilience Scale for Adults and Hospital Anxiety and Depression Scale, the level of international students' acculturative stress and resiliency are explored among 480 international students who were studying in Huajiachi college area of Zhejiang University, Zhejiang Sci-Tech University, Hangzhou Normal University and Zhejiang Gongshang University by T-Test and analysis of multiple. Finally the correlation analysis and linear regression are used to further analyze the relationships among resiliency, acculturative stress and mental health. It should be useful for the education of the foreign students.

Key Words: international students; acculturative stress; resiliency; mental health

Part Three: Urban History and Culture

On Lin'an City Pattern in the Southern Song Dynasty
               MAO Shujing / #

Abstract: The Southern Song Dynasty in Chinese history was a highly developed period in economy and culture. Its capital Lin'an was a miniature of prosperity in that period. Because of the political, economic, cultural and other factors, Lin'an had a unique city pattern. First, with the disintegration of Fang (residential area) and Shi (commercial area) separation system, the division of the political district and commercial district was no longer apparent; instead, the gentry areas, commercial areas and residential areas were intertwined. Second, the structure of "Nan'gong beishi" (the imperial palace is in the south and the public district is in the north) broke the traditional concept that "the whole world is in the middle" in the history of Chinese capital construction and manifested the distinct features of pragmatism. Finally, because the capital of the Song Dynasty moved southward, a large number of immigrants moved into Lin'an city, which led to the expansion of the crowded city to suburbs, the emergence of a number of towns and the formation of a large circle of capital-commerce. The urban construction of Lin'an was a typical and successful example of the urban development in ancient China, with its significance in the history of the capital construction in China.

Key Words: Southern Song Dynasty; Lin'an; city; pattern

A Study on the Inscriptions of Urban Construction and Their Cultural Values in Hangzhou　　　　　XIANG Yi /

Abstract: Hangzhou, due to its outstanding lake and mountain scenery complementing each other as well as humanities characteristics, is renowned as "paradise on earth". In such a place that is full of beautiful scenary and brilliant talent, the older generations left a rich cultural heritage to us. Compared with books and oral transmission, the stele carving is the best way to demonstrate the historical culture and the original understanding of art intuitively. Its academic and cultural value can't be substituted by other forms. Because of the physical property of the stele carving stone, it could be damaged or eroded after year and year's exposure to the sun, wind and rain,? frost, or destructed by human beings, if we do not search out and protect those materials, not only their cultural value cannot be developed, but also they will be disappeared forever as time went by. This paper chooses the urban construction stele carving as the main research target to briefly describe the urban construction stele carving's unique calligraphy art, literary values, image as well as cultural values in Hangzhou.

Key Words: Hangzhou; urban construction stele carving; Calligraphy art

Research on Jiangnan Sizhu Music in Hangzhou   DUAN Bingyi / #

Abstract: Hangzhou is the main popular place of Jiangnan Sizhu Music in Zhejiang province and the playing of Jiangnan Sizhu Music in Hangzhou has a long history. During 1920s and 1930s, the celebrity of Sizhu ensemble created three famous songs—— "Xiao Ni Shang", "Deng Yue Jiao Hui" and "Gao Shan Liu Shui". In the 21st century, Hangzhou's Jiangnan Sizhu Music declined: only one band is left to die out itself. Although Jiangnan Sizhu Music in Hangzhou has been on the list of the first batch of intangible cultural heritage in Zhejiang province in 2005, it is gotten little attention and rarely researched, and our government does not put forward effective protection measures. The important reason for the going downhill of Jiangnan Sizhu Music in Hangzhou is that it blindly follows the style of Shanghai, thus losing its own characteristics. Therefore, it is necessary for Jiangnan Sizhu Music in Hangzhou to establish and develop its own characteristics.

Key Words: Hangzhou's Jiangnan Sizhu Music; Hangzhou area; tracks; playing; preservation

图书在版编目(CIP)数据

城市生活品质与文化：以杭州为例/张卫良，石向实主编.
—北京：社会科学文献出版社，2012.9
（城市学论丛）
ISBN 978-7-5097-3539-8

Ⅰ.①城… Ⅱ.①张… ②石… Ⅲ.①城市-生活质量-研究-杭州市 ②城市文化-研究-杭州市 Ⅳ.①D669.3 ②G127.551

中国版本图书馆 CIP 数据核字（2012）第 141157 号

城市学论丛·第二辑
城市生活品质与文化：以杭州为例

主　　编／张卫良　石向实

出　版　人／谢寿光
出　版　者／社会科学文献出版社
地　　址／北京市西城区北三环中路甲 29 号院 3 号楼华龙大厦
邮政编码／100029

责任部门／近代史编辑室　(010) 59367256　　责任编辑／赵　薇
电子信箱／jxd@ssap.cn　　　　　　　　　　　责任校对／吕伟忠
项目统筹／徐思彦　　　　　　　　　　　　　责任印制／岳　阳
经　　销／社会科学文献出版社市场营销中心　(010) 59367081　59367089
读者服务／读者服务中心　(010) 59367028

印　　装／北京季蜂印刷有限公司
开　　本／787mm×1092mm　1/20　　印　张／17.6
版　　次／2012 年 9 月第 1 版　　　　字　数／304 千字
印　　次／2012 年 9 月第 1 次印刷
书　　号／ISBN 978-7-5097-3539-8
定　　价／49.00 元

本书如有破损、缺页、装订错误，请与本社读者服务中心联系更换
版权所有　翻印必究